MICHEL CHARTRAND
LA COLÈRE DU JUSTE
(1968-2003)
de Fernand Foisy
est le deux cent cinquante-troisième ouvrage
publié chez
LANCTÔT ÉDITEUR.

MICHEL CHARTRAND
LA COLÈRE DU JUSTE
(1968-2003)

Remerciements

Je tiens à remercier chaleureusement toutes celles et tous ceux qui m'ont encouragé dans ce projet plus qu'audacieux. C'est tout d'abord mon ami Florent Audette qui a eu l'heureuse idée de me suggérer ce projet vers la fin de l'année 1991. J'étais alors dans une profonde lassitude et ce défi m'a fait reprendre goût à la vie. Le défi aura duré 10 années. L'avoir su, comme dirait l'autre...

Non, bien au contraire, au fur et à mesure que je faisais mes recherches et réalisais les entrevues, je redécouvrais Michel Chartrand car chacun l'a connu à sa façon; enfin, disons que Michel Chartrand n'est pas perçu de la même manière par tout un chacun, mais que pour être perçu il est perçu !

De très énormément immenses mercis à ma femme Suzanne et à mon fils Martin. Ma gratitude s'étend tout particulièrement à mon grand ami Yves Lacroix, bibliothécaire à la CSN. Aussi à Alain Chartrand et à sa femme Diane Cailhier, les auteurs des deux séries télévisées sur Simonne et Michel; je les remercie de nos fructueux échanges d'information.

Colette Legendre, la compagne de Michel Chartrand, m'a donné un sacré coup de main en vérifiant l'authenticité de mes propos et oh ! surprise, le grand maître lui-même, personnellement en personne, a lu et commenté certains de mes avancées, lui qui depuis le début de mon travail a toujours refusé de me donner une entrevue, si courte soit-elle. J'ai demandé à mon ami Robert Burns, juge à la retraite, de vérifier l'exactitude de certains de mes récits, spécialement ceux qu'il avait eu l'occasion de vivre avec Michel et moi. Je l'en remercie.

Un merci tout particulier à mon vieil ami, le grand poète Raymond Lévesque, qui m'a dédicacé son poème « Le militant ».

Je réitère mes remerciements chaleureux à celles et ceux qui de près ou de loin ont contribué à l'édition de cet ouvrage :

Ronald Asselin, Florent Audette, le Dr Roch Banville, Béatrice Chiasson, Pierre-Paul Beauchamp, Roland Beauchamp, Léopold Beaulieu, Clothe Bertrand, Robert Bouchard, Émile Boudreau, Michel Cadorette, Claude Charron, Dominique Chartrand, Hélène Chartrand, Jacqueline Chartrand-Cornellier, Jacques Chartrand, Madeleine Chartrand, Marie Chartrand, Maurice Chartrand, Micheline Chartrand, Philippe Chartrand, Suzanne Chartrand, Violet (Gerry) Chartrand, Denise Choquet, Paul Cliche, Me Pierre Cloutier, Marc Comby, Germain Corbeil, André Cornellier, Jean Couvrette, Lucie Couvrette, André Dalcourt, Fernand Dansereau, Pierre Dansereau, Bernard Derome, Jacques Desmarais, Pierre Dubuc, Marie-Jeanne Ducharme, Rezeq Faraj, Andrée Ferretti, Pierre Filion, Lucien Foisy, Lise Fontaine, Louise-Diane Gagné, Théo Gagné, Charles Gagnon, Jean Gladu, André Gravel, Clément Guimond, Pierre Jauvin, Jacques Keable, Jean-Noël Lacas, Marie-Claire Laforce, Jacques Lafrenière, Claudette Lamoureux, Yves Laneuville, Gérald Larose, Jacques Larue-Langlois, Yves Laurendeau, Jean Laurendeau, Adèle Lauzon, Pierre Lebeuf, Jean Legendre, Robert Lemieux, Denis Lévesque, Suzanne et André

L'Heureux, Léopold Lizotte, Bernard Mailhot, Claude Mainville, Pierre Marin, Daniel Marsolais, Jean Ménard, André Messier, Serge Mongeau, Jacques-Victor Morin, Lise Ouellette, Nicole Papillon, Jean-Pierre Paré, Madeleine Parent, Gérard Pelletier, Hélène Pelletier-Baillargeon, Chantale Perrault, Claude Pételle, Louise Picard, Luc Picard, Louise Pinsonneault, Alain Proulx, Ghislaine Raymond, Geneviève Rioux, Michel Rioux, Claudette Rodrigue, Paul Rose, Jean-Rock Roy, Roger Saucier, Michel Sawyer, Micheline Sicotte, Roland Souchereau, Gérard Saint-Denis, Jean-Guy Tétreault, Michelle Thérien, Gaétan Tremblay, Pierre Vadeboncoeur, Pierre Vallières, Roger Valois, Léo Veillette, Pierre Vennat, Jean-Yves Vézina et Serge Wagner.

Merci enfin à tout le personnel de la FATA, des archives du *Journal de Montréal*, de *La Presse*, de l'UQAM et de la Bibliothèque nationale du Québec.

Salutations à toutes mes sœurs et à tous mes frères les militants et à notre sœur à tous, la liberté !

LES MILITANTS
Par Raymond Lévesque

Les militants
Ont des grandes idées
Ils rêvent de justice
Ils veulent changer le monde

Les militants
Ils travaillent pour rien
Donnent leur force et leur temps
Pour aider leur prochain

Les militants
Sont seuls dans le combat
Et se font critiquer
Par ceux qu'ils veulent aider

Les militants
Se retrouvent en prison,
Sont sans cesse pourchassés
Et se font matraquer

Les militants
Ne doivent attendre rien
Ni médailles ni honneurs
Même pas un remerciement

Les militants
Doivent avoir le courage
De se battre jusqu'au bout
Pour leur seul idéal

Les militants
Meurent incognito,
Souvent sous la torture
Souvent assassinés

Les militants
Un jour on cherchera
Leurs visages et leurs noms
Mais on ne trouvera rien

Tous les êtres humains naissent libres et égaux en dignité et en droits. Ils sont doués de raison et de conscience et doivent agir les uns envers les autres dans un esprit de fraternité.

Article 1
de la *Déclaration universelle des droits de l'homme*, 1948

Le masculin est souvent employé comme genre neutre dans le seul but d'alléger le texte; on ne doit y voir aucune discrimination.

Avant-propos

On va se battre avec tous les contestataires, tous les protestataires et tous
les révolutionnaires.
MICHEL CHARTRAND, 1er mai 1969

M ichel Chartrand incarne parfaitement l'expression :
« *The medium is the message* ». Dans son cas, le « mé-
dium » prend plus d'importance que le message proprement dit, c'est-à-dire que son personnage transporte
avec lui et dépasse parfois son message. Un ami me
résumait un jour cette vérité :

> Reviens chez vous après un *meeting* où Michel
> Chartrand prenait la parole et tu ne pourras pas néces-
> sairement te rappeler ce qu'il a dit, mais tu te souvien-
> dras des frissons qui auront traversé la salle et de
> l'émotion sur le visage des auditeurs. C'est le fait qu'il
> parle qui importe vraiment. Au Québec, m'a-t-il dit,
> quelqu'un qui parle, c'est quelqu'un qui est bien vi-
> vant, qui se tient debout. Et c'est ce que nous aimons.

L'analyse de cet ami est juste et j'ai été à même de le
constater en rédigeant le premier livre que j'ai consacré
à Michel Chartrand [1]. Ma difficulté première a été de

---

1. Fernand Foisy, *Michel Chartrand/Les dires d'un homme de parole*, Lanctôt
éditeur, 1997.

faire passer le message de Michel par des écrits, alors que la population est plutôt habituée à l'entendre. Et de nouveau je rencontre cette difficulté pour le présent ouvrage.

Pour le lecteur, lire sur Michel Chartrand demande de faire preuve d'imagination ; il faut savoir se faire son propre cinéma et voir l'homme. Imaginez-le. Mieux, regardez-le. Nous sommes en avril 1969 à l'ouverture du Congrès du Conseil central des syndicats nationaux de Montréal (CSN), le CCSNM. Sur l'estrade, se trouve une grande table où sont assis une douzaine d'invités que Michel Chartrand a présentés un à un aux délégués. Parmi ceux-ci, le président de la Centrale syndicale, Marcel Pepin, impassible comme toujours. Michel Chartrand est au centre, chemise rouge vif, manches relevées, droit comme un chêne, les épaules carrées, debout devant la table d'honneur recouverte de la nappe rouge qui deviendra une tradition à l'occasion des assemblées du Conseil central de Montréal. Il est là dans toute sa splendeur, en possession de tous ses moyens. Les cheveux assez longs mais bien coiffés, la moustache en bataille et des mains potelées et grosses comme des battoirs. Pendant son discours, il s'adresse aux délégués comme s'il parlait à chacun en particulier. Il parle, il gesticule, il a des silences... À travers ses propos, on reconnaît ici et là les teintes de son humour caustique et, après avoir entretenu les délégués pendant plus d'une heure sur tous les problèmes du jour, il laisse tomber, dans un geste calculé, tel un magicien, une phrase incendiaire (et désormais célèbre) : « On va se battre avec tous les contestataires, tous les protestataires et tous les révolutionnaires ».

Tous les délégués, d'un seul bond, se lèvent pour l'applaudir à tout rompre. Même le président de la CSN, généralement réservé, applaudit... C'est ça, Michel Chartrand ! C'est en pensant à ces instants-là, me rappelant chacun de ses mots, que je peux vous livrer ce portrait de l'homme d'action. Pour moi, il est et restera le symbole d'un peuple qui n'a jamais accepté de fermer sa gueule, il incarne la conscience du mouvement ouvrier, le visionnaire du syndicalisme, un homme qui n'a jamais trahi la classe ouvrière, qui n'a jamais abdiqué, qui ne s'est jamais retiré, quoi qu'il advienne, et qui a payé chèrement sa liberté. Pour moi, il est et restera un amoureux de la vie, un jouisseur qui sait partager temps et biens et un bâtisseur qui a forgé un conseil central carrefour d'énergie brute, un contestataire qui a remis toutes les institutions en question et un visionnaire qui a toujours cru en la jeunesse montante.

Michel Chartrand est aussi un phénomène médiatique en soi qui a donné une crédibilité à la CSN et au syndicalisme dans ses relations avec les médias, un homme dont la profession de foi envers les mal aimés et les démunis de la société ne s'est jamais démentie. Il est et restera, de ce fait, une partie intégrante de l'histoire du Québec.

Je connais Michel Chartrand depuis 1967 et je travaille à cet ouvrage depuis 1992. Je me suis constitué mes propres archives, j'ai fouillé et consulté de nombreuses sources et j'ai réalisé plus d'une centaine d'entrevues avec des parents, des proches, des amis et des collègues. Cependant, je ne suis ni historien ni biographe. Je me considère un simple témoin, un témoin certes privilégié, et je rapporte dans mes mots, à ma façon, ce que j'ai vécu, ce que j'ai vu et entendu en compagnie de Michel Chartrand. Celui-ci n'a jamais consenti à m'accorder d'entrevue. J'ai parfois réussi à attraper, presque au vol, avec mon enregistreuse, quelques explications qu'il m'a fournies, bien malgré lui, sur tel ou tel épisode de sa vie mouvementée. Malgré son âge, il ne veut pas vivre dans le passé ! Aujourd'hui, à 86 ans bien sonnés, il demeure un homme de l'avenir.

Avec ce nouvel ouvrage, je me sens une certaine responsabilité envers tous ces témoins d'une époque qui est loin d'être révolue. Aucun autre livre n'a été consacré à Michel Chartrand, sauf ceux que j'ai déjà écrits. J'aimerais, en toute modestie, être le porte-parole de ses admirateurs aux voix silencieuses afin de rendre hommage à un être généreux autant de sa personne que de ses idées, un grand patriote, un grand Québécois, un homme de parole.

S'il avait voulu rentrer dans le rang, Michel Chartrand ferait probablement partie de la bourgeoisie québécoise. Il serait aujourd'hui un homme riche et fort apprécié de ces puissants qui nous gouvernent. Mais il a choisi le peuple, le monde ordinaire. Il a vécu avec lui, sacrifiant sa vie familiale, son énergie et son affection à ce « petit monde » qui le lui a bien rendu.

Autant il peut être difficile, parfois bougon ou colérique, autant sa disponibilité et sa générosité nous font oublier ses travers. Certains disent qu'il a mauvais caractère alors qu'il a tout simplement du caractère… et de la mémoire. À ce titre, il incarne à merveille notre devise nationale : « *Je me souviens* ».

Michel Chartrand demeure un chrétien convaincu, dans le véritable sens du terme. Il aime, il aide et il donne comme on lui a enseigné. Mme Madeleine Parent, une très grande militante syndicale qui s'est identifiée aux travailleuses du textile dès le début des années 1940 et qui connaît très bien Michel Chartrand pour l'avoir fréquenté dans le difficile combat syndical, le compare à rien de moins qu'au Dr Normand Bethune pour son dévouement à la cause de la justice :

> Ces deux hommes-là ont quelque chose en commun, dit-elle. Michel a toujours été un militant de conviction, de raison, de courage, toute sa vie durant, et il a beaucoup contribué à l'histoire, aux luttes et aux progrès qui se sont faits. Il est et il sera

toujours une inspiration pour les jeunes, m'a-t-elle confié.

Les petites gens, le monde ordinaire ont une admiration secrète pour Michel Chartrand. Je dis « secrète » car ils n'osent pas toujours clamer cette admiration de peur d'endosser ses excès verbaux et son langage sans détour — certaines convenances exercent toujours leur influence... Pourtant, quelles que soient notre origine et notre occupation, pour la plupart d'entre nous Michel est un homme de la famille ; il est des nôtres. Malgré ses maladresses, ses esclandres, ses cris, ses tapages, ses frasques... tout lui est pardonné. Toutefois, ce que les gens ignorent profondément, c'est son raffinement. Il connaît et aime la grande musique, les grands vins, les grands artistes de la littérature comme de la peinture et il aime aussi la bonne (et la belle) chair !

Le 24 novembre 2001, quand Michel reçoit, de la Société nationale des Québécois, Richelieu/Saint-Laurent, le titre de Patriote de l'année 2001, l'essayiste Pierre Vadeboncœur écrit de lui : « Il est violent dans ses paroles mais pacifique dans ses actes. Il a toujours été pour la révolution un peu partout, mais il est absolument et partout contre la guerre. » Et ajoutant du même souffle que son ami n'a jamais conseillé à quiconque de commettre un acte de violence, l'essayiste écrit :

> Ce n'est pas par timidité, car il est courageux. Au risque de lui faire médiocrement plaisir, je dirai que c'est par sensibilité. Il a, tout au fond de lui, la sensibilité d'un doux, dans un tempérament agressif. Au bout de compte, la seule violence qu'il se soit permise, c'est une violence de pamphlétaire comme Léon Bloy. Mais alors avec une force créatrice pratiquement sans limites.

Michel Chartrand est prisonnier de son personnage. Il doit constamment être à la hauteur de la façon dont on le perçoit. Dans sa quête de justice, il rappelle continuellement qu'il ne faut pas baisser la tête et qu'à l'occasion il faut oser se montrer irrespectueux si cela s'avère nécessaire. Avec Michel Chartrand, personne n'y échappe, adversaires, amis, proches, parents, tous sont traités de façon égale. Les bons coups sont félicités, les moins bons se font rabrouer sans ménagement. Il n'en demeure pas moins que Michel Chartrand est un homme essentiel pour le Québec. Il possède une énergie qui déteint sur les siens. C'est une véritable force de la nature à tout point de vue.

**

Je suis l'itinéraire de Michel Chartrand depuis plusieurs décennies. J'étais là quand il s'est fait accuser de sédition alors qu'il contestait, comme la majorité de la population québécoise, le fameux «bill 63» sur la langue d'enseignement. J'étais là quand il a fait adopter par la CSN le principe de l'unilinguisme français au Québec ou quand il s'est fait expulser du Conseil confédéral de la centrale syndicale. J'ai été le visiter lorsqu'il a passé quatre mois à la prison de la rue Parthenais à Montréal et j'ai été près de lui quand sa fille Marie-Andrée s'est fait tuer accidentellement. J'étais là quand il a été le premier à sensibiliser les Québécois à la cause du peuple palestinien. J'étais à ses côtés quand il a affronté le puissant Mouvement Desjardins et quand il a forcé le mouvement syndical à s'occuper de ses membres accidentés du travail en mettant sur pied la Fondation pour aider les travailleurs accidentés (FATA). J'ai été avec lui tout au long de ses luttes et je ne l'ai jamais quitté. Depuis, nous nous accompagnons mutuellement…

En 1994, Michel Chartrand est reçu à la radio de Radio-Canada par l'animatrice Christiane Charrette. Celle-ci lui demande tout naturellement s'il est toujours en colère en constatant ce qui se passe dans le monde. Ce à quoi Michel répond : « J'comprends que j'suis en colère. Quand j'y pense… je suis en colère et quand j'ai l'occasion de m'exprimer… je suis en colère. Bien sûr que je suis en colère, ça n'a pas de bon sens tout ça ! »

C'est ça « *La colère du juste* »…

Michel Chartrand, c'est un symbole de la résistance. On devra l'assassiner pour le faire taire. C'est un résistant, un haut-parleur, c'est la voix des autres.

Salut Michel, salut mon frère !

FERNAND FOISY
Saint-Sauveur, 1er mai 2003

CHAPITRE PREMIER

Le retour aux sources

> Pour rendre les gens libres, indépen-
> dants et conscients, il n'y a pas de
> solution autre que collective.
> MICHEL CHARTRAND,
> octobre 1978

Retour au syndicalisme

« Je déclare élu président du Conseil central des
syndicats nationaux de Montréal le camarade
Michel Chartrand. » Contre vents et marées, pendant
10 années, le « camarade Chartrand » exercera la présidence du Conseil central des syndicats nationaux de
Montréal, l'instance régionale de la grande région de
Montréal, regroupant plus de 65 000 membres, soit un
tiers des effectifs de la CSN.

Nous sommes le 10 décembre 1968, à l'assemblée
générale du Conseil central de Montréal, et Michel
Chartrand… n'assiste pas à l'assemblée ; il est à Québec,
avec des représentants du Syndicat de la construction de
Montréal (SCM), participant à une réunion de la Fédération nationale des syndicats du bâtiment et du bois
(FNSBB). Il s'agit de l'une des neuf fédérations de
métiers et professions affiliées à la CSN. Le SCM, c'est

l'employeur de Michel et son patron immédiat est Florent Audette.

Afin de bien comprendre la situation qui prévaut alors, il faut savoir que le SCM n'est pas en très bons termes avec la FNSBB. C'est encore et toujours le sempiternel conflit Montréal-Québec. La Fédération est sous la direction de militants de la grande région de la ville de Québec, où les syndicats ont été généralement fondés avec la bénédiction de l'archevêché. Le tandem Audette-Chartrand se doit d'assister à la réunion s'il ne veut pas « s'en faire passer des petites vites ».

Marcel Pepin, président de la Centrale, né à Montréal mais qui a étudié à l'Université Laval à Québec, sympathise avec les dirigeants de la FNSBB et n'est surtout pas d'accord avec la décision de Florent Audette d'être allé chercher Michel Chartrand pour travailler à la SCM. Les partisans de Michel Chartrand — qui allait célébrer dans 11 jours son cinquante-deuxième anniversaire de naissance —, ayant prévu son absence, lui avaient demandé de signer une déclaration à l'effet qu'il consentait à être mis en candidature au poste de président du Conseil central de Montréal.

Il y a donc eu élection *in abstentia* de Michel Chartrand, et celui-ci est malgré tout élu président contre un seul adversaire, Roger Desloges, le trésorier du Syndicat des fonctionnaires provinciaux du Québec (SFPQ), avec une majorité plus que confortable.

Le retour à la vie syndicale de Michel fera des vagues à l'intérieur de la Centrale et sera surtout marqué par son obstination à mettre en pratique les énoncés du document intitulé *Le Deuxième Front* que venait d'adopter la Centrale. Ce document — nous y reviendrons —, c'est la nouvelle bible de la CSN rédigée par Marcel Pepin et adoptée au cours de son congrès tenu à Québec en octobre 1968. On y énonce les nouvelles orientations, principalement axées sur les revendications et les besoins du monde des travailleurs, syndiqués ou non, en dehors de la convention collective de travail.

Quelques années plus tôt

Mais revenons en arrière. Que faisait Michel Chartrand avant son retour à la CSN ? Il a, selon son habitude, pratiqué plusieurs activités, toujours en rapport avec le monde syndical ou politique. Il répète d'ailleurs sans cesse : « Politique, tout est politique ! » Il a passé ses vacances avec toute sa famille dans le nord du Québec, à Rouyn-Noranda, mais plutôt que de parler de vacances il faudrait dire qu'il a travaillé avec les mineurs membres du puissant Syndicat des métallos affilié à la FTQ qui l'embauche alors. Il a participé à la fondation du Rassemblement, un mouvement d'éducation et d'action démocratique présidé par l'écologiste Pierre Dansereau, où l'on retrouvait André Laurendeau, du défunt Bloc populaire du Canada, Pierre Elliott Trudeau, Gérard Pelletier, Jacques Hébert ainsi qu'Amédée Daigle et Jean-Paul Lefebvre, du milieu syndical.

Après la fin de son contrat avec les Métallos de l'Abitibi (où l'arbitre Pierre Elliott Trudeau lui donne raison dans son grief contre Jean Marchand, alors secrétaire général de la CTCC), la Fédération des employés de commerce l'invite à rejoindre les rangs de la CTCC.

Entre-temps, il s'est présenté comme candidat du Parti social-démocratique (PSD) dans le comté de Longueuil et, en dépit de modestes moyens, a tout de même récolté 1 758 voix.

À l'été 1958, la famille voudrait prendre des vacances, mais elles sont vite interrompues par un conflit de travail qui s'éternise à Murdochville, en Gaspésie. Les mineurs de la John's Manville Company sont en grève depuis le mois de mars et des briseurs de grève, protégés par la police de Maurice Duplessis, ont été embauchés à leur place. Le cœur du justicier ne fait qu'un tour et, interrompant ses vacances, Michel part avec Simonne pour la Gaspésie afin d'aider les mineurs en grève et leurs familles. Il affronte les policiers avec courage et détermination. À l'un d'eux qui le tient en joue avec son fusil-mitrailleur, Chartrand, mains dans les poches, dit calmement : « Arrête de trembler, crisse, tu vas me manquer ! »

À leur retour à Montréal, une surprise de taille attend les Chartrand. La Fédération du commerce de la CTCC (CSN) n'a pas digéré que son employé participe à une grève d'un syndicat affilié à une autre centrale syndicale et elle le licencie.

Qu'à cela ne tienne, Gérard Picard, président de la CTCC, l'investit dans de nouvelles fonctions : « chauffeur » du président. Là encore, les puristes catholiques de la CTCC feront des pressions sur Picard et ce dernier n'aura d'autre choix que de se départir de son « chauffeur » privé.

La politique intéresse au plus haut point Michel et il se laisse tenter une fois de plus par ce défi en acceptant de devenir le chef provincial du Parti social-démocratique (PSD). Il se présente, le 16 septembre 1959, à l'élection complémentaire au Lac-Saint-Jean, où il est battu par son adversaire de l'Union nationale. Il reviendra affronter, 40 ans plus tard, dans le comté voisin de Jonquière, nul autre que le premier ministre en poste, Lucien Bouchard. C'est à cette occasion qu'il rebaptisera ce dernier d'un nouveau sobriquet : « Lulu le toupette ».

Après cet épisode politique, désabusé et écœuré, Michel Chartrand retourne à ses sources. Typographe de métier, il fonde, avec Gisèle Bergeron et son mari Pierre Lebeuf, une imprimerie, la Cripto, dont il deviendra l'unique propriétaire par la suite. Les Presses sociales sont nées : une imprimerie au service de la classe ouvrière et des artistes sans le sou.

Si Michel Chartrand est désabusé, il n'est pas dé-
couragé ni près d'abdiquer car il assistera au congrès de
fondation du NPD, marchera pour la paix avec Simonne,
appuiera les grévistes de la Régie des alcools du Québec
sur les lignes de piquetage, prendra part aux délibérations des États généraux du Canada français en 1967 et
déménagera avec sa famille dans une très vieille maison
sur les bords du Richelieu.

Retour au syndicalisme (suite)

Michel Chartrand, comme on peut le constater, ne
s'est jamais vraiment éloigné du monde syndical. Même
si, depuis près de 10 ans, il ne travaille pas à l'intérieur
d'un syndicat, il n'en garde pas moins des liens étroits
avec des camarades autant à la CSN qu'à la FTQ. Il im-
prime des journaux syndicaux et des conventions collectives et, au moins une fois par semaine, sinon plus, il
rencontre ses amis conseillers syndicaux au *Press Club*,
rue Saint-Denis à Montréal.

La gauche de la CSN s'y réunit fréquemment. On y
rencontre Robert Burns, jeune avocat et conseiller syndical à la CSN, Raymond Couture, directeur des grèves à
la CSN, Marcel Éthier, contrôleur à la CSN (c'est lui qui
fournit l'argent des cautionnements pour les grévistes,
défendus par Robert Burns), Raymond Legendre, artiste,
philosophe hippie et alors membre du Syndicat canadien de la fonction publique — SCFP (FTQ), Bruno
Meloche, avocat à la CSN. Il rencontre aussi, mais plus
rarement, le futur secrétaire général de la CSN et futur
président de la CSST, Robert Sauvé.

Michel Chartrand, doyen du groupe, fait l'objet
d'une véritable fascination. On aime sa façon de voir les
choses et son parti pris instinctif pour les plus démunis.
Mais, malgré ce capital de sympathie, Jean Marchand et

Marcel Pepin ne voient pas d'un bon œil ces réunions animées. On soupçonne les comparses de comploter. Il y a également une brebis noire, souvent « absente » d'ailleurs du petit monde syndical, mais néanmoins importante : Florent Audette, directeur général du Syndicat de la construction de Montréal (SCM), un syndicat qui éprouve des difficultés à se faire admettre au sein de la Fédération du bâtiment de la CSN.

Audette est un nom qui commande le respect dans le monde de la construction. Doté d'une force peu commune malgré sa taille moyenne, il est plus jeune que Chartrand d'une dizaine d'années. C'est un directeur syndical consciencieux et compétent. Il a, entre autres, mené une féroce campagne pour l'amélioration des conditions de travail des plâtriers. C'est un homme des métiers de la construction ; bien ancré dans le milieu ouvrier, il comprend et défend leurs intérêts.

Le Syndicat de la construction de Montréal (SCM) ne reçoit pas l'attention et le respect qu'il mérite à l'intérieur de la CSN et Florent Audette entend bien remédier à cette situation. Il s'intéresse alors de près à Michel Chartrand, imprimeur et activiste. Si Audette peut préparer des stratégies de lutte, il n'a pas, en revanche, l'art des discours et le bagou de Chartrand. Mais il sait reconnaître et apprécier le grand talent de communicateur de ce dernier.

Michel Chartrand, propriétaire de l'imprimerie Les Presses sociales, avait, parmi ses clients, la SCM. En décembre 1967, Florent Audette décide d'approcher Chartrand et lui offre de travailler pour son organisme syndical comme responsable de l'éducation et de la formation syndicales. Après quelques rencontres, Chartrand accepte à la condition que le syndicat embauche également Raymond Legendre. C'est ainsi que Michel Chartrand, après 10 années d'absence du monde syndical, revient par la grande porte à la CSN.

Quand ça s'est su que nous allions engager Michel, rapporte Audette, Marcel Pepin nous a convoqués, Mansour [président du SCM] et moi ; il nous a dit : « Michel, c'est une excellente personne, mais c'est un gars qui est autodestructeur. Autant il est capable de faire du bien, autant il est capable de faire du mal. Si j'ai un conseil à vous donner, c'est surtout de ne pas l'engager, mais de l'inviter plutôt à des réunions ici et là. » En réalité, son engagement était déjà chose faite.

Par la suite, Pepin, qui pourtant contrôlait assez bien ses assemblées de militants et s'en sortait régulièrement sans égratignure, sentait toujours le besoin de consulter Florent Audette... pour mieux connaître les réactions de Chartrand sur les sujets qu'il s'apprêtait à aborder. Pepin craignait Chartrand et il avait ses raisons. Son animosité à l'égard de Chartrand ne pouvait rester cachée très longtemps et cela se sut très bientôt, de sorte que, à chacune des réunions de militants de la CSN, les syndiqués s'attendaient toujours à ce qu'il y ait affrontement entre les deux vedettes du monde syndical.

***

Revenons à l'année 1968. C'est un Conseil central complètement désorganisé qui accueille le retour de l'enfant prodigue. Fraîchement délégué, Michel Chartrand assiste à l'assemblée générale du 7 février 1968. Tous les membres du comité exécutif ont démissionné, à l'exception du président, Dollard Généreux, délégué du Syndicat des employés d'entretien de la Commission des écoles catholiques de Montréal (CECM), et du trésorier, Jean-Paul Guay, provenant du Syndicat des chauffeurs d'autobus, la Provincial Transport.

Florent Audette et d'autres militants de son groupe proposent la candidature de Michel Chartrand aux postes de secrétaire et à chacun des cinq postes de vice-président. Chaque fois, Chartrand refuse de se porter candidat, prétextant qu'il veut surtout travailler à l'intérieur de son syndicat et qu'il est revenu au syndicalisme uniquement pour travailler avec les membres de la base et pas ailleurs. La gauche veut faire une percée au Conseil central, qui est toujours sous l'emprise de l'aumônier et de l'exécutif de la CSN.

Le Conseil central est alors un organisme sans initiative, faible, obéissant et bien docile qui ne fait rien sans consulter les curés de la CSN. C'est qu'il n'y a pas si longtemps la CSN s'appelait la Confédération des travailleurs catholiques du Canada (CTCC). Une telle dénomination marque les mentalités et les cœurs! Les militants de la gauche devront attendre le congrès de mai 1968 avant d'effectuer une percée au Conseil central de Montréal. Nous y reviendrons.

À cette époque donc, le personnel de soutien du Conseil central de Montréal se résume, à peu de chose près, à une secrétaire qui tricote et écrit 12 lettres par année et à un militant au Comité d'action politique, qui quittera d'ailleurs son poste, prétextant qu'il n'y a rien à faire en éducation politique à Montréal. En d'autres mots, c'est plutôt maigre pour une organisation représentant 65 000 membres! La cotisation syndicale est de 0,07 $ par mois; ce n'est pas beaucoup, mais c'est encore trop cher lorsqu'on ne vous offre rien en retour.

Lorsque Réal Bibeault, premier vice-président du syndicat dont je suis membre, me suggère à mots couverts d'assister aux assemblées du Conseil central de Montréal, je ne me fais pas prier.

Pendant ce temps, Michel Chartrand s'occupe de propagande et d'éducation syndicale pour le Syndicat de la construction de Montréal. Encouragé par Florent Audette, il intervient auprès des instances de la CSN et des groupes patronaux et gouvernementaux, particulièrement à l'intérieur de la Fédération du bâtiment et du bois de la CSN.

Audette, en bon tacticien, envoie au front son représentant qui n'a pas froid aux yeux, quitte à le «ramasser» par la suite. Homme d'action, Chartrand peut être très désagréable pour son entourage tellement son enthousiasme et sa fougue impriment son comportement; la patience ne fait pas partie de ses vertus premières. Audette, lui, déplace moins d'air. C'est un travailleur de l'ombre, une éminence grise qui n'en manque pas une. Il scrute à la loupe tout ce qui peut, de près ou de loin, affecter le moral de ses hommes. Le travail de ces deux militants influera grandement sur la réforme de la santé et de la sécurité sur les chantiers de la construction. C'est Chartrand qui trouvera le slogan porteur : *Non au travail qui tue !*

Du côté de Simonne et de Michel

Si la santé des travailleurs québécois s'améliore, on ne peut en dire autant de celle de Simonne Monet Chartrand, l'épouse bien-aimée. Sa santé a toujours été chancelante et cette année-là la maladie reprend du service. On découvre qu'elle souffre d'une polyarthrite virale, mais heureusement elle peut, grâce aux bons soins et à la compréhension du Dr Duquette, quitter l'hôpital rapidement.

Pendant son hospitalisation, Simonne reçoit la visite d'André Laurendeau et de sa fille Geneviève, filleule des Chartrand. André Laurendeau, coprésident de la commission Laurendeau-Dunton qui étudie la possibilité du bilinguisme « *coast to coast* » au Canada, est un grand ami de la famille et il n'hésite pas à se confier à Simonne. Il souffre, avoue-t-il, d'atroces maux de tête. Ce que l'on ne sait pas encore, c'est que son cas est sérieux : il décédera quelques mois plus tard, à la mi-mai, d'un anévrisme cérébral. Les Chartrand perdent un ami sincère et le parrain d'une de leurs filles (Marie-Andrée). C'est une triste nouvelle pour tout le monde et Simonne compatit.

De retour à son domicile, sur les bords du Richelieu, Simonne Monet Chartrand trouve le temps long. Les deux petits derniers, Dominique et Madeleine, fréquentent la polyvalente ; ils passent la plus grande partie de leurs temps libres avec leurs amis et Simonne se sent inutile dans une maison d'autant plus grande que son mari est de plus en plus absent.

Elle apprend alors que Radio-Canada veut inviter son cher époux à l'émission religieuse *Au bout de mon âge*. Elle qui tient tant à revenir sur le marché du travail et à reprendre son autonomie financière saute sur l'occasion : elle offre au réalisateur Roger Leclerc de faire les recherches pour l'entrevue. Celui-ci accepte ; il veut, précise-t-il, recueillir un témoignage personnel, le récit d'une expérience globale. Plutôt que de s'intéresser à ce que pensent les invités, il préfère savoir comment ils vivent. Simonne prépare le terrain...

À propos de la foi de Michel

Michel Chartrand, qui, pour tout ce qui touche au travail des médias, n'est pas vraiment intéressé par le *human interest*[1], se prête tout de même à cet exercice et s'y livre avec beaucoup de générosité. En présence de l'animateur Pierre Paquette, avec lequel il semble s'entendre comme larrons en foire, il est en confiance et parle avec franchise[2] :

---

1. On se rappellera l'entrevue accordée à Bernard Derome à l'occasion de la soirée des élections à la télé de Radio-Canada, le 30 novembre 1998. Chartrand, en ondes, déclara que le *human interest*, ça le faisait « chier ».
2. Extraits de *Au bout de mon âge/confidences de...* publié chez Hurtubise HMH, 1972.

Je suis un homme droit. Je dis ce que je pense. Pourquoi mon interlocuteur serait-il inquiet? Il sait qu'il obtient une réponse précise, sans détour ni arrière-pensée. [...] La sincérité n'est jamais inquiétante.

Comme il s'agit d'une émission à caractère religieux, la question de la foi y est abordée. Chartrand parlera de son rapport à celle-ci comme on n'aura pas souvent l'habitude de l'entendre en parler:

Bâtir, parachever la Création, rendre la vie plus humaine aux hommes, voilà le christianisme [...] Personnellement, je crois à la valeur du christianisme. Je trouve le Christ sympathique. Je trouve sympathique qu'il soit un homme même s'il est Dieu. Et même s'il n'y avait pas de Dieu, je trouverais cela sympathique que le Père ait envoyé son fils, qu'il l'ait fait s'incarner pour nous faire comprendre les choses invisibles. Les mystères ne me choquent aucunement. Il y a des mystères plein la vie. Le Canadien français demeure un mystère pour l'Anglais. Point n'est besoin de sortir du pays pour trouver du mystère. Donc, ce que je trouve sympathique chez le Christ, c'est l'homme. L'humain est accessible à ma compréhension. Et je suis prêt à servir la cause de l'homme d'une façon active, dynamique [...] L'Église est obligée de revenir à l'Évangile. Quand elle le fera, quand elle-même aura connu les difficultés que vivent les gens, elle saura considérer leurs problèmes et aider à les régler. Et alors, les hommes reconnaîtront l'Évangile, alors seulement les gens reconnaîtront aussi l'Église du Christ, le message du Christ.

Et il conclura en évoquant son métier d'imprimeur:

On n'a peut-être pas besoin de savoir lire pour être heureux, mais c'est préférable de savoir lire pour

être en contact avec les événements de l'humanité
[…]. Il y a tout de même une hiérarchie des valeurs
à respecter quand on se respecte soi-même.

Claude Charron, ex-ministre sous le gouvernement
du Parti québécois, m'a fait le commentaire suivant :

J'ai toujours pensé que quand Chartrand s'en
prenait à l'Église c'était à l'Église officielle, celle qui
refusait le sacerdoce aux femmes, à l'Église
polonaise rétrograde que nous avons là. Mais je ne
l'ai jamais entendu dire que l'Évangile était de la
foutaise, au contraire. Il y a des grands bouts de
Chartrand dans l'Évangile. J'ai toujours senti que
cet homme-là était un chrétien comme je les aime,
un chrétien comme il y en a très peu, un chrétien
authentique.

***

L'émission *Au bout de mon âge* obtient un tel succès
que Simonne en profite pour relancer le réalisateur,
Roger Leclerc, lui soulignant que c'est elle qui a fait la
recherche pour cette entrevue avec son mari. Elle lui demande sans détour de lui trouver un emploi de documentaliste à Radio-Canada. Cette demande atterrit sur
le bureau du directeur des émissions religieuses, Réal
Michaud, et Simonne occupera, jusqu'en 1972, le poste
de scripteure, recherchiste et documentaliste à l'émission *5D*, une production hebdomadaire d'une heure.

C'est là qu'elle se liera d'amitié et travaillera étroi-
tement avec Jean-Roch Roy, homme de grande culture et
d'un charisme fascinant. Pendant qu'elle travaille à
l'émission, Simonne fait aussi la rencontre d'une grande
dame, Han Suyin, qui connaissait alors une grande notoriété littéraire. C'est Simonne qui la convaincra d'accorder une entrevue à Lisette Gervais, l'animatrice de *5D*.
Recherchiste consciencieuse, Simonne se rappelle avoir

lu et annoté tous les ouvrages de l'auteure. Les questions préparées par Simonne sont toujours très pertinentes et l'émission remporte un franc succès. Han Suyin se dira ravie de cette rencontre et évoquera la naissance d'une grande amitié.

Simonne est heureuse de son nouveau travail, mais elle a soif de savoir. Elle s'inscrit à des cours du soir à l'Université de Montréal, là où ses propres filles, Suzanne et Micheline, viennent d'entrer.

***

Michel Chartrand, de son côté, est plutôt inscrit à l'université de la vie : celle des travailleurs, des gens modestes qui doivent chaque jour gagner durement leur croûte. L'homme d'action voit les années qu'il lui reste à militer filer trop rapidement à son goût. Il se sent pressé par le temps et les événements. Il est engagé dans la voie rapide, tellement rapide qu'il en vient à faire preuve d'imprudence — et pas seulement verbale. Dans l'édition du mercredi 17 avril 1968 du *Journal de Montréal*, on peut lire : « Le syndicaliste Michel Chartrand blessé dans un accident d'auto ». Heureusement, il s'en tirera sans trop de complications, avec une fracture au genou, mais à cause de ce fâcheux accident il ne peut représenter le Syndicat de la construction de Montréal (SCM) au congrès annuel du Conseil central des syndicats nationaux de Montréal qui se tiendra dans la métropole quelques jours plus tard. Ce n'est que partie remise, l'année 1968 est encore jeune.

1968, l'année charnière

L'année 1968 s'est avérée une année chargée si l'on examine de plus près les événements qui se sont déroulés alors tant ici qu'à l'étranger. D'une certaine façon, les idées et les combats initiés à cette époque alimenteront à eux seuls les deux prochaines décennies. Pour nous remettre dans le contexte, citons, pêle-mêle : les émeutes de la Saint-Jean-Baptiste, la veille des élections fédérales (et l'émergence d'un nationalisme québécois revendicateur), la création d'une série d'institutions qui seront appelées à transformer notre quotidien jusqu'à aujourd'hui : le Parti québécois, les comités de citoyens et autres groupes populaires ; Radio-Québec et l'Université du Québec à Montréal. C'est également cette année-là que l'Assemblée nationale adopte, en troisième lecture, la Loi 77 reconnaissant le mariage civil (l'emprise de la religion catholique jette ses dernières ombres) ; on assiste également à l'occupation de nombreux collèges par les étudiants. Dans plusieurs villes du Québec, l'ambiance est à la contestation, aux grèves et aux occupations. Claude Charron, alors président de l'Assemblée générale des étudiants de l'Université de Montréal (AGEUM), déclarera, dans un grand rassemblement au Centre sportif de l'Université de Montréal : « Négocier, c'est se faire fourrer », une affirmation qui donnera le ton des prochaines « négociations »…

Sur la scène internationale, ça bouge tout autant : c'est le Printemps de Prague, aussitôt suivi de l'entrée des chars d'assaut soviétiques venus freiner le vent de libéralisme qui commençait à souffler dans la capitale de la République tchèque. Aux États-Unis, le leader noir Martin Luther King est assassiné dans un motel à Memphis. Quelques jours plus tard, le 6 juin, Robert Kennedy tombe à son tour sous les balles de son assassin, Sirhan Sirhan. Au Viêt-nam, la guerre fait rage (et beaucoup de victimes) et à Chicago le maire Daily sonne la charge contre les manifestants qui protestent… contre cette guerre. Pendant ce temps, la fusée *Apollo* effectue ses révolutions autour de la Lune.

L'histoire de la CSN, notamment du Conseil central de Montréal, ne fera pas exception à cette époque féconde en bouleversements. Dans une salle surchauffée de la rue Sainte-Catherine Est, tout près de l'actuel édifice de la CSN, plus de 150 délégués des syndicats de la grande région de Montréal s'entassent afin de participer aux débats du Xe Congrès annuel du Conseil central des syndicats nationaux de Montréal.

À défaut d'un ordre du jour intéressant, le président (qui ne dirige rien) tente de divertir les délégués. Les vrais maîtres au Conseil central, ce sont l'aumônier, Jacques Bissonnette, et le directeur général de l'organisation à la CSN, Paul-Émile Petit. On s'ennuie des belles années où Philippe Girard et Gérard Picard étaient respectivement président du Conseil central et président de la CSN ; eux, ils savaient comment brasser les choses !

Il y a bien, au Conseil, un comité dit « d'action politique ». Cependant, parler d'action politique dans ces conditions, c'est parler dans le vide —, ce qui fait bien l'affaire de certaines personnes. Le Comité d'action politique est certes de bonne foi, mais les quelques militants syndicaux qui aimeraient bien que les choses bougent sont freinés par les membres du Parti libéral fédéral qui œuvrent à l'intérieur du Conseil. Ici, on ne bouge pas, contrairement à ce qui se passe dans le monde.

Arrive enfin le seul moment vraiment palpitant du congrès : les élections générales des membres du Comité exécutif. Le nom du président sortant, Dollard Généreux, est proposé, de même que celui de Raymond Legendre, compagnon de Michel Chartrand au Syndicat de la construction. Deux personnalités aux antipodes l'une de l'autre. Le premier, Généreux, a l'allure du garçon rangé et bien élevé des années 1950, tandis que le second, Legendre, est le portrait de Che Guevara : barbe mal taillée, cheveux longs et bandeau autour de la tête. Il ressemble au célèbre révolutionnaire et, de plus, il se

dégage de sa personne des effluves d'herbe du Diable…
Résultat : Généreux est élu. On s'y attendait.

Il y a aussi, au cours de cette élection, cinq postes
à combler pour les titres de vice-présidents, et je serai
élu à l'un d'eux, tout comme Jacques Olivier, l'actuel
maire du nouveau Longueuil. C'est bien connu,
Jacques Olivier est un organisateur réputé du Parti
libéral du Canada. Il ne faudra donc pas se surprendre
de le voir, quelque temps plus tard, partir en croisade
contre l'appui qu'avait accordé le Conseil central de
Montréal au NPD au moment des élections fédérales.
Ce « syndicaliste » se sert du mouvement syndical pour
mousser son appui au Parti libéral fédéral. Inutile de
dire qu'il fait partie de ceux qui empêchent les choses
de bouger.

À la première assemblée générale suivant le congrès
du Conseil central de mai 1968, Michel Chartrand fera
un retour remarqué, devenant le représentant au Bureau
confédéral de la CSN, organisme suprême entre les
congrès.

Peu de temps après, Pierre Elliott Trudeau sera élu
premier ministre du Canada. Mais auparavant (Trudeau
et Chartrand se connaissent depuis fort longtemps), il ne
sera pas dit que Chartrand le laissera aller facilement
sans lui envoyer un message plus ou moins direct. Ainsi,
sur les conseils de Michel Chartrand, Florent Audette,
appuyé par Raymond Legendre, proposera que le Conseil central de Montréal invite les travailleurs à appuyer
les candidats du NPD dans l'élection qui aura lieu le
25 juin. Ce qui, à l'heure de la trudeaumanie, ne fera pas
grand différence, hélas !

En bon disciple de Machiavel, Trudeau avait habilement tourné à son avantage les émeutes de la Saint-Jean
de 1968. « Des centaines de blessés et des centaines d'arrestations », titrait *Le Journal de Montréal* le jour même
des élections.

« Le sang coulait à flots, les bouteilles volaient au-dessus des têtes, on jetait de l'acide au visage des policiers qui usaient de la matraque, on lançait des ampoules de peinture, le tout scandé de slogans patriotiques », est-il écrit dans les journaux, de quoi faire peur à nombre d'électeurs.

Trudeau l'emporte haut la main… avec le sourire en coin.

Partie de bras de fer

Peu après son retour à la CSN, Michel Chartrand est… menacé de destitution. Son poste de directeur du Bureau confédéral de la CSN est remis en question. L'enjeu tourne autour d'une déclaration qu'il aurait faite publiquement et dans laquelle il aurait blâmé la CSN au sujet du conflit intersyndical dans le secteur de la construction. C'est que la CSN ne veut pas faire front commun avec la FTQ-construction. Le président du Syndicat de la construction à Montréal (CSN), Robert Mansour, désavoue Michel, tandis que l'assemblée générale de son syndicat… encourage Chartrand à continuer et lui manifeste son appui.

Pour Chartrand, la CSN n'est pas une Église. Il pense même que la Centrale n'a pas d'autre choix que de travailler de concert avec la FTQ. « Tout ce que je veux dans l'industrie de la construction à Montréal, c'est la coexistence pacifique avec la FTQ », déclare-t-il. Il est entré à la CSN pour accomplir une tâche : celle d'essayer de construire un syndicat fort pour les ouvriers de la construction à Montréal.

À l'assemblée générale du Conseil central de Montréal commence alors une joute de bras de fer avec l'exécutif de Marcel Pepin et son Bureau confédéral. L'assemblée générale adopte au scrutin secret et à l'unanimité une résolution d'appui à son délégué Michel Chartrand. Il est clair que, de plus en plus, le Conseil central de Montréal prend la place qui lui revient au sein de la CSN. Cette manifestation d'indépendance ira de concert avec une mobilisation de plus en plus grande. Les militants surgissent de toutes parts et le Montréal syndical renaît de ses cendres. La métropole, par le biais du Conseil, réclame son droit d'aînesse. Le Bureau confédéral, habitué de mener le Conseil central de Montréal au doigt et à l'œil, ne voit rien venir. Faisant la sourde oreille à la résolution d'appui, le Bureau confédéral décide de destituer Michel Chartrand pour un an.

La direction de la CSN ne voyait pas, outre l'appui manifesté à Michel, que les assistances aux assemblées générales augmentaient à vue d'œil. Auparavant, ces réunions obtenaient tout juste le quorum nécessaire, mais maintenant la petite salle de l'école de Lanaudière est souvent pleine à craquer. Du jamais vu ! Avec l'arrivée de Michel Chartrand, on peut dire, avec raison, que le militantisme renaît à Montréal ! Michel est en grande forme et cela déteint sur le mouvement syndical — du moins à Montréal.

***

Si tu veux éviter la guerre, prépare la paix… C'est en ces termes (en inversant l'adage bien connu) que l'on peut décrire l'atmosphère qui règne à la veille du congrès biennal de la CSN prévu à Québec en octobre 1968. Dans les semaines précédant le congrès, Michel Chartrand vient me rencontrer à titre de vice-président du Conseil central et il m'explique qu'il serait opportun que tous les délégués de tous les syndicats de la grande région de Montréal, appelés à assister au congrès, se réunissent auparavant afin de définir la plateforme des revendications communes pour Montréal.

Je trouve l'idée excellente et compte bien la mettre en œuvre. J'ai accès à la liste de tous les délégués de tous les syndicats affiliés au Conseil et c'est pourquoi, sans en parler à mon président, je prends l'initiative de les contacter tous. Avec la complicité de Jean Legendre, du Syndicat des fonctionnaires municipaux de Montréal, nous convions, par télégramme, tous les officiers des syndicats de la grande région de Montréal à une assemblée d'organisation.

Plus de 200 personnes répondent à notre invitation. Réal Bibeault, vice-président au Syndicat des fonctionnaires de Montréal, préside l'assemblée. Michel Chartrand y va de plusieurs commentaires et remarques. Les délégués sont nombreux à venir exposer leurs vues sur les problèmes particuliers à Montréal et sur les solutions à y apporter. On y discute de tout : logement, soins de santé, transport en commun, coopératives de consommation, enseignement… Bref, on parle de tout ce qui touche au syndiqué, dans son quotidien, en dehors de son contrat de travail.

Cette première assemblée exploratoire aura des répercussions plus que positives au congrès de la CSN. Pour la première fois depuis des décennies, les délégués d'une même région arriveront préparés à un congrès. Chartrand le motivateur et le pédagogue a réussi son opération.

Un congrès déterminant : *Le Deuxième Front*

C'est à Québec, le 20 octobre 1968, au Patro Roc-Amadour, que s'ouvre, sous la présidence de Marcel Pepin, le congrès biennal de la CSN, pour lequel le Conseil de Montréal s'est si bien préparé. Plus de 1 200 délégués se sont inscrits et Montréal, pour sa part, compte un tiers de toutes les délégations.

Marcel Pepin présente aux congressistes un document révolutionnaire pour le monde syndical, *Le Deuxième Front*, suite logique de son « rapport moral » présenté au congrès de 1966, *Une société bâtie pour l'homme*. Le « rapport moral » du président est un moment toujours très attendu, particulièrement cette année compte tenu des manifestations contre le système social qui agitent le monde entier et le Québec en particulier — ce que Marcel Pepin a très bien perçu et compris. Dans ce document, il précise :

> De très graves problèmes se posent à nous en dehors des entreprises. Il est urgent d'y faire face [...] Aujourd'hui, le public soutient moins les revendications des travailleurs dans les entreprises. La cause sacrée de la justice avec un grand *J* semble s'être déplacée quelque peu ».

Le document poursuit en énonçant des pratiques militantes qui sont autant d'armes contre l'exploitation et l'injustice : « L'action politique directe, non par les élites, mais par le peuple organisé ; le développement d'une presse populaire et militante », entre autres. Le document encourage la critique des classes dominantes, le système coopératif, la création des comités de citoyens et de locataires, les mouvements de contestation, les manifestations, etc. On y conclut : « C'est la population laborieuse elle-même qui doit s'imposer dans l'histoire et bâtir la société qu'elle veut ».

Ce document est important, il permet de bien comprendre les prises de position et les actions entreprises par le Conseil central de Montréal dans les années à venir, mais aussi il est en parfait accord avec la pensée de Chartrand. Dans les faits, Michel Chartrand fera, sur le plancher du congrès, des interventions en faveur d'un appui sans restriction au projet de société proposé par Marcel Pepin.

Ici, les deux hommes se rencontrent parfaitement. Deux frères, visant les mêmes buts, mais utilisant des moyens différents. Pepin, plus technicien, plus froid, sasse et ressasse ses projets, consulte beaucoup (peut-être trop longtemps) avant de passer à l'action. Évidemment, il est le président d'une centrale syndicale et il doit tenir compte de tout son monde, mais... il est parfois un peu hésitant, le Pepin. Du moins, un peu trop au goût de Chartrand. Michel, tout comme Marcel Pepin, est continuellement en réflexion quant au projet d'une société plus juste et il tient, lui aussi, à consulter ceux qui l'entourent.

La grande différence entre les deux hommes, c'est que Chartrand est un homme d'action immédiate. Il faut que ça bouge et vite ! Il n'a pas le souci de son image ou de sa popularité. Il cherche à faire avancer les choses sans ménager sa personne ou son image :

> Il faut travailler avec celles et ceux qui veulent avancer plus rapidement. Nous ne demandons pas à toutes et à tous d'avancer au même rythme, mais les plus lents ne devront pas être une entrave aux plus rapides [...] Laissons avancer celles et ceux qui veulent avancer car cela servira inévitablement l'ensemble de la classe ouvrière.

Pour revenir au *Deuxième Front*, ajoutons que ce document audacieux, original et unique reprend les revendications de justice sociale longtemps laissées à quelques groupuscules. Ce document a su indéniablement stimuler le désir d'une plus grande justice sociale et il a établi les bases d'une importante collaboration entre le monde syndical et le reste de la classe ouvrière.

La solidarité ouvrière, que ce soit au Québec ou ailleurs dans le monde, retrouvera, à ce moment précis de l'histoire, son véritable sens.

***

Michel Chartrand s'est peut-être absenté du monde syndical pendant presque 10 ans, mais les militants syndicaux ne l'ont pas oublié. Tribun il a été, tribun il demeure. C'est dans une atmosphère bon enfant que les délégués renouent avec leur vieux camarade. Pas si vieux, le camarade : Il a 52 ans, certes, mais il est d'une verdeur à en faire pâlir d'envie plusieurs. Et les dames l'admirent toujours autant. Lorsqu'il prend la parole à ce congrès d'octobre 1968, il aborde les mêmes questions que Pepin (dans son *Deuxième Front*), mais sur un autre ton et avec des mots que tous comprennent, infiniment plus colorés. Dans la ferveur du moment, les délégués, portés par leur enthousiasme, le proposent au poste de vice-président de la CSN contre l'ex-président de la puissante Fédération des employés d'hôpitaux, Paul-Émile Dalpé, futur fondateur de la CSD, avec Daigle et Dion.

Michel Chartrand accepte donc d'être mis en candidature contre Dalpé. Il n'a mis sur pied aucune organisation, laissant cela à ses amis, et, comme il le répète constamment dans ces occasions-là : « Si vous pensez que je peux aider la cause et si cela peut vous faire plaisir, d'accord j'embarque ! »

Michel est battu, mais pas avec une majorité écrasante. Il obtient 298 votes contre 588 pour Dalpé. Ce dernier est élu, précisons-le, avec la machine d'organisateurs du Parti libéral, tels Jacques Dion et Jacques Olivier, qui manipulent allégrement les délégués, leur font promesses par-dessus promesses, les invitent dans des *partys* où l'alcool coule à flots.

Malgré la défaite de Chartrand, les délégués ne sont pas dupes et ils savent très bien que Michel Chartrand, même battu, continuera de livrer bataille pour la justice sociale, peu importe le poste qu'il occupera. Les honneurs, il laisse ça à d'autres; c'est sur le terrain qu'il est à son meilleur. Cela, adversaires ou partisans le savent tous.

De toute façon, Chartrand sort du congrès comme le véritable leader de la grande région de Montréal. Les délégués des syndicats de la métropole s'avouent satisfaits de ce congrès où leurs revendications ont été défendues par Chartrand et ils détiennent maintenant un mandat des congressistes afin de s'affirmer encore davantage.

Éloge du militant

Une militante ou un militant, c'est avant tout une personne dévouée, généreuse de son temps et de son argent, ne ménageant aucun effort pour la cause ouvrière; c'est un individu qui travaille sans relâche à la défense de la cause. C'est un bagarreur, un combattant, un activiste, un propagandiste et, à la différence des dirigeants de l'entreprise privée, il accomplit tout cela sans plan de carrière, uniquement par solidarité avec la classe ouvrière. Trop souvent on a oublié le rôle important du militant de la base, l'échelon le plus bas dans le monde ouvrier organisé. Ce sont les militants qui ont bâti de leur sueur et de leur sang les organisations de défense et de promotion des oubliés et des méprisés. Souvenons-nous que le mouvement syndical s'est bâti dans l'illégalité, jusqu'à ce que les gouvernements, par législation, lui reconnaissent le droit de rassemblement et d'organisation. Auparavant, tous les syndiqués militaient à leurs risques et périls, c'est-à-dire être emprisonnés ou perdre leur emploi.

Michel Chartrand, lui-même militant de la base, deviendra le chef auquel se rallieront les militants de la région de Montréal, trop longtemps laissés à eux-mêmes. Les répercussions seront énormes, tant dans les régions que dans la métropole. Michel Chartrand paiera de sa personne, mais ses valeurs et son dévouement n'en seront que plus confirmés. Militant un jour, militant toujours.

« Je déclare Michel Chartrand élu président du Conseil central des syndicats nationaux de Montréal. » Le résultat est tombé comme un caillou dans la mare tranquille de la CSN. L'impossible est arrivé. Chartrand, l'anarchiste, l'activiste, le propagandiste du Syndicat de la construction de Montréal, est élu à la tête de la plus importante instance régionale de la CSN. Dorénavant, il peut compter sur une organisation fonctionnelle comprenant un grand nombre de militants, avec tous les moyens que cela implique, y compris l'argent.

Que feront ses adversaires et ses ennemis pour lui barrer la route, qu'il a maintenant grande ouverte pour la première fois depuis plusieurs décennies?

CHAPITRE 2

Ce n'est qu'un début !

Voilà notre choix [...] : ou bien on
veut transformer la société et alors il
ne faut pas l'attaquer tranquillement
et de temps à autre et à peu près,
mais régulièrement et constamment,
sans aucun répit [...].

MICHEL CHARTRAND,
1er mai 1969

Le rythme s'accélère

Depuis le dernier congrès de la CSN à Québec,
Michel Chartrand est très en demande. Il participe,
à l'invitation de l'Union générale des étudiants du
Québec (UGEQ), présidée par Claude Charron, avec
quelque 8 000 étudiants, à une grande marche de contestation. Les étudiants scandent : « Nous sommes prêts
à prendre la relève ». Michel les appuie et ajoute : « Vous
êtes la première génération libre du Québec et personne
ne pourra vous en empêcher ».

En novembre 1968, à l'assemblée générale du
Conseil central, le poste de cinquième vice-président est
vacant. Un groupe de militants dont je fais partie invite
Michel Chartrand à briguer le poste. Dans l'assistance,

on trouve des membres actifs du Parti libéral fédéral (toujours eux!) qui s'empressent de proposer le nom de l'ineffable Jacques Olivier contre Chartrand. Rien n'y fait, malgré tous leurs efforts, Chartrand sort gagnant et, comme si cela ne suffisait pas, il est élu délégué du Conseil central de Montréal au nouveau Bureau confédéral de la CSN (comité exécutif élargi), alors que ce poste devrait d'office revenir au président en place, Dollard Généreux. C'est par la suite, en décembre 1968, que Michel Chartrand deviendra président du Conseil central.

À la reprise des activités, après le congé des fêtes, en janvier 1969, Michel Chartrand est président à la fois du Conseil central de Montréal et de la Caisse populaire des syndicats nationaux de Montréal. Michel Chartrand, avec qui, depuis quelques mois, je me suis lié d'amitié, me demande d'occuper le poste de secrétaire général du Conseil central. Après une consultation rapide auprès de mes proches, j'accepte. Cette décision aura évidemment un impact fondamental sur toutes mes activités autant syndicales que familiales pour les années à venir.

Secrétaire général du Conseil central de Montréal avec, pour président, Michel Chartrand, cela signifie des journées de 36 heures et des semaines de 10 jours! On ne calcule ni son temps ni ses énergies.

Après la démission du responsable du comité d'éducation et d'action politique, Paul Cliche, ex-journaliste au *Devoir* et alors conseiller syndical au Secrétariat d'action politique de la CSN, nous propose d'embaucher Jean-Yves Vézina pour prendre la relève. Malgré certains accrochages, normaux dans un organisme en pleine ébullition, nous n'avons jamais regretté cette décision. Vézina sera de tous les débats politiques et syndicaux. Il se dépensera sans compter et y laissera même une partie de sa santé. Il s'avérera un redoutable personnage, grâce à ses connaissances étendues de la politique fédérale et provinciale, et un activiste rassembleur. Chartrand et Vézina ont parfois des échanges «virils», mais ils s'entendent parfaitement sur le fond, ce dont Vézina lui-même témoigne:

> Nous savions que nous travaillions pour la même cause, mais nous étions convaincus de notre manière de faire, chacun à notre façon. C'est sur la façon de procéder et pas autrement que nous nous accrochions.

L'équipe peut aussi compter sur les valeureux services de la secrétaire du bureau, Thérèse Demers, un petit bout de femme énergique qui n'a pas froid aux yeux. Elle en a vu passer des élus au Conseil central! Le personnel permanent et à temps plein comporte donc trois personnes: Thérèse Demers, Jean-Yves Vézina et moi-même. Fort de cette équipe, Chartrand, qui, on s'en doute bien, en a long à dire et a beaucoup à faire, accélère le rythme. Il est décidé que dorénavant le Conseil central tiendra deux assemblées générales par mois plutôt qu'une et que des représentants du monde syndical, quelle que soit la centrale syndicale à laquelle ils sont affiliés, seront invités à participer à nos délibérations. C'est ainsi qu'à une assemblée, on retrouve sur le podium, aux côtés de Michel Chartrand, Jean DesTroisMaisons, président du Front commun (composé de syndicats qui proviennent autant de la CSN que de la FTQ) des employés de la Ville de Montréal et de la Communauté urbaine de Montréal (CUM); Robert Chagnon, président de l'Alliance des professeurs de Montréal, affiliée à la CEQ; Michel Sabourin, de l'Association générale des étudiants de l'Université de Montréal; Hélène David, du Syndicat des professeurs de l'Université de Montréal; Marcel Perreault, à la fois président du Syndicat des postiers et du Conseil du travail de Montréal de la FTQ; et Gérard Proulx, du journal *L'Opinion ouvrière*.

Michel Chartrand appuie sur l'accélérateur. Le comité exécutif siège dorénavant au moins une fois la semaine ou plus. On crée des comités d'étude et de conseils sur l'habitation. Le comité exécutif et l'assemblée générale, à la suggestion de Michel, utilisent toutes leurs ressources financières pour la création d'un journal populaire (qui deviendra *Québec-Presse*) et pour financer la production d'un film du cinéaste Arthur Lamothe traitant des problèmes dans le monde de la construction; le film s'intitulera *Le mépris n'aura qu'un temps*.

Un mot sur ce film, dont le scénario a été écrit par Pierre Vadeboncœur. Ce qui en constitue le point de départ est la mort accidentelle de sept ouvriers sur le chantier de construction de l'échangeur Turcot de l'autoroute Ville-Marie. Le film compare subtilement le mode de vie des gens qui habiteront le très luxueux nouveau complexe immobilier de l'île des Sœurs à celui des travailleurs qui construisent le domaine immobilier. Le film sera mis à la disposition de tous les syndicats et de tous les groupes populaires et son contenu favorisera le militantisme à Montréal en remettant la solidarité ouvrière à l'ordre du jour.

C'est aussi dans cet esprit de solidarité ouvrière que Michel Chartrand suggère d'organiser des rencontres entre le Conseil du travail de Montréal (FTQ), l'Alliance des professeurs de Montréal (CEQ), l'Union générale des étudiants du Québec (UGÉQ) et des comités de citoyens en vue de la formation d'un comité élargi d'action populaire et syndicale. C'est le début d'une grande ouverture où militants syndicaux et groupes populaires se regrouperont autour de revendications communes touchant l'ensemble de la population. Michel Chartrand et son équipe mettent véritablement en marche l'application de la philosophie du *Deuxième Front*, dans sa forme la plus pure.

Le mouvement syndical montréalais, sous l'impulsion du Conseil central de la CSN et du leadership de Michel Chartrand, accélérera et organisera la contestation et la revendication sociale dans tous les secteurs importants : les droits des locataires, l'assurance-chômage, les accidentés du travail, le salaire minimum, l'assurance automobile, les assistés sociaux, etc.

Cette collaboration surprendra agréablement les non-syndiqués, toujours un peu méfiants à l'égard des travailleurs organisés, mais elle surprendra plus encore les syndiqués, et leurs dirigeants, qui ne pensaient pas voir la mise en application du *Deuxième Front* de façon si rapide, si organisée et si concrète. Et Chartrand ne s'arrête pas là : il met sur pied des cours de formation syndicale dans lesquels est enseigné l'abc du syndicalisme « pratico-pratique ». Des militants se réunissent, le samedi, dans la propriété de Michel et Simonne, sur les bords de la rivière Richelieu. Les militants ne viennent pas seuls. Ils sont, en général, accompagnés de membres de leur famille. Pendant que les uns suivent des cours, les autres s'amusent à la plage ou à des jeux de société. Au repas du midi, les tables qui ont servi pour les cours se transforment en une immense cantine où tous ripaillent avec plaisir. C'est de l'éducation populaire et communautaire dans toute sa splendeur.

À la CSN, la surprise est générale... mais ne plaît pas nécessairement à tous. Parmi les inquiets, pour qui tout bouge trop vite, on trouve les 3D (Dalpé, Dion et Daigle) et leurs alliés, qui soulèveront les membres du comité exécutif de la CSN, où ils sont majoritaires, contre Chartrand et son Conseil central. Ils convaincront d'autres militants de bloquer autant que possible Chartrand et son groupe. Une machine, bien huilée et bien organisée, verra à présenter des candidats contre Chartrand et ses amis dès le prochain congrès, en 1970. Mais ceci est une autre histoire.

Une population de locataires (hommage à Pierre Jauvin)

Montréal, à cette époque, est une grande ville industrielle dont plus de 80 % de la population est formée de locataires. Ces locataires sont bien mal équipés pour faire face à certains propriétaires peu scrupuleux. Il n'existe pas de bail type, la Régie du logement est moribonde, la législation qui pourrait protéger les locataires est presque inexistante, bref, le propriétaire est roi et maître. Le 18 février 1969, l'assemblée générale du Conseil central de Montréal (CSN), à la suggestion de Michel Chartrand, accueille un représentant de l'Association des locataires du Grand Montréal, Pierre Jauvin. Il s'agit d'une première au Conseil central : un membre d'une association de locataires prend la parole.

Jauvin est un jeune sociologue, célibataire, dévoué à l'extrême et qui travaille sans relâche, presque bénévolement, pour des associations de citoyens. Il s'exprime lentement, mais avec la conviction du militant et la ténacité du convaincu. L'homme est accueilli avec politesse ; les syndiqués sont prêts à écouter ses doléances et, pour ce qui est de l'aide demandée, on y verra par la suite. Son discours est bien construit, fort instructif et, avec les statistiques qu'il aligne, il a tôt fait de convaincre les délégués du bien-fondé de ses revendications. La machine ne tarde pas à se mettre en marche. En mai 1969, toujours en assemblée générale, Pierre Jauvin nous apprend que déjà une dizaine d'associations de locataires fonctionnent à plein régime. Des locataires ont commencé de faire des grèves de loyer. Le Conseil central emboîte le pas et favorise un rapprochement entre les associations de locataires et les comités d'action politique dans chacun des syndicats. Le Conseil central est conscient de l'urgence d'apporter de l'aide et, en avril 1969, il décide d'embaucher Pierre Jauvin.

Bourreau de travail, Jauvin arrive tôt le matin et est le dernier à quitter son bureau. Au cours de cette période, il sera responsable de la publication d'une brochure d'information dans laquelle sont expliqués ce que sont les associations de locataires, comment fonctionnent le service d'information sur les droits des locataires de la CSN et les services de la Régie des loyers; on y indique également comment s'y prendre pour utiliser à bon escient le Code civil. En primeur, Jauvin nous présente, après des journées et des nuits de travail et avec la collaboration de Jacques Desmarais, avocat et conseiller syndical au Conseil central, son rejeton, aussi précieux que la prunelle de ses yeux : le « bail type », qui est l'ancêtre (ou la « première version ») de l'actuel bail utilisé par tous au Québec. Jauvin s'use prématurément. Des efforts continus, peu ou pas de loisirs, un travail acharné, une nourriture avalée à la hâte et un manque de sommeil chronique ont finalement raison de sa santé. En décembre 1969, alors que tous le cherchent désespérément depuis quelques jours, une femme se présente aux bureaux du Conseil central pour nous aviser que son locataire, Jauvin, est cloîtré depuis deux semaines dans un logement qu'elle lui loue. Jean-Yves Vézina et moi partons immédiatement à sa rencontre. Le spectacle qui nous attend est affligeant : C'est un Jauvin vidé, brisé, épuisé, au bout de son rouleau, qui nous ouvre la porte. Une barbe de plusieurs semaines, des vêtements souillés, des boîtes de conserve ouvertes et l'appartement sens dessus dessous nous indiquent l'état dans lequel il se trouve. Nous le conduisons à l'hôpital et, après une bonne convalescence, reposé et plus serein, il pourra retrouver parents et amis.

Les locataires lui doivent beaucoup. C'est, par exemple, grâce aux batailles conjuguées des associations de locataires et du Conseil central de Montréal, sous la coordination de Jauvin, que la date des baux passera du 1er mai au 1er juillet, évitant ainsi, entre autres choses, aux écoliers et à leurs parents les ennuis d'un déménagement en pleine année scolaire.

La détermination de cet homme déteindra sur le Secrétariat d'action politique de la CSN. Sous la direction d'André L'Heureux, avec la collaboration de Jacques Trudel, Jacques Archambault et Claude Gingras, il publiera, en septembre 1970, une brochure traitant de la crise du logement au Québec dans laquelle on suggère notamment la construction de « 40 000 logements publics à prix modique (HLM) par année durant 5 ans, sous la responsabilité d'une Société de construction et de réaménagement des municipalités, d'après les plans conçus par la Société d'habitation du Québec ». Une recommandation qui, hélas ! demeure d'actualité, plus de 30 ans plus tard.

La brochure de 200 pages sera rééditée en 1971 et atteindra son sixième mille en 1972. Là encore, il s'agit de l'application intégrale du *Deuxième Front* et, rendons à Michel Chartrand ce qui lui revient, c'est grâce à sa ténacité que les locataires pourront mieux s'organiser et se défendre face aux propriétaires trop gourmands. Ce problème du logement reste un problème majeur dans une ville qui, en 1971, compte plus de 80 % de locataires (alors que Toronto, à la même époque, n'en comptait que 38 %).

En octobre 1995, quand j'apprends, dans le quotidien *La Presse*, la découverte du corps d'un homme, mort depuis quelque temps déjà, vivant seul et dont on ne connaît ni les parents ni les amis, je pense aussitôt à Jauvin. Le bureau du coroner lance un appel à tous. Je téléphone à mon vieux complice Jean-Yves Vézina et nous apprendrons qu'il s'agit bel et bien (comme j'en avais le pressentiment) de notre valeureux camarade Pierre Jauvin. J'apprendrai qu'à la suite de l'article paru dans *La Presse* le corps de notre ami a été réclamé par une cousine. J'ai tenté, sans succès, de la joindre, mais il ne sera pas dit qu'elle emportera le souvenir de Pierre.

Il aurait été normal que nous rendions publiquement un dernier hommage à une personne qui avait donné sa vie à la défense de la classe ouvrière, que l'on offre un gros remerciement à un grand humaniste qui s'était tant donné. Pierre Jauvin nous a quittés dans l'anonymat le plus complet. Son nom méritait d'être cité dans cet ouvrage. Je lui devais ce modeste témoignage de ma vive admiration. Merci, Pierre. Merci, au nom de tous les militants.

McGill français

L'Université McGill à Montréal mène depuis sa fondation, en 1821, à peu près exclusivement toutes ses affaires et son enseignement dans la langue de Shakespeare. Or, un jeune professeur anglophone de cet établissement, Stanley Gray, clame son désir de faire reconnaître la langue française au même titre que la langue anglaise dans l'auguste institution. Commence alors, avec des nationalistes de différentes appartenances politiques, une campagne pour faire entrer le français à McGill.

Naturellement, dans le contexte et l'esprit du *Deuxième Front*, Gray atterrit rapidement au Conseil central de Montréal — qui devient de plus en plus le centre d'accueil des activistes de tout acabit — et il demande à rencontrer Michel Chartrand. Ce dernier, tout nationaliste qu'il est, demeure un peu méfiant, trop conscient que derrière bien des nationalistes se cachent des gens de droite qui au nom de la langue française cherchent à imposer leurs projets au détriment de la classe ouvrière.

Gray expose les motivations qui l'amènent à souhaiter un « McGill en français » et demande à l'assemblée générale d'accorder son appui à une manifestation prévue pour le 28 mars 1969. Selon lui :

> L'Université McGill doit devenir une université de langue française parce qu'elle est subventionnée à 80 % par les Canadiens français ; McGill doit abaisser ses frais de scolarité de 40 % afin qu'ils soient au même niveau que ceux de l'Université de Montréal ; McGill n'est et n'a toujours été qu'au service des intérêts de la haute bourgeoisie anglo-saxonne.

Devant ses propos on ne peut plus clairs, les délégués s'empressent d'appuyer la manifestation. Le 28 mars 1969, 15 000 personnes se mettent en marche pour manifester devant l'Université McGill. La manifestation part du square Saint-Louis pour emprunter la rue Saint-Denis et descendre la rue Sherbrooke jusqu'à l'université. Les marcheurs clament : « McGill français », « Le Québec aux Québécois »... Tout le long du défilé, le service d'ordre des manifestants veille à éviter tout débordement. La discrétion des policiers contribue à ce que la manifestation se déroule dans l'allégresse et la paix. Michel Chartrand, qui fait partie des marcheurs, est accueilli chaleureusement par la foule massée sur les trottoirs qui lui lance des cris d'encouragement.

Les marcheurs arrivent finalement devant l'entrée de l'université qui est transformée en forteresse. La foule continue de scander des slogans et une certaine agitation la gagne. Le professeur Stanley Gray et Raymond Lemieux, de la Ligue d'intégration scolaire (LIS), tentent vainement de s'adresser aux manifestants ; les hautparleurs très rudimentaires ne permettent pas à la foule d'entendre les propos des orateurs. C'est alors et alors seulement que des commandos d'étudiants (anglophones ou francophones, l'histoire ne le dit pas) lancent des cocktails Molotov et divers projectiles tandis que d'autres jeunes réussissent à pénétrer dans la vénérable institution pour y commettre des actes de vandalisme. Les policiers se mobilisent et l'agitation gagne les rangs des manifestants, qui sont vite maîtrisés par les forces policières. On recensera 36 blessés mineurs, dont quelques-uns parmi les forces de l'ordre.

L'épilogue de cet épisode? Quelques mois plus tard, le 15 août 1969, Stanley Gray est expulsé de l'Université McGill. La décision est prise par le tribunal d'arbitrage de l'Association des professeurs d'universités canadiennes, chargé depuis la mi-mars de statuer sur le cas de ce jeune professeur en science politique.

> Cela confirme, me dira Gray, ce que j'ai toujours dit: On me juge non pas sur ma compétence, mais sur mes idées et mon action. Autrement dit, on m'a fait un procès politique dont l'issue ne m'a pas surpris du tout.

Aux dernières nouvelles, Stanley Gray a mis sur pied, en Ontario, une association pour la défense des accidentés du travail. Mais ce qu'il faut retenir, c'est que cette manifestation a été un moment majeur de la contestation sociale où nationalisme et revendications ouvrières se conjuguaient harmonieusement.

Congrès annuel

Le 1er mai 1969, s'ouvre, sous la présidence de Michel Chartrand, le XIe Congrès annuel du Conseil central des syndicats nationaux de Montréal (CCSNM), « toujours affilié à la CSN », comme se plaît à le dire Chartrand. Pour ma part, je suis nommé coordonnateur général de l'événement. Chartrand, conscient de l'importance de son image, revêt pour l'occasion sa plus belle chemise de coton rouge et il demande que la table des invités soit recouverte d'une nappe, elle aussi d'un rouge éclatant. Cette nappe deviendra par la suite une tradition immuable à toutes les assemblées générales du Conseil.

Les délibérations se tiendront à l'étage du restaurant *Butch Bouchard*, boulevard de Maisonneuve Est (autrefois rue de Montigny). Chartrand a choisi cet endroit parce qu'il est situé tout près des premiers locaux de la CTCC (l'ancêtre de la CSN), où il a fait son apprentissage syndical.

Le thème du congrès s'impose presque de lui-même : *Une philosophie du Deuxième Front*. Un congrès, ça se prépare et c'est ce que les militants ont fait. Le comité exécutif a mis sur pied des comités de travail qui devront présenter rapports d'activité et recommandations. Chaque responsable doit remettre son rapport au moins 15 jours avant la tenue du congrès. Michel Chartrand doit, lui aussi, remettre à l'avance son rapport moral.

Or, la veille de l'ouverture du congrès, le rapport de Michel Chartrand n'a toujours pas été remis. Pas de panique. Je décide alors d'enregistrer sur bande sonore tous les débats et tous les discours de Chartrand. L'idée s'avéra bonne car jamais le rapport écrit de Michel ne nous est parvenu. Chartrand n'écrit pas... il parle ! Il n'a jamais écrit un traître mot de ses discours. En revanche, il se prépare comme bien peu de gens le font. Sous des dehors qui s'apparentent à l'improvisation, c'est un discours toujours très soigneusement préparé qu'il livre avec énergie. Il prend continuellement des notes sur des bouts de papier, des bouts d'enveloppe, et il lui arrive de faire une répétition générale en conduisant.

J'ai donc enregistré le discours d'ouverture du président et, pendant la nuit, deux secrétaires se mettent au travail afin de dactylographier le précieux document. Heureusement, le discours se transforme très facilement en un document clair et compréhensible car Michel s'exprime fort bien. Il n'en reste pas moins que notre équipe devra bûcher toute la nuit. Le lendemain matin, à la reprise des activités, les délégués ont en main l'inestimable document et peuvent le commenter dans les ateliers. Un exercice qui n'est pas de tout repos, mais auquel on s'habitue quand on connaît la façon de faire du camarade Chartrand.

Michel Chartrand a insisté pour que d'autres syndicalistes, d'ici et d'ailleurs, soient invités à la séance d'ouverture du congrès, un geste tout à fait novateur. C'est ainsi que nous trouvons, sur la tribune, Gérard Picard, ancien président de la CTCC ; Henri Bouchard, directeur général de la Société nationale des Canadiens français ; Arthur Lamothe, cinéaste ; ainsi que des représentants du Comité de citoyens de Saint-Jacques, de la Société nationale populaire, du cégep Maisonneuve, du Syndicat des professeurs de l'Université de Montréal, de la Jeunesse ouvrière catholique et même le directeur de la revue de la nouvelle gauche internationale *Our Generation*, de même que des représentants de l'Association des Grecs du Canada, de la Confédération nationale du travail de l'Espagne en exil, du Mouvement de libération du taxi, et bien d'autres encore ! Beaucoup de monde et autant d'ouvertures sur le monde...

Au total, 260 délégués participeront aux débats, un nombre qui dépasse, et de loin, toutes les inscriptions aux précédents congrès. Une nouvelle vitalité semble s'installer au Conseil. L'époque des congrès sous la gouverne et l'orientation de l'aumônier et de ses acolytes est révolue. Le nouveau sigle du Conseil central est dévoilé, qui nous donne une nouvelle identité au sein de la CSN — où le rouge côtoie le noir ! C'est le début d'un temps nouveau, comme le dit le refrain d'une chanson très populaire de Stéphane Venne. On peut aussi chanter, sur l'air d'une chanson interprétée par Jacques Michel cette fois : « Viens, un nouveau jour va se lever » !

Michel Chartrand, tribun

Après la présentation des invités arrive le moment attendu, le premier discours de Michel Chartrand en tant que président du Conseil central de Montréal. Chartrand s'est bien préparé et il a pu, depuis quatre mois à la présidence, jauger la force des militants et leur goût pour le combat. Bâtisseur, il veut ériger un réseau de solidarité avec les syndiqués et les non-syndiqués. Il a rencontré des représentants des comités de citoyens, des groupes d'étudiants et des groupes nationalistes, en plus, bien sûr, de plusieurs représentants syndicaux autant de la CSN que de la FTQ et de la CEQ. Son discours fera connaître les voies que le Conseil entend emprunter au fil des 10 années de sa présidence :

> Quand on aura réussi à régler le problème du Bell Téléphone et le problème de l'assurance automobile et une partie du problème du logement et qu'on aura réussi à régler le problème du Conseil municipal de Montréal et des conseils municipaux autour de Montréal, on aura presque changé la face de la province de Québec. On sera alors en mesure d'embrigader la nouvelle génération, de lui fournir une idéologie et des moyens d'action pour bâtir la nouvelle société qu'on veut et que nos pères n'ont pas été en mesure de bâtir parce qu'ils étaient trop malpris. On sera capables de résister à la répression actuelle qui est pire que celle qu'on avait connue. Voilà notre choix, du moins ça m'apparaît comme ça : Ou bien on veut transformer la société et alors il

ne faut pas l'attaquer tranquillement et de temps à autre et à peu près, mais régulièrement et constamment, sans aucun répit [...] ou bien on fait ce qu'on peut, à l'intérieur du syndicat pendant les négociations, et on ne s'occupe pas du problème des locataires, des taudis, on ne s'occupe pas du transport à Montréal, on va laisser les chauffeurs de taxi se faire exploiter par la municipalités alors que c'est un service public [...] ou bien alors on est satisfaits et on arrête de se plaindre contre le capitalisme et la dictature économique, on arrête de se plaindre contre le pouvoir économique, qui est au-dessus du pouvoir politique et qui le domine complètement, et on arrête de parler de démocratie parce qu'on n'a absolument rien à dire dans l'économie, c'est-à-dire dans le développement du pays, dans l'utilisation des ressources et de la richesse du pays. C'est une minorité qui dirige...

Michel dresse ainsi habilement les enjeux des buts qu'il entend poursuivre et il conclut :

Il faut qu'on soit non seulement un porte-parole plus ou moins valable de la classe ouvrière, mais il faut que le Conseil central de Montréal soit l'organisme auquel peuvent se rattacher tous les organismes populaires. On va se battre avec tous les contestataires, tous les protestataires et tous les révolutionnaires.

C'est une assemblée enthousiaste qui se lève d'un bloc pour applaudir les propos de Michel Chartrand. Celui-ci a tracé la ligne de son programme, qui, loin de s'éloigner de la ligne du mouvement, s'inspire en totalité du document de Marcel Pepin, *Le Deuxième Front*. Le hic, c'est que plusieurs ne voyaient dans ce document que des vœux pieux. Jamais la droite syndicale n'aurait cru que cette nouvelle orientation puisse trouver preneur si rapidement. En parler c'est bien, vouloir l'appliquer, c'est autre chose! Le Conseil de Montréal a pris le message au pied de la lettre. C'est donc sans surprise, compte tenu de la résistance de la vieille droite, que les délégués du Conseil central de Montréal seront blâmés pour avoir appliqué trop rapidement *Le Deuxième Front*. Nous y reviendrons.

Un monde en... construction

Des dissensions à l'intérieur de la CSN existent, mais que dire des dissensions intersyndicales! Les tensions entre la FTQ et la CSN d'alors n'ont pas toujours été faciles à démêler.

Depuis 1965, on assiste à Montréal à une véritable explosion dans le secteur de la construction. Les chantiers ne se comptent plus: le Métro de Montréal, l'autoroute Décarie et l'échangeur Turcot, les grands hôtels et les prestigieux édifices à bureaux, sans oublier l'immense chantier de la future Exposition universelle de 1967. Ce contexte permet au syndicalisme de la construction de se consolider et de prendre de l'expansion. Une entente rendant obligatoire l'adhésion syndicale intervient entre les autorités patronales et les centrales syndicales de la CSN et la FTQ. En contrepartie, les centrales syndicales renoncent à toute grève sur les chantiers d'Expo 67.

Jusqu'alors, le syndicalisme est surtout présent et bien implanté sur les gros chantiers à Montréal, mais très peu dans la construction domiciliaire. Le nouveau secrétaire général de la CSN, l'universitaire Robert Sauvé, met tout son poids politique pour que le Syndicat de la construction de Montréal (SCM) devienne un véritable syndicat industriel unifié et non plus divisé selon les corps de métiers qu'il représente. C'est d'ailleurs ce qui vient d'être réalisé dans le nord du Québec, où un syndicat industriel CSN s'est implanté avec succès sur les chantiers de la Manicouagan et des Outardes, avec des résultats positifs pour les travailleurs.

La FTQ, de son côté, regroupe toujours les travailleurs sur la base des métiers. Il s'agit d'un regroupement de «Local», dont les membres sont affiliés à de grands syndicats américains. Le défi pour le SCM est d'affronter à la fois la partie patronale et les «unions» américaines (représentées par la FTQ), tout en faisant valoir sa stratégie auprès de la direction générale de la CSN. C'est dans ce contexte, on se le rappellera, que Florent Audette est allé chercher Chartrand.

Le rôle de Michel est de consolider le nouveau syndicat industriel par une campagne d'éducation syndicale et de mobilisation auprès des membres pour faire face à la concurrence, assez vive, des autres syndicats FTQ. Parler ici de «concurrence assez vive» est un euphémisme pour dire que ça brassait pas mal fort sur les chantiers entre les deux syndicats (et c'est peu dire).

C'est que la FTQ est largement majoritaire dans ce secteur et sa structure financière renforce sa prédominance. Ainsi, alors que les puissants syndicats FTQ conservent la très grande portion de la cotisation syndicale qu'ils perçoivent de leurs membres, le SCM, lui, doit partager ses cotisations entre la CSN, la Fédération et le Conseil central concernés. Cet état de fait permet à la FTQ de faire la pluie et le beau temps sur les chantiers.

En 1969, il existe 12 décrets régionaux et 3 décrets provinciaux pour les métiers spécialisés de la construction. On mettra sur pied, pour tout le Québec, un Front commun syndical, formé de représentants de la CSN et de la FTQ. Leur tâche: l'obtention d'un seul décret et d'un salaire horaire uniforme selon le métier. Un comité de négociation est constitué, composé de représentants syndicaux des deux syndicats et des représentants d'associations patronales reconnues.

Pendant les pourparlers, le représentant du SCM a parfois plus d'affinités avec les représentants FTQ (principalement montréalais) qu'avec les autres représentants de la CSN, qui reflètent les intérêts des travailleurs des autres régions. En contrepartie, certains syndicats FTQ jouissent d'une réputation peu enviable. Là où ça se complique, c'est quand on apprend que ces tractations à Montréal entre syndicats CSN et FTQ sont loin de plaire à la FNSBB (dont le SCM dépend), qui n'entend pas laisser la direction des négociations au SCM. Marcel Pepin se rangera du côté de sa fédération. C'est dans ce contexte fort complexe qu'évoluent Florent Audette et Michel Chartrand... Ce qui devait arriver arriva. La FTQ rompt l'entente qui consistait à négocier une convention collective commune. Tout ce qu'on avait construit vient d'être démoli !

Suivra alors une grève menée par la CSN-construction, amputée de son syndicat de Montréal. La tension monte entre la CSN et la FTQ. Il n'en fallait pas plus pour resserrer les liens dans les rangs de la CSN. Au cours d'une assemblée générale extraordinaire du Conseil central de Montréal, Chartrand accorde son soutien à Pepin et le remercie de défendre la cause des travailleurs de la construction :

> Il est arrivé qu'on a eu des divergences de vue, il va arriver encore qu'on va en avoir, des divergences de vue, mais il n'est jamais arrivé qu'on doute de sa sincérité et de sa bonne foi et puis je ne pense pas qu'on ait l'occasion de jamais en douter non plus.

La grève de la CSN-construction en région se poursuit. Il semble évident que la FTQ veut conserver son monopole à tout prix. Louis Laberge, appuyé par le tristement célèbre Dédé Desjardins, en rajoute. Dans une

La bien-aimée Simonne
Monet-Chartrand en avril 1981,
à Richelieu.
Photo Studio Carl Valiquette.
Collection Alain Chartrand.

Libéré de *Parthenais Beach* après
quatre mois de détention, sans
véritable accusation, sans
condamnation. À un journaliste
de Radio-Canada qui lui
demande ce qu'il va faire
maintenant, il répond tout
simplement : « Je vais aller
faire l'amour… »
Collection Fernand Foisy.

Marie-Andrée Chartrand,
18 ans et demi.
Photographie du studio
La photo modèle.
Collection Alain Chartrand.

Les sœurs et leur mère
Simonne Monet-Chartrand au
mariage de Madeleine.
De gauche à droite :
Hélène, Simonne, Micheline
et Madeleine.
Collection Michel Chartrand.

Michel Chartrand pendant une conférence,
à la taverne Jos Beef, en 1979.
Collection Michel Chartrand.

Michel et Simonne, la bien-aimée, à leur domicile à Richelieu,
le 30 janvier 1982.
Photo de Bernard Bohns. Collection Michel Chartrand.

Amené devant le juge Rousseau, encadré de deux policiers de la Sûreté du Québec, Michel écoute sans broncher les plaidoyers de ses avocats, pour l'obtention d'un cautionnement, dans l'attente de son procès pour sédition, en novembre 1969.
Collection Alain Chartrand.

La journée de Noël, en 1970, une manifestation d'appui aux prisonniers politiques devant la prison *Parthenais Beach*. On reconnaît Fernand Foisy portant la tuque et le foulard aux couleurs des Patriotes de 1837 et le président de l'Alliance des professeurs de Montréal, Matthias Rioux.
Collection Fernand Foisy.

« Il n'y a pas un juge assez fort pour empêcher le président du Conseil central de Montréal de parler. Gilbert mon cul, Rémi Paul mon cul, Drapeau mon cul et le juge Rousseau mon cul. »
Collection Fernand Foisy.

Michel Chartrand sans sa moustache, pour la première et dernière fois, au début de 1970, entre Fernand Foisy et Colette Legendre.
Collection Colette Legendre.

Hommage remis à Michel Chartrand, par l'Association des policières et policiers provinciaux du Québec (APPQ), à leur congrès en 1997. On y retrouve des sections de barreaux de la prison *Parthenais Beach* et une citation de Michel Chartrand : « J'ai été accusé de tout ce qui est possible sous le soleil et j'ai été acquitté de tout ce qui est au soleil. »
Collection Michel Chartrand.

« Nous attestons par la présente que M. Michel Chartrand, a été reçu membre honoraire de l'Association des policières et policiers provinciaux du Québec par décision du Conseil de direction. Sainte-Julie, le 24 mai 1997. » Et c'est signé par le président de l'APPQ, Tony Cannavino, et le secrétaire général, Daniel Langlois.
Collection Michel Chartrand.

Michel Chartrand dans des poses qu'on lui connaît bien.
Archives CSN.

Michel Chartrand, Robert Lemieux, Raymond Lemieux et
Pierre Bourgault pendant une manifestation de solidarité
avec les prisonniers politiques, au début des années 1970.
Archives CSN.

La première Conférence internationale de solidarité ouvrière
(CISO), organisée par Roberto Quévillon et présidée par Michel
Chartrand, en juin 1975.
Archives CSN.

À sa sortie de prison en mars 1971.
Michel Chartrand ou Fidel Castro?
Archives CSN.

Au cours d'une commission parlementaire sur la santé et sécurité
au travail. À la droite de Michel Chartrand, Gérald Larose.
Debout à l'arrière, Fernand Valiquette, président du Syndicat
des employés de Gaz Métropolitain.
Archives CSN.

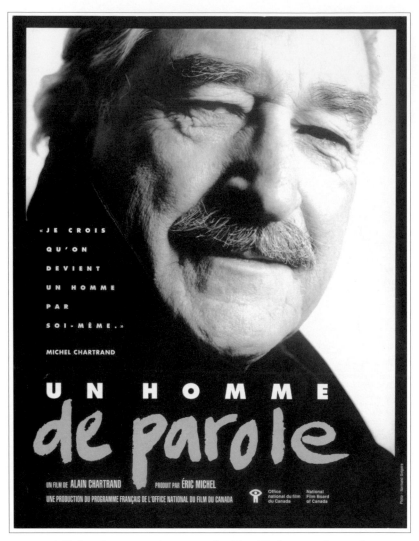

Affiche de promotion pour le film *Un homme de parole*,
en avril 1991.
Collection Michel Chartrand.

entrevue au *Journal de Montréal*, le 3 juillet 1969, il déclare, le plus sérieusement du monde : « La CSN a détruit au lieu de construire ».

Michel Chartrand, de son côté, analyse froidement la situation et déclare :

> La FTQ, qui n'est présente que dans les grands chantiers de construction, veut profiter de l'organisation mise sur pied par la CSN pour mettre la main sur ces employés syndiqués. Il s'agit de maraudage.

Après deux mois d'une grève difficile, la CSN accepte une nouvelle entente à la table des négociations. Cet accord, qui comporte des gains appréciables, peut signifier une pause dans cette période de luttes fratricides entre les syndicats.

Montréal est le fief de la FTQ-construction, mais le tandem Audette-Chartrand tente de maintenir active la CSN-construction à Montréal. Dans les régions, c'est une autre histoire. C'est donc par un vote majoritaire de 82 % que, le 11 juillet 1969, les membres du Syndicat des métiers de la construction de Québec (CSN), réunis au Colisée de Québec, décident de ratifier les accords intervenus entre les cinq associations patronales de la construction, le ministre du Travail, Maurice Bellemare, la CSN et la FTQ.

Cette lutte n'aura pas fait de grands vainqueurs mais, pour Michel Chartrand, la CSN a obtenu gain de cause après une grève de neuf semaines alors que la FTQ, elle, n'a rien fait pour faire avancer la cause des travailleurs de la construction, demeurant alignée sur les puissants syndicats américains.

***

Au début de cette année 1969, les rues de Montréal vibrent sous les pas des manifestants qui scandent : « Ce n'est qu'un début, continuons le combat!» À la fin de l'année, le mouvement prendra de l'ampleur et de l'assurance et bientôt nous entendrons des voix crier haut et fort: «Nous vaincrons!» Une année chaude se dessine à l'horizon.

CHAPITRE 3

La liberté en marche

> Pour nous, Chartrand est un homme
> debout, il est un homme libre.
> Jean-Guy Pilon,
> directeur de la revue *Liberté*

Liberté... surveillée

C'est au cours de la première soirée du congrès du
Conseil central du 1ᵉʳ mai 1969 que Michel Char-
trand reçoit de Jean-Guy Pilon, directeur de la revue
Liberté, le prix du même nom. Simonne, bien entendu,
est présente, de même que quelques vieux complices de
Michel, André L'Heureux, Paul Cliche et Pierre
Vadeboncœur du Secrétariat d'action politique de la
CSN, ainsi que Gérard Picard. En lui remettant son prix,
Jean-Guy Pilon dira de Michel :

> Il n'a jamais cessé d'être du côté de ceux qui veulent
> une vie plus normale et plus saine, plus heureuse. Il
> a toujours lutté pour la vie et la liberté, voilà
> pourquoi nous lui attribuons le prix *Liberté*.

Après avoir rappelé que le prix est décerné à une
personne ayant fait progresser la liberté de presse,
d'expression et d'action, M. Pilon ajoute :

Michel Chartrand a lutté sur tous les fronts et dans toutes les circonstances, plongeant tantôt en politique, tantôt dans le syndicalisme, tantôt en contestation utile et nécessaire. Pour nous, il est un homme debout, il est un homme libre.

En toute humilité, Michel Chartrand remercie Jean-Guy Pilon en ces termes :

La jeunesse a l'œil fixé sur la justice, sur l'amour, sur la liberté, sur la joie de créer, mais le pouvoir, lui, ne songe plus qu'à organiser la force et la répression. Ayant reconstitué sa puissance, il s'explique de plus en plus comme un pouvoir et de moins en moins comme le siège par excellence de la vie sociale, culturelle et politique, de la vie démocratique qu'on devrait trouver chez un peuple libre. Ses réactions sont caractéristiques : Il organise la police comme il ne l'a jamais fait, il dénonce et traque les vrais opposants, il intimide et persécute les gens pour leurs opinions, il espionne comme il n'a jamais espionné, il viole les domiciles et la vie privée des citoyens qu'il n'aime pas, il tient des fiches et des dossiers sur tous les citoyens qui ont l'air de ne pas être d'accord avec lui, il tente de réduire à sa merci les Départements de sciences humaines un peu partout, il s'en prend aux non-conformistes et s'inquiète de leur coiffure et de leur accoutrement, il invite à la délation et il la récompense, il érige le plus rapidement possible le mur de la richesse et ses politiques laissent dehors les milliers et les milliers de malheureux que le système des accapareurs exploite et perd définitivement chaque année. Il combine et il vole ; il se donne aux nuées d'affairistes et de parasites qui encombrent ce bordel de la finance ou ce tripot pour parvenus que constitue la société cupide qu'il entretient. Tout cela s'appelle la renaissance du pouvoir réactionnaire, le silence généralisé des comparses, l'isolement de la jeunesse dans son idéal et dans sa révolte. C'est là ce qui se passe actuellement. Rien que cela.

Il aurait pu prononcer ce discours au lendemain des événements d'Octobre 1970 qu'il n'en aurait pas été plus actuel! C'est que le vent est à l'orage! Le pouvoir montre des signes précurseurs d'inquiétude.

C'est ce que l'on pourra ressentir quand la Ville de Montréal adoptera son règlement numéro 3926 interdisant « toute manifestation non autorisée » dans les rues de la métropole. C'est ce que l'on ressentira aussi devant les répressions de manifestations qui se multiplieront, notamment autour de la question linguistique.

Pour l'heure, il semble, pour les autorités gouvernementales, qu'on discute trop sur la place publique et que trop de groupes organisés fassent leur apparition selon les politiciens, qui sentent le tapis rouge leur glisser sous les pieds. Cette situation est à l'ordre du jour de l'assemblée générale du Conseil central de Montréal du 16 septembre 1969. Michel Chartrand en profite pour souligner l'effritement des libertés civiles :

On dénonce les agissements de la police de Montréal qui perquisitionne sans mandat sous n'importe quel prétexte et qui enquête surtout sur les opinions politiques des gens qui ont des opinions non conformes au pouvoir établi. On dénonce le fait qu'on ait inventorié et monté des dossiers sur tous ceux qu'on connaît comme étant des gens non conformistes, des gens qui ne sont pas d'accord avec la constitution du Canada ou ses politiques actuelles, ou des gens qui ont des opinions sur les problèmes économiques.

Il est certain que ces perquisitions sont, *a posteriori*, autant de présages du traitement qui nous attend en octobre 1970. L'arrogance dont fait montre le pouvoir n'est encore rien en comparaison de ce qui va suivre. Les « trois colombes » (Trudeau, Marchand, Pelletier), qui contestaient le pouvoir hier encore, ne vont pas tarder à se transformer en vautours ! La *cité libre* va bientôt se transformer en ville fortifiée.

Nouveaux locaux, nouveaux maux

Avec le renouveau du Conseil central de Montréal et l'arrivée d'un nombre grandissant des militants syndicaux et de représentants des groupes communautaires, les locaux du 1001, rue Saint-Denis sont devenus trop exigus. Ce n'est pas le hall de la gare Centrale de Montréal, mais presque ; c'est un va-et-vient continuel. À peu près tout ce qui existe comme groupes de pression ou de citoyens dans la grande région de Montréal passe par le Conseil central. Tôt le matin ou tard le soir, on se marche sur les pieds tellement il y a du monde. Du monde qui veut, comme le dit Chartrand, « brasser des affaires ».

Trois petites pièces au rez-de-chaussée de l'édifice ne suffisent plus à nos besoins. C'est sympathique, oui, mais pas très pratique. Ça parle, ça discute, ça gueule… Pour la quiétude, on repassera. Même avec la meilleure volonté du monde, la patience et la résistance de chacun ont des limites quand l'espace vient à manquer. Travailler dans une telle cacophonie est devenu irritant et improductif. Le temps est arrivé de trouver de nouveaux lieux.

Nous louons donc le 1406, rue Beaudry, que Michel Chartrand a occupé avec son imprimerie et qui abritait aussi les bureaux du Parti social-démocratique (PSD) sous son leadership. Les locaux étant libres, nous négocions le loyer à bas prix (1 500 $ par année) et l'affaire est vite réglée. Les groupes populaires, et ils sont de plus en plus nombreux, fréquenteront dorénavant assidûment notre nouveau local, tout comme... la police de Montréal !

Quelques semaines seulement après notre installation (outre les nombreuses visites et perquisitions que la police effectuera, nous obtiendrons, dans les mois à venir, des preuves d'écoute électronique effectuée à cette période), nous recevons un appel à nos bureaux de la rue Saint-Denis nous informant que des agents de la GRC sont déjà sur place, rue Beaudry. Nous nous rendons, Michel et moi, immédiatement sur les lieux et y trouvons six agents qui fouillent les bagages d'étudiants étatsuniens revenant d'un voyage d'études à Cuba. Le Conseil central et ses militants, dans leur habituelle hospitalité, ont accueilli ces étudiants qui ont transité par chez nous de retour de Cuba —, car, comme on le sait, les États-Unis, pays de la grande démocratie (!), maintiennent toujours leur embargo contre Cuba.

Nous discutons avec les policiers et les étudiants pour nous assurer que les choses se déroulent dans le calme et la courtoisie. L'ambiance est quand même bonne et certains étudiants en profitent pour échanger des opinions avec Michel Chartrand. Ce n'est pas encore la perquisition sauvage sous menace de fusils-mitrailleurs comme nous la subirons en octobre 1970. Les policiers fouillent, mais ils ne découvrent rien : quelques vêtements, des souvenirs, quelques bouteilles du fameux rhum cubain et de la littérature, beaucoup de littérature... sans oublier les fameux cigares !

Les policiers admettent spontanément qu'il n'y a rien de vraiment dangereux ni dramatique pour « la sécurité nationale du pays » (c'est toujours la raison officielle qui est invoquée pour ce type de perquisition). Après s'être assurés que les étudiants ne seront pas détenus et ne souffriront d'aucun préjudice, nous quittons le local, non sans avoir reçu, en guise de remerciement, quelques précieux cigares cubains. Nous n'étions pas pour autant au bout de nos peines. Les policiers seront de retour le 1er mai suivant, sans doute pour souligner à leur façon la Fête internationale des travailleurs. Plus agressifs cette fois, ils menacent de défoncer les portes du bureau car ils soupçonnent que des étudiants étatsuniens (encore!) y cachent de la littérature illégale. Une fois de plus, nous nous rendons, Michel et moi, en compagnie de Jean-Yves Vézina et de Me Jacques Desmarais, avocat et nouveau conseiller syndical attaché au Conseil, au local de la rue Beaudry. Me Desmarais demande à voir le mandat; à notre grande surprise, il s'agit d'un mandat de main-forte ne contenant aucune mention de lieux et daté du mois d'octobre... 1968! Un mandat général et universel, en quelque sorte, qui embrasse très large, c'est le moins qu'on puisse dire.

Les policiers saisissent et emportent toute la littérature, qui, heureusement, sera remise intégralement par la suite à ses propriétaires.

La langue outil de communication...
et de contestation

Une langue, c'est fait pour communiquer, pour se comprendre, mais certains ont plus de difficulté que d'autres à le faire et ne comprennent rien quand on leur parle. Ils ont des problèmes d'écoute, pourrait-on dire. Au nombre des points chauds de cette fin d'année 1969 (et qui alimenteront la contestation en 1970), la question de la langue constitue un enjeu majeur. Elle mobilisera un grand nombre de Québécois et suscitera une non moins grande répression.

La Ligue d'intégration scolaire (LIS) est née de cet enjeu que constitue la langue d'enseignement; elle a été créée par des nationalistes québécois exigeant que les nouveaux arrivants s'intègrent au réseau des écoles de langue française. Quoi de plus naturel que de demander à des immigrants et à leurs enfants d'étudier dans la langue du pays qui les accueille, en l'occurrence le Québec. Naturel ? Ce n'est pas, malheureusement, l'avis de tous. Le système d'éducation, dans le Québec d'alors, permet à qui le veut d'envoyer ses enfants dans les écoles anglaises.

À Saint-Léonard, où se trouvent une majorité d'immigrants italiens, on est nombreux à opter pour le système anglais. Le principal porte-parole de la LIS se nomme Raymond Lemieux, un nationaliste et indépendantiste convaincu. Il n'a pas froid aux yeux et la cause du français lui tient à cœur. La LIS organise donc, le dimanche 21 septembre 1969, une manifestation devant l'école primaire Jérôme-Leroyer, à Saint-Léonard. Les policiers de la Sûreté du Québec, au nombre de 350, entourent l'immeuble, prêts à tout. Les 3 000 manifestants circulent paisiblement au cri de *Le Québec aux Québécois ! Les Italiens avec nous ! Immigrants en français !*

Tout se déroule dans l'ordre, bien que la tension soit palpable, jusqu'à ce que certains fauteurs de troubles, qui s'étaient infiltrés parmi les manifestants, vandalisent les vitrines des *pizzerias* et des commerces (à consonance italienne) des environs. Le maire de Saint-Léonard, Léo Ouellet, confortablement installé dans une auto stationnée à l'arrière de l'école, sort de son véhicule et fait la lecture de la loi sur l'émeute. Les policiers, qui n'attendaient que ce mot d'ordre, chargent les manifestants et effectuent plusieurs arrestations. Résultat : 30 blessés et 50 arrestations.

Michel Chartrand entre alors en scène. Il a toujours appuyé ceux qui défendent la liberté et la justice. Précisant sa pensée quelques jours auparavant, il avait déclaré :

On fournira les cautionnements pour tous ceux qui se
battent pour la liberté et pour la justice, qu'ils soient
de n'importe quelle origine, français, anglais, italiens,
irlandais ou bien donc communistes ou maoïstes !

Il demande donc à l'exécutif du Conseil central de
Montréal de fournir l'argent des cautionnements pour
les personnes arrêtées. Le Comité d'action politique du
Conseil central de Montréal, sous la présidence de
Jacques Bourdouxhe, a organisé quelque temps aupara-
vant une journée d'information sur les activités du LIS
qui a attiré plus de 75 présidents de syndicats affiliés au
Conseil.

Ces derniers sont sensibilisés aux revendications de
la LIS et, solidaires, protestent vigoureusement contre
l'escalade de la répression policière et judiciaire car la
justice entend poursuivre le travail amorcé par la police
et cela s'est traduit par des accusations injustifiées contre
les leaders de la LIS, Lemieux et Gravel. Les présidents
des syndicats en viennent à la conclusion que le gouvernement démontre son incapacité totale à résoudre le
problème scolaire de Saint-Léonard comme la question
linguistique au Québec et ils réitèrent leur appui à la LIS.

Des délégués d'origine italienne, Luigi Perciballi et
Mario Bucci, proposent que le Comité d'action politique
et le Comité de défense ouvrière organisent une réunion
publique d'information à Saint-Léonard. Dans ces circonstances, Michel Chartrand est parfaitement justifié
de proposer que les cautionnements soient versés par le
Conseil central. La droite syndicale critique vertement
son geste, mais l'assemblée générale continue d'appuyer
sans réserve son président.

Tout cela ressemble étrangement à une répétition
générale de la campagne contre la loi 63 (familièrement
appelée le bill 63), qui rassemblera toutes les forces reven-
dicatrices de cet automne qui s'annonce déjà très chaud.

***

La CSN ne s'est pas, à ce jour, prononcée sur la question de la langue au Québec. Marcel Pepin en est encore à la conception d'un Canada *coast to coast* et il épouse les thèses du bilinguisme officiel cher à Trudeau, ce qui fait dire à plusieurs militants que Pepin est un excellent négociateur mais qu'il ne possède pas le *timing* politique. Il s'oppose donc avec virulence à la résolution votée en bonne et due forme par l'assemblée générale du Conseil central le 7 octobre 1969, qui prône l'unilinguisme au Québec. La résolution, adoptée avec les deux tiers des voix, se lit comme suit :

> Attendu que la nation québécoise est en danger si l'on considère la progression dramatique de l'anglicisation à Montréal et dans le Québec ;
>
> Attendu qu'à cause d'une absence de politique dans le gouvernement du Québec en matière d'immigration, les néo-Québécois de plus en plus s'intègrent au milieu anglophone ;
>
> Il est résolu que le Conseil central des syndicats nationaux de Montréal, le CCSNM, se prononce en faveur de l'unilinguisme français au Québec, à tous les niveaux, et en fasse la recommandation au prochain Conseil confédéral.

Chartrand dépose cette résolution devant les délégués du Conseil confédéral (l'instance suprême de la CSN entre ses congrès) en espérant que Marcel Pepin se rallie. Peine perdue, ce dernier ne bouge pas. Pour plusieurs, Marcel Pepin reste accroché à la philosophie de la Révolution tranquille de Jean Lesage et à la pensée de *Cité libre*. Il ne veut pas admettre que les grands centres urbains sont menacés par l'anglais et que cette langue est de plus en plus prédominante dans les lieux de travail.

Le débat s'engage et, au fur et à mesure que la discussion se déroule, on sent que les intervenants se rangent du côté de Michel Chartrand et du Conseil central de Montréal. Marcel Pepin y met tout son poids et intervient dans le débat. Les délégués marchent sur des œufs. D'un côté, on reconnaît la prestance et l'expérience de Marcel Pepin et on ne veut pas que ce vote soit interprété comme une motion de non-confiance à son égard ; mais d'un autre côté, le cœur et la raison disent autrement... C'est la mort dans l'âme que les délégués de la CSN au Conseil confédéral adoptent, avec une forte majorité, le principe de l'unilinguisme français au Québec.

Marcel Pepin n'est évidemment pas très heureux de cette prise de position, qu'il aura dorénavant à défendre, mais, en bon démocrate, il accepte la décision des délégués.

La guerre... *yes sir* !

Sur plan social, la situation va s'enflammer au moment où le gouvernement de Jean-Jacques Bertrand, indigne successeur de Daniel Johnson (qui prônait *l'égalité ou l'indépendance*), déposera, le 23 octobre 1969, le fameux bill 63, qui consacre le principe de deux langues officielles au Québec et légalise le droit du choix de la langue d'enseignement par les parents — c'est là, véritablement, que se situe la menace.

Le projet de loi 63 ouvre ainsi toute grande la porte à l'assimilation des immigrants par la minorité anglophone du Québec. L'indignation est à ce point élevée que 120 corps intermédiaires de partout au Québec se réunissent spontanément en colloque à Montréal pour se faire les champions de l'unilinguisme français à tous les niveaux et fonder le Front du Québec français (FQF). On y trouve, entre autres, Michel Chartrand, Pierre Bourgault, Raymond Lemieux de la LIS, le père Vincent Harvey de la revue *Maintenant* et beaucoup de membres de la CSN et du PQ. Les délégués adoptent à l'unanimité une déclaration condamnant le principe du libre choix de la langue d'enseignement et proclament la nécessité de l'unilinguisme français à tous les niveaux au Québec.

Le Comité de direction est formé de Gilles Noiseux, président de la Fédération des Sociétés Saint-Jean-Baptiste du Québec (SSJB) ; François-Albert Angers, président de la SSJB de Montréal ; Émile Bessette, président de l'Association des professeurs de langue française du Québec ; Gaston Miron, du Syndicat des écrivains du Québec ; Raymond Lemieux, président de la LIS ; André Lamy, président du Comité d'action de la LIS (CALIS), section Université de Montréal ; et Lise Coupal, du Conseil central de Montréal CSN. Reste à venir le représentant de la CEQ.

Le premier ministre Bertrand refuse de rencontrer le Comité du FQF. Il veut la guerre... il l'aura. Les étudiants, ne voulant pas être en reste et se sentant parmi les premiers concernés, embarquent dans la galère à leur façon. Le 29 octobre, ils sont en grande majorité parmi les 10 000 personnes qui se rassemblent au centre sportif de l'Université de Montréal. Au micro, se succèdent les ténors de la lutte. Outre Chartrand, les Raymond Lemieux, Marcel Chaput, André d'Allemagne, Léandre Bergeron et Pierre Bourgault enflammeront la foule.

Pendant ce temps à Québec, plus de 3 000 étudiants marchent dans les rues en signe de protestation contre le bill 63. Seuls les étudiants du collège des Jésuites refusent de participer à la manifestation. Les manifestants se dirigent par la suite vers les bureaux du ministère de l'Éducation sous le regard approbateur des fonctionnaires, qui, de leurs fenêtres, semblent les appuyer.

Ainsi, à Québec comme à Montréal et ailleurs dans la province, les manifestations se font de plus en plus nombreuses et la participation s'accroît considérablement. Quelques jours après cette première manif, 2 grandes marches rassemblent 25 000 puis 35 000 personnes, et à Québec, le 31 octobre, ce sont près de 50 000 personnes qui manifestent devant l'édifice du Parlement.

Michel Chartrand défend la cause du français, mais profite aussi de toutes les occasions pour passer son message anticapitaliste et anti-impérialisme étatsunien, en vantant, par exemple, l'expérience cubaine de Fidel Castro. Criant *Viva Fidel! Viva Cuba!* il est accueilli par une longue et chaleureuse ovation. Dans une autre sortie contre l'impérialisme américain, il rappelle que le président d'Air Canada, Yves Pratte, avait déjà eu l'intention de créer un service aérien entre le Canada et Cuba. Cette tentative, rappelle-t-il, aurait échoué à cause de pressions de la Gendarmerie royale du Canada et... de la Maison-Blanche!

Michel Chartrand est de toutes les tribunes. À Québec, devant un groupe d'étudiants réunis au centre Durocher, il fait un discours qui lui coûtera cher :

> Si notre mobilisation massive ne fait pas reculer le gouvernement et que le bill 63 est voté, les universités et les collèges anglais au Québec risquent de sauter à la dynamite! Il ne faut pas être bien instruit pour comprendre qu'on ne peut refouler un peuple à ce point.

Dans la salle, un policier enregistre discrètement son discours. La police et le ministre de la Justice, Rémi Paul, salivent déjà...

Ouvrons une courte parenthèse sur ce douteux personnage qu'est Rémi Paul ainsi que sur ses démêlés avec Michel Chartrand. Ce dernier ne portait pas dans son cœur le ministre de la Justice et celui-ci le lui rendait bien. Chartrand venait de l'accuser d'être un disciple d'Adrien Arcand, un leader nationaliste grand admirateur de Hitler. Il avait de plus exigé sa démission en précisant : « Il n'y a pas de place dans l'administration publique québécoise, encore moins dans l'administration de la justice, pour des fascistes avoués ou pour des crypto-fascistes. »

Le président de la CSN, Marcel Pepin, reprendra sensiblement la même demande par la suite. Rémi Paul n'est pas très heureux de ces « demandes » et, dorénavant, il se promènera avec, dans les poches, un mandat d'arrestation au nom de Michel Chartrand… en attendant d'y ajouter une date et un motif. C'est chose faite ce jour-là, c'est-à-dire quand Chartrand a parlé des universités et des collèges qui « risquent de sauter ». On s'attendait à ce que le ministre réagisse et je me demandais même pourquoi il avait tant tardé à le faire. Le 10 novembre 1969, donc, quelques jours après son discours, Chartrand est arrêté.

Retour à la case… prison

Il n'aura pas fallu plus de quelques jours pour que le ministère de la Justice réagisse aux propos « explosifs » de Chartrand, qui n'ont pas l'heur de plaire. C'est dans un restaurant italien de la rue Saint-Hubert à Montréal, *Chez Renaldo*, que les policiers viendront cueillir un Michel Chartrand mangeant en compagnie de Nicole Papillon, secrétaire au Syndicat de la construction de Montréal. Que lui reproche-t-on ? Le mandat d'arrestation le dit clairement : « sédition ». Ses propos au centre Durocher à Québec ont été interprétés comme une incitation à la violence et au soulèvement.

Nicole arrive en catastrophe à mon bureau au Conseil pour m'informer des événements. J'entre en communication avec Mᵉ Robert Burns, un vieil ami, avocat à la CSN. Il rejoint rapidement deux autres avocats, le criminaliste Robert Lemieux et Mᵉ Gaétan Robert, ami proche de Chartrand. Tous les trois forment alors une société circonstancielle pour le défendre. La nouvelle se répand comme une traînée de poudre. Déjà les médias d'information affluent au Conseil central, mais personne n'en sait plus.

Nous nous rendons alors au palais de justice de Montréal (non sans avoir fait un détour par la caisse populaire pour pouvoir couvrir un éventuel cautionnement), où Michel devrait, nous l'espérons, comparaître au courant de l'après-midi.

Michel Chartrand aurait dû comparaître devant le juge Émile Trottier mais, pour des raisons inexpliquées, il a plutôt été conduit devant le juge Maurice Rousseau. À son arrivée, il est accueilli par une salve d'applaudissements de la part des militants. On lit l'acte d'accusation : « ... avoir prononcé des paroles séditieuses devant plus de 2000 personnes réunies au centre Durocher, à Québec, le 29 octobre dernier... » Comme aucune des paroles reprochées à Chartrand n'est citée à l'acte d'accusation, Mᵉ Gaétan Robert présente une motion de rejet et une motion pour détails qui sont toutes les deux renvoyées par le juge Rousseau à la demande de l'avocat de la couronne, Mᵉ Gilbert Morrier. Chartrand y va de son commentaire : « J'ai fait un discours de 40 minutes au sujet du bill 63. Je ne sais pas de quoi on m'accuse. C'est une farce, votre affaire monsieur », dit-il à l'intention du procureur de la couronne.

Pour sa remise en liberté, le juge Rousseau impose à Michel Chartrand un cautionnement de 2000 $, l'oblige à s'abstenir de participer à toute manifestation et lui défend de faire toute déclaration publique.

Les avocats de Chartrand, Mᵉˢ Gaétan Robert, Robert Lemieux et Robert Burns, protestent avec véhémence et allèguent que de par ses fonctions leur client doit veiller aux intérêts sociaux et économiques des ouvriers pour qui il travaille et que cela implique des déclarations publiques et des prises de position sur les événements qui se déroulent au Québec.

Après les explications de Chartrand, le juge consent à ce qu'il puisse participer à des réunions syndicales mais lui défend de faire toute déclaration publique. Le cautionnement exigé est versé et Michel repart, libre... ou presque.

Le lendemain, en début d'après-midi, le Front du Québec français (FQF), dont Michel Chartrand fait partie, donne une conférence de presse. Accompagné de François-Albert Angers et de Raymond Lemieux, de la LIS, et de ses avocats, Chartrand déclare :

> Je suis en liberté et j'ai l'intention de vivre en liberté. Je n'ai nullement l'intention de vivre comme un rat et aucune magistrature au monde ne m'y forcera. C'est seulement lorsque je serai derrière les barreaux que je cesserai de crier. Entre-temps, je n'ai aucune permission à demander.

Les journalistes présents en prennent bonne note.

En soirée, les membres du Syndicat de la construction de Montréal tiennent leur assemblée générale dans une salle de l'école de Lanaudière sur la rue du même nom. Chartrand connaît bien cette salle car c'est à ce même endroit que deux fois par mois le Conseil central de Montréal tient ses réunions.

Il y prend la parole et en rajoute encore :

> La justice au Québec, c'est une farce extraordinaire, une farce macabre dans l'ensemble. Le barreau n'a jamais eu le cœur de prendre ses responsabilités sociales. Il n'y aura jamais un juge assez fort pour empêcher un représentant du Conseil central de Montréal de parler comme il n'y aura jamais un

juge ni un gouvernement assez forts pour empêcher les travailleurs de manifester. Ma fonction, c'est de prendre la part des travailleurs, de dénoncer les abus dont ils sont les victimes. Comme toute dénonciation doit se faire publiquement, je parle donc à voix haute même si je dois aller en prison. C'est le mandat que les travailleurs m'ont confié et ils me paient pour le remplir. Je le remplirai donc, que ça plaise aux juges ou non. »

Il termine son allocution par une finale qui restera célèbre… et se rendra immédiatement aux oreilles des principaux intéressés :

Ça fait 30 ans qu'ils enregistrent mes discours, ça ne me fait pas un pli sur la différence. Le chef Gilbert [de la police de Montréal], mon cul, Rémi Paul [ministre de la Justice], mon cul, Drapeau, mon cul, pis le juge Rousseau, mon cul !

Les participants rient de bon cœur et applaudissent à tout rompre, à l'exception peut-être d'un indicateur qui s'empresse de rapporter les propos qu'il vient d'enregistrer. Le lendemain, des policiers se présentent aux bureaux du Conseil central, au 1001, rue Saint-Denis, pour y arrêter de nouveau son président, Michel Chartrand. Retour au centre de détention de la rue Parthenais !

Immédiatement les avocats de Chartrand tentent par tous les moyens d'obtenir un autre cautionnement afin de le faire libérer, mais cette fois la magistrature est beaucoup plus difficile à faire bouger. La journée avance et Chartrand est toujours derrière les barreaux, grand criminel qu'il est.

Me Gaétan Robert est tenace et, tard en soirée, il relance le juge Maurice Allard à son domicile. Le juge est alité, mais il consent quand même à recevoir l'avocat Robert. Il porte un peignoir et il a une jambe « dans le plâtre ». Le magistrat se dit prêt à accorder un cautionnement, mais tout le système judiciaire s'est ligué pour faire pourrir Chartrand en prison. Aucun policier n'étant disponible pour emmener le prévenu devant la cour, Michel Chartrand passera une première nuit en cellule.

Chartrand est maintenant accusé, outre de sédition, d'outrage au tribunal, d'abord pour avoir fait fi de l'ordre du juge Rousseau et ensuite pour avoir tenu des « propos jugés déplacés et outrageux ».

La couronne s'objecte à tout cautionnement, bien que le juge Deslauriers déclare que, selon lui, « il y a peut-être lieu d'accorder un cautionnement », tandis que le juge Coderre, de son côté, statue que le juge Rousseau avait déjà fait confiance au prévenu, mais que ce dernier en avait profité pour faire deux discours particulièrement « insultants » pour la magistrature, pour le ministre de la Justice et pour une foule de gens.

Jusque-là, Michel Chartrand avait été d'un calme exemplaire. Revêtu de sa fameuse chemise rouge, il s'écrie : « Cela ne prouve pas que ce que j'ai dit n'était pas vrai… Il y a des juges qui ont frayé avec la pègre. »

Le juge Coderre est visiblement surpris car l'accusé vient de répéter les mots lui ayant déjà valu une accusation d'outrage au tribunal. Le juge quitte prestement et les policiers emmènent Michel vers sa cellule.

Après la comparution devant le juge Coderre, les procureurs de Chartrand ont présenté deux requêtes visant à annuler la comparution devant ledit juge Coderre et les conditions au cautionnement fixées par le juge Maurice Rousseau. Ce dernier avait exigé que Chartrand ne fasse aucune déclaration publique et n'assiste à aucune manifestation, ce qui selon ses procureurs va à l'encontre de la *Déclaration universelle des droits de l'homme*.

Outrage au tribunal, suite

Pratiquons une brèche dans le temps. Ce n'est que deux ans plus tard que cette cause sera jugée. On verra la vie de Chartrand en éternel procès! Ce procès suivra de quelques mois à peine celui des événements d'Octobre, dont nous parlerons plus loin.

Le 4 mai 1971, donc, débute ce procès pour outrage au tribunal.

Avant le choix des membres du jury, l'avocat de la poursuite, Me Fernand Côté, déclare qu'il n'a pas de preuve à offrir sur l'un des deux chefs d'accusation, c'est-à-dire celle où Michel Chartrand dit:

«Depuis 1939, la police prend des notes. Ça fait 30 ans qu'ils prennent des notes, câlisse, ils devraient être instruits... Ils n'ont rien compris. Le chef Gilbert, mon cul, Rémi Paul, mon cul, Rousseau mon cul...»

Dommage, nous aurions pu assister à un débat sur ce que les observateurs qualifient de: «la tirade du cul de Rousseau...»

Le greffier fait la lecture de la première partie de l'acte d'accusation:

> Vous êtes accusé d'avoir déclaré le ou vers le 11 novembre 1969: «La justice au Québec, c'est une farce extraordinaire, une farce macabre dans l'ensemble. Le barreau n'a jamais eu le cœur de prendre ses responsabilités sociales. La magistrature a toujours pris son trou parce que, il y a là-dedans des anciens porteurs de télégraphes, des anciens voleurs d'élections et des anciens concubineurs avec la pègre. Il n'y aura jamais un juge assez fort pour empêcher un représentant du Conseil central de parler. Il n'y aura jamais un juge ni un gouvernement assez forts pour empêcher les travailleurs de manifester», créant ainsi un outrage à la décision du tribunal présidé par le juge Maurice Rousseau.

Toute la preuve repose sur l'enregistrement des propos de Michel par un journaliste de CKAC, Daniel McGinnis, au cours de l'assemblée syndicale de mars 1969. Le défenseur de Michel Chartrand, Me Robert Burns, dans sa stratégie d'avocat, a prévu le coup. Il a suggéré à son client et ami de réunir des professionnels qui peuvent imiter sa voix. Trouvant l'idée excellente et originale, Michel convoque, quelques jours auparavant, dans le studio d'enregistrement RCA Victor, trois artistes de grand talent ; ce sont Jean-Guy Moreau, imitateur reconnu, Jean Mathieu, de la maison de Radio-Canada, et André Dubois, du groupe Les cyniques.

Chartrand leur demande de dire la phrase suivante : « Les pouvoirs législatif et exécutif doivent être en contradiction. »

Me Burns n'aura pas à déposer l'enregistrement en preuve.

Le défenseur de Michel Chartrand, Me Robert Burns, dans sa stratégie, a plutôt décidé d'attaquer la preuve d'une autre façon.

L'accusation, fait rarissime, sera plaidée devant jury. Quant au choix de sa composition (et la récusation de certaines têtes de travailleurs), Chartrand fait remarquer qu'il y a « beaucoup de gérants d'industrie parmi eux » (les jurés) et qu'il va être jugé par des *boss* plutôt que par ses pairs. Soudainement, Michel se lève d'un bond et quitte la cour. Le juge Cousineau ajourne immédiatement. Où est Chartrand ? Quelques minutes plus tard, l'accusé revient avec le sourire aux lèvres…

> J'ai eu soudain envie d'uriner, monsieur le juge, j'ai demandé la permission aux policiers, mais je n'ai pas osé vous la demander de peur que le mot *pisser* me vaille une autre citation pour outrage au tribunal.

Les jurés accueillent cette boutade d'un grand éclat de rire. L'instruction reprend comme si de rien n'était…

Le lendemain, 26 mai 1971, après des débats sur de multiples points de droit, le juge demande que l'on fasse entendre l'enregistrement incriminant Chartrand. L'écoutant, ce dernier ne se gêne pas pour commenter et approuver ses propres paroles.

Par la suite, le débat s'engage sur la crédibilité de la bande sonore. Le journaliste Daniel McGinnis, de la station de radio CKAC, confirme qu'il n'a pas eu la garde de l'enregistrement. Burns souligne que le journaliste partage avec deux autres confrères un bureau, que chacun a un tiroir à sa disposition et qu'aucun gardien n'est en fonction la nuit. Il laisse supposer que la bobine a pu être tripotée.

La journée suivante, Chartrand citera, habilement, dans sa déposition, les... Diefenbaker, Duplessis et Trudeau, lesquels dénoncent tous (directement ou indirectement) la conduite de la magistrature au Canada et au Québec. Chartrand ajoute que la Commission Prévost (la Commission d'enquête sur l'administration de la justice au Québec) a été plus dure pour les magistrats que tout ce que lui-même a pu dire. Dans sa lancée, Chartrand rappelle qu'il a des vieilles causes en appel qui traînent depuis 1956, causes qui n'ont jamais connu de dénouement jusqu'à ce jour, dit-il.

Il précise que la bobine contient des déclarations truquées et malhonnêtes. Afin de prouver les avancées de l'accusé, Me Robert Burns fait témoigner un expert en montage, M. Robert Blondin, de Radio-Canada. Ce dernier déclare qu'il est très facile de truquer une bande sonore.

Pendant que le jury délibère, Michel Chartrand, Me Robert Burns et quelques amis dont je suis, nous attendons, dans le corridor face à la cour, le verdict en jasant de tout et de rien.

Voilà que s'amène en boitillant un juge d'un certain âge et d'un âge certain, portant la toge noire garnie de deux bandes rouges à l'avant et coiffé, dans la plus pure tradition ancienne, d'un tricorne. Michel Chartrand est entouré de sa cour, qui se fait soudain silencieuse dans l'attente de sa réaction.

Michel ne doit pas décevoir son auditoire et s'empresse de dire haut et fort : « Calvaire ! Un vrai sorcier de village ! »

Imperturbable, le juge poursuit son chemin dans le corridor et là Michel, qui le voit maintenant de dos et aperçoit la rosace rouge brodée dans le dos de sa toge, lance d'une voix encore plus forte : « Crisse ! c'est de la vraie provocation, il a un *bull's eye* dans le dos... »

Son entourage, qui avait pu jusque-là refouler sa réaction, ne peut se retenir davantage et y va d'un immense éclat de rire qui résonne tout le long de l'interminable corridor. Le sourire moqueur, Michel savoure l'effet produit par une autre des trouvailles dont lui seul a le secret.

Les jurés, après avoir délibéré près de trois heures, déclarent l'accusé non coupable. Une fois le verdict rendu, c'est un Michel Chartrand tout souriant qui serre la main aux membres du jury. « La décision que les jurés viennent de rendre prouve que le peuple ne m'a jamais trompé », clame-t-il fièrement.

Après l'acquittement, Michel Chartrand célèbre avec des amis, à la terrasse de l'Hôtel Iroquois dans le Vieux-Montréal. Plusieurs des 12 jurés viennent le rejoindre afin de participer eux aussi aux agapes, levant leurs verres à la liberté d'expression.

La prison, c'est pas fait pour les chiens !

Revenons en arrière, toujours sur la scène judiciaire. Le 18 novembre 1969, les activités du grand théâtre juridique reprennent. Après une journée entière

d'audition devant le juge Maurice Fauteux, pour
l'enquête préliminaire sous l'accusation de sédition, le
juge a remis sa décision au 2 décembre et décidé que
Michel Chartrand pourrait recouvrer sa liberté
provisoire après avoir payé un cautionnement de 2000 $,
le même cautionnement qui avait été accordé par le juge
Maurice Rousseau mais... en supprimant les conditions
qui tendaient à museler l'accusé.

Après six jours en prison, Michel Chartrand est
libéré. En grande forme, tout ragaillardi et sans bâillon
cette fois, il quitte le palais de justice au bras de sa bien-
aimée Simonne et entouré de plusieurs militants syndicaux et représentants de comités de citoyens. Un homme
libre, debout et droit rentre chez lui.

À l'assemblée générale du Conseil central de la CSN
à Montréal le mardi 18 novembre, Michel Chartrand fait
un retour remarqué. Les télégrammes d'appui se
multiplient et la tribune regorge d'invités de tous les
horizons. La liste serait longue et je renonce à les nommer tous.

Les syndiqués décident d'offrir à Rémi Paul deux
billets de cinéma pour le film Z, de Costa-Gavras, en lui
mentionnant que « toute ressemblance entre le ministre
de la Justice du Québec et le ministre fasciste du film
n'est pas l'effet du hasard ». Le ministre déclinera
l'invitation, prétextant qu'il est trop occupé « à ramener
l'ordre et la paix dont est assoiffée toute la population
intelligente du Québec et qui constitue la très forte
majorité ». Degré zéro de l'humour...

Les délégués officiels se montrent fermes dans leur
prise de position à l'égard des derniers événements :

> Dans la démocratie ouvrière, le rôle du président
> est de défendre et de promouvoir les intérêts et les
> luttes décidés par les travailleurs dans leurs
> assemblées souveraines. Il n'y a pas un parlement,
> pas un ministre, pas une police politique qui

restreindra ou aliénera le droit sacré des travailleurs d'entreprendre les luttes qui leur sembleront opportunes et impérieuses. Il est clair que le Conseil central des syndicats nationaux de Montréal endosse totalement les déclarations et les gestes du camarade Michel Chartrand au nom et en vertu des décisions prises démocratiquement par l'assemblée générale.

On précise :

Si jamais il était impossible aux travailleurs de faire valoir leur volonté dans le régime néofasciste actuel, il ne faudra pas s'étonner si les travailleurs et les nouvelles générations du Québec entreprennent de faire sauter un système pourri qui ne leur garantit plus l'exercice de la liberté.

***

L'épilogue de cette histoire surviendra quelque temps plus tard, le 12 décembre 1969, sous la forme d'un jugement de non-culpabilité. Le jugement déclare qu'on ne peut reprocher à un homme lucide d'analyser la situation et d'en tirer les déductions qui s'imposent. La deuxième chambre de la correctionnelle était littéralement bondée pour entendre le jugement du tribunal :

Le prévenu Chartrand, poursuit le juge, avait sûrement le droit de s'exprimer publiquement et de faire valoir son point de vue de façon démocratique [...] Et c'est pourquoi je libère l'accusé.

Peu de temps auparavant, le 20 novembre 1969, après trois semaines de débats tumultueux, l'Assemblée nationale adoptait, en troisième lecture, le désormais historique bill 63, malgré l'opposition acharnée d'un groupe de cinq députés, dont René Lévesque. La même journée, une bombe explose au collège anglophone

Loyola. On ne déplore aucune victime, mais les dégâts matériels sont élevés. Chartrand l'avait anticipé le 29 octobre précédent, au centre Durocher à Québec, mais alors on ne voulait pas l'entendre, on voulait seulement l'arrêter.

CHAPITRE 4

Sur tous les fronts

> Il est indispensable d'avoir un instrument, non seulement pour se défendre, mais aussi un instrument pour attaquer.
>
> MICHEL CHARTRAND, 1971

Informer, pas censurer

Chartrand est un homme de parole dans tous les sens. Il ne fait pas que discourir, il passe à l'action. Il aime parler, oui, mais il aime les choses concrètes, les solutions qui accompagnent les problèmes. Il garde toujours en tête les « besoins primaires » du monde ordinaire : se loger, se vêtir, se nourrir, s'informer, faire entendre sa voix, s'exprimer et, au besoin, manifester.

Depuis le début de sa vie publique, dès sa sortie de la Trappe d'Oka en 1934, Michel Chartrand a réalisé rapidement l'influence et l'importance des médias d'information, le quatrième pouvoir, et il constate que l'on n'est jamais si bien servi que par soi-même, car la presse capitaliste sera toujours la presse capitaliste. Elle ne diffusera que les informations qui ne risquent pas de nuire à son image et jamais elle ne donnera l'heure juste à la population.

Déjà à cette époque, la concentration des médias dans les mains de quelques grands propriétaires frise le monopole. (Que faudrait-il dire aujourd'hui ?) Le journal *La Presse* a été vendu en 1967 à la Power Corporation, autrement dit à Paul Desmarais, qui incarne, pour plusieurs, la naissance de la concentration de la presse au Québec. Paul Desmarais est déjà copropriétaire des quotidiens régionaux *Le Nouvelliste* à Trois-Rivières et *La Tribune* à Sherbrooke.

Vers la même époque, en 1969, une commission parlementaire spéciale sur le problème de la liberté de presse amorce ses travaux à l'Assemblée nationale. Diverses études sont commandées, mais aucun rapport final n'est déposé. L'une de ces études est présentée par des juristes de l'Université Laval et du ministère de la Justice. Les auteurs constatent qu'il n'existe aucune loi régissant la concentration des moyens d'information. La majorité des publications, comme ils le précisent, sont destinées à un usage local ou provincial.

En 1970, Gesca, la filiale de presse de la Power Corporation de Paul Desmarais, détient 48,2 % du tirage des quotidiens francophones du Québec. Quebecor en possède 11 % et le reste est aux mains de propriétaires indépendants, mais ce ne sera pas pour bien longtemps.

Michel Chartrand a étudié tous ces chiffres et cela l'inquiète considérablement. Il envisage sérieusement la création d'un journal populaire qui véhiculerait les problèmes de la classe ouvrière. À ce moment-là, plus de 40 000 $ dorment dans les coffres du Conseil central de Montréal. Une telle occasion ne se répète pas tous les jours. Michel envisage la possibilité d'utiliser une partie de cette somme comme mise de fonds. Il réunit chez lui, sur les bords de la rivière Richelieu, des gens du milieu de l'information qu'il a triés sur le volet. On y trouve Pierre Lebeuf, réalisateur à la télévision de Radio-Canada ; Paul Cliche, journaliste de métier ; Gérald

Godin, poète et journaliste ; et André L'Heureux, du Secrétariat d'action politique de la CSN. Il leur explique en long et en large le besoin de créer un journal populaire afin de contrer le type d'information véhiculée par les grands propriétaires des journaux à travers le Québec. Tous sont emballés par le projet et ils ne demandent pas mieux que de se joindre à cette aventure.

L'argent reste un problème. C'est le nerf de la guerre. Au terme de multiples réunions d'information, la Coopérative des publications populaires est créée, avec l'appui de la CSN, de la CEQ et de la FTQ, sans oublier le Mouvement Desjardins. Le premier projet de la Coopérative consiste à éditer un journal : il portera le nom de *Québec-Presse*. Mes fonctions de secrétaire et représentant du Conseil central de Montréal font que je suis nommé secrétaire de la nouvelle coopérative. Michel Chartrand, pour des raisons tactiques et parce qu'il croit fermement à la liberté de l'information, refuse d'accepter un poste au conseil d'administration. Il ne veut surtout pas que l'on accuse le Conseil central de Montréal et son président de vouloir diriger les destinées du nouvel hebdomadaire du dimanche et encore moins l'information qui y sera diffusée. Et Pierre Lebeuf, ex-directeur de *Québec-Presse*, me confirmera que jamais au grand jamais Michel Chartrand n'a tenté d'imposer ses points de vue et ses politiques au comité de rédaction.

C'est dans la salle de réunion du restaurant de Butch Bouchard, le 24 septembre 1969, qu'est fondé officiellement le journal *Québec-Presse*. Le premier numéro sort en kiosque le dimanche 19 octobre 1969. L'équipe éditoriale est composée de Pierre Lebeuf, directeur général, de Jacques Guay, comme chef de pupitre, et des journalistes réputés Jacques Keable, Gérald Godin, Jacques Elliott, Micheline Lachance et Maurice L. Roy. Durant les fins de semaine, des journalistes déjà à l'emploi d'autres publications viennent travailler dans la salle de rédaction de *Québec-Presse*. Pour éviter toutes représailles, ils ne signent pas leur article ou signent d'un pseudonyme. Nicole Gladu, de *Montréal-Matin*, Jules Leblanc, de la CEQ, Adèle Lauzon, du *Star*, Michel Rioux, de *L'Action catholique*, Louis Fournier, de la station radiophonique CKAC, et Virginie Boulanger sont de ceux-là. C'est l'effervescence dans le monde de l'information.

Ce sera, pour nombre d'entre eux, l'âge d'or du journalisme. Parmi les journalistes de métier, la création de ce nouveau média est bien accueillie car on aime cette nouvelle façon de traiter l'information, libre d'attache, sans directive ni censure.

Dès le départ, la FTQ décide d'ajouter ses forces et son aide à la publication de *Québec-Presse*. Émile Boudreau et Gérard Docquier, délégué par la FTQ (d'abord hésitante), dépenseront sans compter temps et efforts dans la construction de l'hebdomadaire. La CEQ aussi apportera son aide en personnel et aux campagnes de financement.

Après plusieurs mois à la barre du journal, Pierre Lebeuf remet sa démission. Pas facile de tenir le coup. Lui succéderont Gaétan Dufour et Paul Cliche, respectivement de la FTQ et de la CSN. Parce que *Québec-Presse* n'est pas très riche, les deux centrales syndicales acceptent d'absorber les salaires de ses deux conseillers syndicaux, qui assumeront, l'un après l'autre, la direction générale du journal. Un peu plus d'un an après sa création, Gérald Godin prendra la relève. Normand Caron, de l'Association coopérative d'économie familiale (ACEF), sera le dernier directeur général. Il aura le triste honneur, et à grand regret, de mettre la clé dans la porte.

Le journal roule bien, mais des problèmes demeurent, dont celui de l'argent : les fonds n'entrent pas assez rapidement, la distribution n'est pas encore rodée dans les régions, le *Dimanche-matin*, l'hebdomadaire concurrent du week-end, roule depuis quelques années à un train d'enfer. La cerise sur le *sunday* arrivera lorsque les têtes dirigeantes du Parti québécois, Yves Michaud, Jacques Parizeau et René Lévesque, décideront, le soir de leur défaite électorale du 29 octobre 1973, de mettre au monde un journal indépendantiste, *Le Jour*. Les journalistes de *Québec-Presse*, Jacques Keable et Jacques Guay, tentés par la nouvelle aventure, se joignent à l'équipe de rédaction du *Jour*. Les deux journaux ont presque la même clientèle. Et pour ajouter à la difficulté, René Lévesque, candidat défait à la dernière élection et journaliste au *Journal de Montréal*, avec sa sagesse proverbiale, écrira dans sa chronique que « *Québec-Presse* est le bulletin du Conseil central de Montréal », alors que Jacques Parizeau, une tête d'affiche de son parti, y tient une chronique régulière !

L'argent est un problème et, pour aider la cause, notre bon gouvernement libéral a donné des directives strictes à tous ses ministères, leur interdisant d'annoncer d'aucune façon dans *Québec-Presse*, ce journal audacieux et non conformiste.

Pourtant, le tirage de *Québec-Presse* est fort respectable : une moyenne de 35 000 exemplaires vendus par semaine pour les derniers numéros, tandis que le tirage atteint 85 000 exemplaires pendant la Crise d'octobre 1970. Si on compare cette performance à celle du *Devoir*, dont le tirage était bien en deçà, on peut dire que nous étions sur la bonne voie. *Québec-Presse* n'en disparaîtra pas moins, tout juste après avoir franchi le cap de ses cinq ans, le 10 novembre 1974. *Le Jour* disparaîtra à son tour, après deux ans d'existence, le 27 août 1976. Un tirage en chute libre, un réseau de distribution incapable de rejoindre le vaste public de lecteurs et une vive concurrence des journaux dits capitalistes n'ont laissé aucune place pour ces nouvelles publications. Et pourtant…

L'expérience de *Québec-Presse* est aujourd'hui citée partout et plusieurs aimeraient bien recréer ce journal car la concentration de l'information est plus que jamais à l'ordre du jour. À défaut de se faire entendre dans *Québec-Presse* ou un autre journal qui pourrait s'inspirer de l'hebdomadaire français *Le Canard enchaîné*, Michel Chartrand collabore de très près à *l'aut'journal*, un mensuel tenu à bout de bras par un petit groupe de militants, et il continue de s'exprimer à voix haute, très haute même :

> Au Québec, il n'y a pas de journal pour le peuple, il n'y a pas de quotidien qui traite des problèmes des travailleuses et des travailleurs et de leurs luttes. Il y a beaucoup de pauvreté au Québec, mais quel journal en parle ? […] Il ne peut y avoir de véritable progrès social au Québec sans un journal qui traite des problèmes du peuple.

Consommer et partager

Les besoins primaires humains comprennent bien sûr l'alimentation. Pas étonnant donc que, dès le début de son mandat au Conseil central de Montréal, Michel Chartrand soit appelé à collaborer à la création d'une coopérative de consommation d'alimentation : Cooprix.

Gérard Saint-Denis, en 1969, est directeur des relations publiques de cette coopérative. L'autre cerveau se nomme René Castonguay ; il a été formé à l'école des magasins Steinberg. Tous les deux tentent d'implanter à Montréal une coopérative de consommation. Le concept est bien présent dans les régions, mais pas à Montréal.

Cooprix relève, dans les faits, de la Fédération des magasins Coop et de son directeur général, Jacques

Towner. Tous savent pertinemment que leur clientèle principale est constituée des travailleurs et que le monde syndical est une voie d'accès naturelle vers eux. Qui, à Montréal, peut rejoindre le mieux ces travailleurs ? Leur choix se porte tout naturellement vers Michel Chartrand, « coopérateur » émérite et président d'un bloc important de travailleurs syndiqués dans la grande région de Montréal.

Chartrand, enthousiasmé par ce projet, accepte d'emblée d'être leur porte-parole. Manger pour moins cher, sans exploiter qui que ce soit, voilà un beau projet. Gérard Saint-Denis, un relationniste hors pair, généralement accompagné de Michel, fait un malheur aux assemblées d'information. Il accepte toutes les invitations et visite tous les membres des syndicats intéressés par la coop d'alimentation. Grâce à leurs efforts conjugués, le projet Cooprix contribue à sensibiliser et à conscientiser les consommateurs sur l'importance de la coopération.

Il faut se rappeler ici que Michel Chartrand est aussi président de la Caisse populaire des syndicats nationaux de Montréal, membre de la Fédération des caisses populaires Desjardins de l'Ouest du Québec, la plus importante Fédération du Mouvement Desjardins. Il impose le respect chez Desjardins, ne serait-ce qu'en raison du grand nombre de travailleurs qu'il représente.

Le premier Cooprix, à Montréal, ouvrira ses portes le 10 juin 1969, sur la rue Legendre, dans le quartier Ahuntsic. Il s'agit d'un tout nouveau concept : Les membres sont accueillis à l'entrée par une hôtesse, Marie-Jeanne Ducharme, les prix sont indiqués sur les tablettes et chacun doit, à l'aide d'un crayon gras de couleur bleue, écrire le prix sur l'article à acheter. Enfin, on passe à la caisse, où l'on présente sa carte de membre (1 $). Il s'agit d'une première dans le monde de l'alimentation à Montréal. Pendant deux ans, une diététiste professionnelle fait des recherches et publie ses conseils concernant la santé physique ou économique des membres. Par la suite en 1977, Mme Lise Ouellette, technicienne en alimentation, prend la relève. Elle publie des affichettes et des recettes, fait connaître la qualité des produits sur les tablettes et les fruits et légumes nouveaux. Les recettes sont présentées avec des produits à leur état brut et qui n'ont subi aucune transformation. Elle travaille en étroite collaboration avec le service gouvernemental Consommateur canadien et l'Office de la protection du consommateur québécois afin d'éclairer le consommateur. Bref, un véritable travail d'éducation en alimentation

Tout le monde met l'épaule à la roue et cela donne d'excellents résultats. Les prix des marchandises sont de loin les plus bas dans la grande région de Montréal. À la caisse, les membres s'occupent de mettre les articles dans des sacs d'emballage. Plastique ou papier. On suggère fortement le papier, pour des raisons écologiques. De plus, on vend de grands sacs de coton plastifié qui pourront servir à l'occasion de la prochaine visite.

Cooprix fait une percée plus qu'importante dans le monde de l'alimentation à Montréal. Rapidement, le chiffre d'affaires comme le nombre de membres grimpent à un rythme surprenant. Chartrand lance l'idée d'élargir le concept à la pharmacie. Malheureusement, ce projet ne peut pas fonctionner car la loi stipule que l'établissement doit être la propriété d'un pharmacien reconnu et aucun ne veut s'associer à une telle entreprise, de peur de se trouver sur la liste noire de ses confrères.

Chartrand est membre du conseil d'administration et trésorier de Cooprix, où il côtoie de vieux comparses comme Ronald Asselin, du Syndicat des employés de la Régie des Alcools, Camille Montpetit, gérant de la Caisse populaire Mistral, et Émile Boudreau, des métallos de la FTQ.

Cooprix a un besoin urgent d'argent et la Fédération des magasins Coop qui chapeaute le Cooprix tente sans succès de faire débloquer des fonds de la Fédération des caisses populaires Desjardins de l'Ouest du Québec. La coopérative de consommation de Montréal ne dispose que de quelques jours pour aller chercher l'argent nécessaire. Le trésorier de Cooprix de Montréal n'a pas l'intention d'attendre le bon vouloir de ces messieurs du Mouvement Desjardins. C'est un petit jeu qui se joue à deux. Michel Chartrand se tourne vers son conseil d'administration de la Caisse populaire Desjardins de la CSN. Il insiste sur le rôle social de la Caisse, qui n'est pas uniquement de faire des surplus. Il veut que l'argent des cotisations syndicales retourne en services à ses membres. En une seule journée, il réussit à faire accepter une demande d'emprunt de Cooprix de 500 000 $. Selon Ronald Asselin :

> On doit l'instauration de Cooprix à Montréal à Michel Chartrand. Nous avions besoin d'un homme comme lui pour tenir tête au Mouvement Desjardins, sans quoi Cooprix n'aurait jamais existé.

Trois nouveaux magasins Cooprix verront le jour au cours des années 1970, à Legendre, Longueuil et Ville LaSalle. Cooprix devient aussi le chef de file des campagnes de boycottage. On soutient, par exemple, les cueilleurs de raisins en Californie, qui connaissent des conditions de travail presque inhumaines. On apprendra, entre autres, que l'employeur arrose les vignes de pesticides pendant qu'ils cueillent les raisins. Ces travailleurs sont traités comme du bétail et ils veulent s'organiser en syndicat afin de se faire respecter. Des représentants du syndicalisme étatsunien font campagne partout en Amérique du Nord afin que les travailleurs agricoles obtiennent la reconnaissance de leurs droits. Cesar Chavez, figure emblématique du syndicalisme des travailleurs agricoles (il est décédé en avril 1993), est le principal porte-parole de ces travailleurs. Il est assisté de Jessica Goveo et de Peter Standish, pour le Québec.

L'arme efficace pour ces travailleurs demeure le boycott. Michel Chartrand et le Conseil central de Montréal décident de les appuyer concrètement. Les magasins Cooprix sont parmi les premiers à se joindre au boycott, bientôt suivis par les supermarchés Dominion et Steinberg. En fin de compte, les travailleurs de la Californie obtiendront, grâce à ces gestes de solidarité, la reconnaissance de leur syndicat, un exemple qui démontre bien le sentiment d'appartenance des membres à leur coop. Leur prochain défi concernera les travailleurs et les producteurs de laitue.

Dès 1971, Cooprix annonce qu'après seulement 2 années d'exploitation la coopérative a fait économiser plus de 540 000 $ à ses sociétaires, maintenant au nombre de 22 000. Elle offre aussi un tout nouveau service d'huile à chauffage. Cooprix est totalement dévouée à la défense des consommateurs et coopère avec les groupes qui réclament l'abolition de la publicité destinée aux enfants.

En 1975, la Fédération des magasins Coop cède les trois magasins Cooprix de la grande région de Montréal à une nouvelle coopérative, la Coopérative des consommateurs de Montréal (CCM). La vocation coopérative de la CCM est inscrite au cœur même de sa structure. Ainsi, des comités coopératifs, regroupant pour chaque magasin des membres élus, sont constitués parallèlement à l'assemblée générale, au conseil d'administration et au comité exécutif.

Tout baigne dans l'huile jusqu'en 1982, alors que le plus important grossiste qui alimente la CCM, la Fédération des magasins Coop, fait faillite. La CCM, qui doit se trouver rapidement un autre pourvoyeur, se tourne vers le secteur privé, notamment les magasins d'alimentation Métro-Richelieu. La CCM ferme ensuite les portes de son magasin déficitaire de Ville LaSalle en 1984 et cherche, sans succès, à vendre celui de Longueuil, également déficitaire et battu en brèche par de nouveaux (et agressifs) concurrents, Maxi et Super Carnaval. En 1986, le Cooprix de Longueuil est absorbé par le groupe Provigo et la Coopérative des consommateurs de Montréal disparaît définitivement.

La belle aventure de Cooprix montre, suivant les mots de Gérard Saint-Denis, combien Michel Chartrand, dans son combat pour donner aux travailleurs la place qui leur revient dans la société, n'a jamais oublié les aspects pratiques :

> Même s'il s'est battu férocement pour que les travailleurs aient une paye qui ait de l'allure, il se battait aussi pour donner aux gens ordinaires des institutions économiques qui seraient contrôlées par eux et à leur service.

Des services pour tout le monde

Pour Michel Chartrand, les syndiqués sont des êtres privilégiés par rapport aux autres travailleurs qui ne peuvent pas bénéficier des mêmes avantages monétaires :

> Il est de notre devoir de chrétiens d'aider tous ceux qui souffrent ou qui sont en manque de certains services faute d'argent et nous devons faire en sorte de leur donner ces services.

Sur sa recommandation, le comité exécutif décide donc de mettre sur pied un Service-conseil gratuit de renseignements pour tous les travailleurs, sur des sujets aussi différents que l'assurance-chômage, le salaire minimum, les accidents de travail, les prestations du Bien-être social et, bien sûr, les droits des locataires, en passant par les revendications pour l'obtention d'un bail type.

C'est Émile Sawyer, un militant à la retraite, qui devient responsable de ce Service-conseil. Il sera assisté par Micheline Vézina. Des militants du Secrétariat d'action politique de la CSN, tels André L'Heureux et Paul Cliche, aident à la rédaction de textes. Quelques semaines plus tard, le service-conseil accouche d'une brochure d'information sur les services gratuits offerts par le Conseil central de Montréal. Ce dépliant clair, concis et instructif est imprimé en huit langues : français, anglais, italien, espagnol, portugais, allemand, grec et chinois. Nous sommes indépendantistes et socialistes, mais pas sectaires. Tous les groupes populaires dans la grande région de Montréal se réjouissent de cette initiative.

En plus des requêtes, qui affluent de toutes parts, plusieurs cas concrets nous sont signalés et nos militants syndicaux qui travaillent aux gouvernements du Québec et du Canada se font un plaisir de nous piloter dans les dédales des services gouvernementaux. Notre service-conseil fait école et bientôt des groupes de citoyens, grâce à nos ressources et à nos informations, se font un devoir de mettre sur pied, dans plusieurs quartiers, des comités de services identiques que nous nous empressons d'épauler.

Manifester... librement

Dans la foulée des nombreuses manifestations contre le bill 63 qui mèneront à l'arrestation de Chartrand, la Ville de Montréal et son petit despote de maire, Jean Drapeau, adoptent un règlement antimanifestation, le fameux règlement numéro 3926, lequel interdit toute manifestation sur la voie publique. Il est adopté pendant la semaine au cours de laquelle le Front du Québec

du comédien Lionel Villeneuve, de la peintre Marcelle Ferron, du père Vincent Harvey, o. p., de l'écrivain Victor-Lévy Beaulieu, du caricaturiste Berthio, de Simonne Monet Chartrand et de moi-même, etc. La liste serait trop longue à énumérer, mais on peut affirmer qu'il y avait, dans la salle attenante à la cour municipale, une centaine de personnes, sans compter les sympathisants venus nous appuyer, dont Michel Chartrand bien évidemment.

L'appel des prévenus se fera dans la plus grande confusion, le policier responsable de cette tâche ignorant manifestement à qui il avait affaire. Il prononce tout de travers le nom des accusés. Ainsi il appelle Paul Cliche, Paul Cliché, Gilles Carles, Karl à la russe... Même le juge Marcel Marier a peine à s'empêcher de rire. Finalement, il consent à libérer les inculpés à la condition qu'ils paient 50 $ d'amende pour avoir entravé le travail des policiers et avoir refusé de circuler en vertu du règlement municipal 333.

En mai 1970, le juge Gaston Lacroix, de la Cour du Bien-être social, déclare illégal le règlement antimanifestation de l'administration Drapeau. Fin de la farce.

Le Front d'action politique (FRAP)

Michel Chartrand l'a répété à satiété, les travailleurs doivent s'occuper de la politique sinon c'est la politique qui s'occupera d'eux. C'est pourquoi il est ravi de voir sur la scène municipale un groupe de militants décidés à faire la lutte à l'administration Drapeau. Le Conseil central de Montréal emboîte le pas et ne ménage pas ses efforts afin d'aider à la mise sur pied du Front d'action politique, mieux connu sous le nom de FRAP. Paul Cliche, membre du Secrétariat d'action politique de la CSN, deviendra le président du FRAP.

Rappelons simplement que le 13 novembre 1968 la CSN mettait sur pied des comités d'action politique non partisane dans les syndicats. Le Secrétariat d'action politique de la CSN a été fondé afin d'assurer la coordination en vue d'une collaboration commune avec les autres centrales syndicales. À l'automne 1969 et l'hiver 1970, le Secrétariat organise une vingtaine de colloques régionaux pour discuter d'action politique non partisane sur le plan local. Chacune des régions met sur pied des comités régionaux composés de représentants des trois centrales syndicales et, là où il en existe, des représentants de comités de citoyens. À Montréal, des jeunes militent dans des comités de citoyens grâce à l'initiative de la Compagnie des Jeunes Canadiens, un organisme à caractère social dont les fonds proviennent du gouvernement fédéral.

Au terme du colloque de Montréal, en avril 1970, il est décidé de mettre sur pied une organisation politique avec la participation active des syndicats et des comités de citoyens. Au début, l'organisation porte le nom de Rassemblement pour l'action politique (RAP), qui deviendra par la suite le Front d'action politique (FRAP). Le 12 mai 1970, le FRAP est officiellement fondé. Paul Cliche, du Secrétariat politique de la CSN, en est le président. C'est que Cliche est en bons termes aussi bien avec le président de la CSN, Marcel Pepin, qu'avec Michel Chartrand, le président du Conseil central de Montréal. L'appui de ces deux organismes est important. Deux vice-présidents sont aussi nommés : Émile Boudreau, de la FTQ, et le citoyen Lacaille, issu des comités de citoyens du Sud-Ouest de Montréal. Le Conseil central de Montréal collabore à fond. Pepin, lui, ne désire guère appuyer le nouveau parti et il blâme Cliche d'avoir accepté la présidence sans l'autorisation de l'exécutif de la CSN, dont certains membres sont favorables à Drapeau. Celui-ci avait, comme on peut l'imaginer, exercé des pressions pour que la centrale n'appuie pas le nouveau parti, mais sans succès. Au contraire, au début de la campagne électorale, le Conseil central publie une édition spéciale de son journal *Le Travail de Montréal* dans laquelle il manifeste son appui sans réserve au FRAP.

Plusieurs militants syndicaux, dont Cliche, Boudreau et Vézina ainsi que Philippe Halde, vice-président du syndicat « des gars de Lapalme », se présentent comme candidats aux postes de conseillers municipaux. Les élections se tiennent le 25 octobre, en pleine Crise d'octobre. Dix jours avant l'enlèvement du diplomate britannique James Richard Cross, un sondage commandé par le quotidien *Montreal Star* indique que le FRAP pourrait aller chercher quelque 35 % du vote. Selon Paul Cliche :

> La politique du FRAP est de présenter des candidats uniquement dans les secteurs où il peut compter sur une organisation structurée. L'objectif premier est de former une opposition solide et sérieuse au mégalomane Jean Drapeau. Lors de notre première campagne électorale, on ne présentait pas de candidat à la mairie parce que, justement, il fallait concentrer nos efforts pour devenir l'opposition officielle. N'eût été la Crise d'octobre, il est certain que le FRAP aurait fait élire un nombre suffisant de candidats pour atteindre cet objectif.

Michel Chartrand est le premier dirigeant syndical à apporter une importante collaboration à des mouvements politiques de citoyens. Il est en quelque sorte la bougie d'allumage et, même encore aujourd'hui, le Conseil central de Montréal continue de jouer ce même rôle.

C'est à l'encontre de Marcel Pepin que le Secrétariat d'action politique de la CSN a entrepris d'appliquer, avec l'appui du Conseil central de Montréal et de Michel Chartrand, la stratégie utilisée au début du siècle en Angleterre par ses propres citoyens. En effet, c'est à partir de syndicats que les travailleurs anglais ont contrôlé des conseils municipaux de grandes villes comme Liverpool et, par la suite, ont fondé le Parti travailliste, qui est devenu un des deux partis dominants avec le Parti conservateur, reléguant le Parti libéral au rang d'un tiers parti.

La Crise d'octobre 1970 et les dérives d'extrême gauche ont certes contribué à freiner le travail de pionnier du FRAP. Il faudra attendre le 10 novembre 1974 pour voir, en quelque sorte, les efforts du FRAP se matérialiser avec le Rassemblement des citoyens de Montréal (RCM), qui doit sa création aux comités d'action politique du Conseil central de Montréal et du FRAP. Ce jour-là, l'opposition fera véritablement son entrée sur la scène municipale à Montréal. Le RCM remporte 44 % du vote populaire, mais seulement 18 des 55 sièges de conseillers municipaux. Un illustre inconnu, Jacques Couture, prêtre-ouvrier et candidat à la mairie, ébranle la forteresse de Drapeau, qui, dépité, déclare :

> Je n'ai pas d'objection de principe pour l'opposition, mais je continue de croire que c'est une formule dangereuse. Si tout le monde veut changer une situation à sa manière, la barque va chavirer.

Parmi les élus du RCM, on trouve Paul Cliche, ex-dirigeant du FRAP et conseiller syndical à la CSN.

CHAPITRE 5

Humeurs du mouvement,
mouvement d'humeurs

> Je n'ai jamais joué d'autre rôle dans le
> mouvement syndical que celui du
> coryphée des tragédies grecques : le
> gars qui est dans le milieu de la place
> et qui dit tout haut ce que le monde
> pense.
>
> MICHEL CHARTRAND,
> *Vie ouvrière*, octobre 1978

Les frères ennemis

L'année 1970 commence de façon tranquille, mais elle se terminera dans la tragédie.

J'ai déjà évoqué le conflit larvé qui existait entre le Conseil de Montréal et son président Chartrand, d'une part, et la direction de la CSN, avec à sa tête Marcel Pepin, d'autre part. Ce conflit prendra une tout autre dimension avec la parution de la *Lettre aux militants* que signe ce dernier et dans laquelle Chartrand et son équipe sont pris à partie.

Voici un extrait de l'émission *Format 30*, animée par Louis Martin et diffusée à Radio-Canada le lundi 15 janvier 1970 :

Louis Martin: Croyez-vous, monsieur Chartrand, représenter vraiment ceux qui vous ont élu président du Conseil central de Montréal? La *Lettre aux militants* de M. Marcel Pepin laisse entendre que vous manipulez les travailleurs pour servir votre idéologie à vous.

Michel Chartrand: Ceux qui veulent me dire que je suis en dehors de ma coche, ils peuvent venir me le dire deux fois par mois à l'école de Lanaudière où se tiennent nos assemblées et les visiteurs sont les bienvenus. À part ça, ils m'ont élu président, pis, tout le monde le sait, je suis socialiste depuis longtemps et anticapitaliste depuis toujours. Alors, les délégués, ils savaient ce qu'ils faisaient en m'élisant président [...] En tout cas, au Conseil central, on dit qu'on participe à aucune espèce d'affaire provinciale, fédérale ou municipale. On essaie de former des comités d'action politique avec des comités de citoyens, avec des locataires pour bâtir une vraie machine électorale. Le pouvoir du peuple par le peuple... c'est la vraie démocratie. Pas surveiller le pouvoir, mais l'exercer. Si le mouvement syndical fait pas ça, je ne sais pas ce qu'il fait.

L. M.: Donc, vous avez une divergence très profonde avec M. Pepin quant aux moyens d'action du mouvement ouvrier?

M. C.: Les moyens d'action du mouvement syndical et de la classe ouvrière, c'est l'électoralisme. Moi, je crois en la démocratie politique. Quand on ne croit pas dans la démocratie politique, faut être conséquent, on croit à la révolution armée. Y a pas trois façons de prendre le pouvoir, y en a deux: par les armes ou bedon par les élections.

L. M.: Ah bon. Donc votre travail conduira à la formation d'un parti politique des travailleurs.

M. C.: Un parti ou bedon faire élire des représentants de la classe ouvrière qui auraient des chances de gagner aux élections.

L. M. : Vous n'avez pas peur de diviser le mouvement, de diviser la CSN ?

M. C. : D'abord, je ne me bagarre pas avec la CSN.
Moi, je me bats avec ceux qui veulent se battre à
Montréal. Quand ils ne seront plus contents... ils
vont me le dire ! Moi, je suis parfaitement la ligne de
la CSN. Je veux appliquer *Le Deuxième Front*, que
Pepin a proposé et fait adopter par son congrès en
1968. Ce qu'il faut faire, et ça presse, c'est bâtir une
machine politique pour libérer les travailleurs et
exercer le pouvoir... pas le surveiller, mais l'exercer.
Il faut que la majorité (c'est les travailleurs) exerce
le pouvoir au lieu que ce soit toujours une infime
minorité de capitalistes. Le fou à Chartrand, il reste
dans le syndicalisme contre le capitalisme et pour le
socialisme. C'é-ti assez clair, ça ?

Il a bien raison de n'être pas content, le président du
Conseil central de Montréal, et il n'est pas le seul à
Montréal. La *Lettre aux militants* n'est pas un accident de
parcours, mais le début d'une stratégie visant à éliminer
« Chartrand et sa gang ». À compter de 1970, l'exécutif
de la CSN tentera de reprendre le contrôle du Conseil
central de Montréal.

Que dit donc cette lettre signée Marcel Pepin pour
soulever la colère de Chartrand et de ses militants ? Elle
réaffirme la neutralité politique du syndicat (reniant
l'appui du Conseil central au NPD à l'occasion des
dernières élections fédérales), aligne des chiffres pour
bien montrer la croissance de la centrale et, du même
souffle, identifie le « gigantisme » comme dérive mena-
çant le bon fonctionnement de sa centrale syndicale. À
mots à peine couverts, on lit derrière sa définition du
gigantisme une condamnation en règle de Chartrand :
« On verra, écrit Pepin, des personnes se prendre pour
d'autres. » Chartrand participe à tout ce qui bouge à
Montréal, fait la première page des journaux, multiplie

les conférences de presse, etc., pendant que les déclarations de Pepin sont reléguées aux pages moins importantes. Attaquant encore Chartrand et les militants qu'il représente, Pepin continue :

> On verra des personnes lancer des guerres qui n'auront jamais lieu, déclencher des grèves générales qui n'auront jamais lieu, organiser des manifestations monstres qui n'auront rien de bien apeurant, des batailles de vedettes qui n'auront au fond d'autre principe que de mettre en vedette ceux qui les font, bien confortablement d'ailleurs.

Le reste de la lettre est de la même eau. Ce que nous ignorions à l'époque et que nous connaissons désormais, c'est le véritable sentiment de Marcel Pepin envers Michel Chartrand. Comment s'étonner de cette lettre quand on lira, beaucoup plus tard, sous sa plume : « Chartrand n'a jamais été démocrate. En paroles oui, mais pas en pratique. » Cette affirmation de Pepin, pour le moins étonnante, tombe en pleine campagne électorale au cours de laquelle Chartrand fait la lutte à Lucien Bouchard dans le comté de Jonquière, aux élections de novembre 1998. On sait maintenant (ce qui explique bien des choses) que cette lettre a été rédigée en Floride, où Pepin avait retraité dans la plus grande amertume à la suite du vote sur l'unilinguisme français à tous les niveaux adopté par la centrale.

Venez donc en discuter

Le comité exécutif du Conseil central décide d'inviter Marcel Pepin à venir s'expliquer devant les délégués à l'assemblée générale prévue pour le 20 janvier. Pepin accepte en autant qu'il puisse rencontrer auparavant les officiers des syndicats affiliés, le samedi

17 janvier, à 9 h. Condition acceptée. Pepin aime bien négocier ses coups.

La série d'assemblées « contradictoires », comme il s'en faisait autrefois, se met en branle. Suivra une série d'apparitions publiques au cours desquelles Richard Daigneault, ex-journaliste et éminence grise de Pepin, défendra la position du chef, tandis que Michel Chartrand continuera de faire connaître ses idées aux médias.

Pierre Vennat, de *La Presse*, rend compte des positions des deux dirigeants :

> Pour Michel Chartrand, le but du Conseil central des syndicats nationaux de Montréal est de « bâtir une machine électorale ». Il l'a avoué lui-même à la télévision d'État hier soir, en répondant aux attaques de M. Pepin qui l'accuse d'erreur idéologique.

À l'assemblée où les deux hommes se rencontrent, il y a foule : beaucoup de délégués, mais deux fois plus de « visiteurs ». Tous s'attendent à un débat orageux entre les deux vedettes. Michel Chartrand, après avoir demandé aux personnes présentes d'observer une minute de silence en mémoire des travailleurs décédés au travail, souhaite la bienvenue et fait la présentation des invités, dont deux futurs putschistes, les fondateurs de la CSD, Paul-Émile Dalpé et Amédée Daigle.

Dans son discours d'ouverture, Michel Chartrand étale ses griefs envers la centrale et explique sa vision du syndicalisme tel que l'on devrait le pratiquer à l'intérieur de la CSN :

> Je tiendrais à faire remarquer aux officiers de la CSN que jamais dans nos assemblées au Conseil central nous n'avons enduré de critiques sur les syndicats, les fédérations ou les autres Conseils centraux. Mais, en retour, certaine fédération [...] se fait un devoir de vouloir mâter le président du CCSNM, Michel Chartrand. On s'est fait dire [...] que nous n'étions

que des intellectuels barbus et stériles [...], que le président du Conseil central de Montréal divisait la CSN. Nous avons enduré tout ça sans regimber, tandis que ni le bureau confédéral ni les officiers du comité exécutif de la CSN ne se sont préoccupés de nous défendre, de faire respecter le Conseil central de Montréal et de prendre des actions contre les détracteurs du Conseil central. Tout ce que nous faisons, c'est appliquer les résolutions des congrès de la CSN et du Conseil central de Montréal et tout particulièrement *Le Deuxième Front*.

Suit un tonnerre d'applaudissements. Chartrand, encouragé, continue de plus belle :

Et je termine en insistant pour dire qu'il s'agit de continuer d'être un mouvement de revendication dont le but ultime est la destruction du capitalisme, amoral, asocial, apatride et inhumain.

Nouveaux applaudissements. Arrive le tour de Marcel Pepin, qui, fin diplomate, parvient à baisser le ton et insiste pour dire :

Les gens parlent beaucoup d'un conflit interne grave dans notre mouvement et disent que ce conflit interne se cristalliserait autour de deux personnes, Chartrand et Pepin. Ce sont surtout les médias qui ont monté en épingle cette apparence de conflit.

Il développe et réaffirme par la suite les principes définis par *Le Deuxième Front*, rejoignant ainsi le camarade Chartrand :

J'ai la conviction profonde qu'il nous faut franchir cette étape du *Deuxième Front* : le logement, l'assurance-maladie, le chômage, l'inflation, la taxation et combien d'autres problèmes [...] Le mouvement syndical est fait pour libérer les hommes et non pas pour leur imposer des solutions. La liberté des hommes se traduit aussi par l'autonomie des groupes et leur liberté. Nous sommes en train de bâtir quelque chose d'absolument unique, ici, chez nous, mais ça sera toujours difficile ; il y en a qui voudront courir, d'autres qui voudront marcher, certains voudront rester sur place. Il faudra s'organiser pour que le plus grand nombre accepte au moins de marcher.

On voit bien que les deux hommes disent sensiblement les mêmes choses. Leur langage est différent certes mais pas le contenu. L'un est pressé d'agir avec ceux qui le veulent, même si leur nombre est faible. L'autre a une formation de négociateur — et il négocie continuellement, ce qui a pour effet de mettre en colère ceux qui veulent aller de l'avant, ces derniers accusant les autres de faire le jeu des conservateurs. Toute la différence est là. Pepin écrit de très beaux énoncés et d'excellents rapports. Il les fait adopter en congrès, mais, lorsque vient le temps de les mettre en application, il freine l'ardeur de ceux qui veulent bouger sous prétexte du consensus à réaliser. Il aime diriger avec des consensus. Chartrand, lui, veut aller de l'avant avec ceux qui le veulent et qui sont prêts à s'engager dès maintenant. Les deux hommes camperont jusqu'à la fin sur leurs positions respectives.

Ne voulant pas brusquer les choses et sachant que la *Lettre aux militants* comporte des éléments nouveaux importants, les délégués préfèrent remettre l'étude de celle-ci à plus tard, c'est-à-dire au prochain congrès du Conseil central de Montréal, mais le doute persiste. Pourquoi Pepin et son groupe veulent-ils tant prendre le contrôle du Conseil de Montréal ? Pepin serait-il, malgré lui, en train de se faire avaler par la droite de la centrale syndicale ou tente-t-il de négocier avec la droite, de faire des compromis tactiques comme il le fait régulièrement avec des ministres lors de négociations ?

Michel Chartrand n'a pas la réputation d'être un négociateur. Pourtant, à plusieurs occasions, presque sous le couvert de l'anonymat, il a obtenu des ententes dans un contexte qui ne s'y prêtait pas du tout. La question demeure : Faut-il toujours négocier… même l'injustice ? Tout négocier, au risque de… se faire fourrer (pour reprendre l'expression du jeune Charron) ?

Humeurs sombres

« Puisque c'est comme ça… je vous remets ma démission ! » Il n'y a pas qu'à Marcel Pepin que vient le goût de démissionner. En ce début d'année, Chartrand est encore sous le coup de son accusation d'outrage au tribunal. Il a passé la journée entière au palais de justice pour son enquête préliminaire, une journée d'avocas-series pendant laquelle chacune des deux parties y est allée d'extraits de jurisprudence, multipliant les procé-dures, les objections.

En soirée, c'est un Michel Chartrand fatigué et écœuré qui arrive à une réunion du comité exécutif du Conseil central. Il a les nerfs à fleur de peau.

Les réunions se tiennent dans la très petite salle d'attente des bureaux du Conseil central, un espace exigu et surchauffé. La réunion se déroule depuis plus d'une heure et les discussions vont bon train quand tout à coup Chartrand se lève d'un bond, prend une feuille de papier et… rédige sa lettre de démission. « Tenez, dit-il, j'en ai plein l'cul… Je démissionne… Trouvez-vous un autre président, moi je m'en vais… »

Stupéfaction générale. Nous tentons par tous les moyens de le dissuader, mais on dirait que la chaleur du local lui est montée à la tête ; ce n'est vraiment pas le moment d'essayer de le raisonner. Colette Legendre, la secrétaire adjointe du Conseil central, a la lumineuse

idée de suggérer que l'on garde la lettre de démission
« sur la table » jusqu'à la prochaine réunion, ce qui signifie clairement que l'on ne discute pas du bien-fondé de
la lettre de démission et que l'on remet le débat à une
réunion subséquente. Michel quitte la réunion et tous se
regardent, éberlués par la tornade qui vient de passer.

En soirée, Jacques Desmarais et Jean-Yves Vézina,
qui assistaient à la réunion, rencontrent la journaliste
Adèle Lauzon, qui travaille alors au *Montreal Star*. La
démission surprise de Chartrand est évidemment évo-
quée. Il n'en fallait pas plus pour qu'elle fasse la nouvelle.
Le lendemain matin, le journal annonce la démission du
président du Conseil central de Montréal. « Cette nouvelle est non fondée, doit-on affirmer aux nombreux journalistes qui rappliquent, elle n'a jamais été débattue et la
discussion a été reportée à une autre réunion. »

La semaine suivante, Michel Chartrand se présente
à la réunion dépouillé de sa célèbre moustache ! Dispa-
rue, la légendaire moustache ! Et il retire aussi… sa lettre
de démission. Chartrand et sa célèbre moustache — qui
ne tardera pas à repousser — demeureront au Conseil
central jusqu'en mai 1978.

Humeur joviale (une autre facette du personnage)

On connaît le Michel Chartrand grande gueule,
impulsif, vitupérant haut et fort contre l'injustice, invec-
tivant les plus gros et les plus forts, défendant à cor et à
cri les démunis. Ce personnage-là, fulminant, apos-
trophant et maudissant le capitalisme, on le connaît
bien, en effet, et force est de constater que Michel l'interprète à merveille.

Un autre Michel Chartrand existe, que peu connaissent. Celui qui, en compagnie de Simonne, nous invite à

venir le visiter dans sa propriété après une assemblée, une manifestation ou un congrès. C'est le Michel chaleureux, accueillant, généreux, affable, aimable et jovial. Avec ses invités, il fait le service pour tous, sert les boissons, sort son alcool de framboises qu'un ami restaurateur a réussi à lui refiler sous la table car elle n'est pas vendue à la Société des alcools du Québec. Il offre aussi des cigares cubains que des amis lui ont ramenés de Cuba. Il s'empresse de répondre aux désirs de tout un chacun — et de chacune aussi. Il s'informe de leur santé et de leur famille, bref, ce Michel Chartrand est un hôte remarquable, affable et prévenant, plein de douceur et d'attentions pour ses invités — particulièrement pour la gent féminine. C'est un maître de la fête et de l'hospitalité.

Bien sûr, de temps en temps, il ne peut s'empêcher de faire son petit numéro. Michel est un verbomoteur, un agité, un fébrile. Mettez-le en présence de trois personnes et il en fera une foule à convaincre, charmer et conquérir. Et ça, il le fait bien, il le fait même très bien. C'est un séducteur musclé, viril, mais jamais, même quand il élève la voix, même quand il s'emporte et jure, jamais on ne sent du mépris. Sa passion l'emporte dans toutes sortes d'excès, mais c'est précisément parce qu'il poursuit passionnément la vérité et s'enrage contre toute forme d'imbécillité qu'il se laisse ainsi si facilement emporter.

Aucune méchanceté, ni rancune ni amertume chez cet homme. Il n'attaquera jamais la personnalité d'un adversaire, ce sont ses idées qu'il mettra en pièces. Alcool et cigares aidant, le tout se déroule dans une atmosphère d'une sérénité étonnante pour les non-initiés. Ces réceptions chez lui, loin des caméras et des petits esprits, c'est du grand Chartrand que seuls quelques intimes sont à même d'apprécier. Pendant ce temps, Simonne, la complice, s'affaire, elle aussi, au bien-être de ses invités, jetant à l'occasion un œil approbateur ou désapprobateur à son galopin de mari. Tel est le couple Monet-Chartrand. Deux grands esprits qui peuvent parfois différer d'avis, mais dont la vie de couple repose sur des fondations sérieuses et solides qui font fi des petites embûches du quotidien et autres déviations de parcours. Le ressentiment ne fait pas partie de leurs habitudes de vie.

Il arrive parfois que Michel Chartrand, un être de paradoxe, se coupe volontairement de la société et de son groupe d'amis pour aller, seul, méditer et réfléchir sur un sujet. Toujours il réapparaît, quelques jours plus tard, comme un nouvel homme, plus fort et plus sûr de lui que jamais.

Avec les « gars de Lapalme » contre Trudeau

La tradition — qui heureusement aujourd'hui a disparu — veut que chaque année la CSN dépose son mémoire de recommandation auprès du gouvernement fédéral à Ottawa. Cette année, le spectre du conflit des « gars de Lapalme » fera partie de la longue liste. Les « gars de Lapalme », ce sont 457 chauffeurs de camion qui travaillent pour un dénommé Lapalme. Ils font la distribution du courrier dans les boîtes postales vertes que l'on voit aux coins des rues à Montréal. Les facteurs prennent leur courrier à livrer dans ces boîtes vertes. Or, le gouvernement fédéral d'Ottawa veut retirer à Lapalme sa sous-traitance et, par la bande, mettre à pied tous ses employés. Le gouvernement veut reprendre son droit de livraison, ce qui n'est pas mal en soi, mais là où le bât blesse, c'est que tous ces travailleurs expérimentés vont se retrouver sans travail et avec la rue comme partage. Sans rien, comme s'ils n'avaient jamais existé. Avec, comme seule pitance, l'assurance-chômage pour quelque temps. Frank Diterlizzi, président des gars de Lapalme, n'entend pas se laisser faire sans lutter.

Qu'on me permette ici une petite parenthèse. Chartrand jouera un rôle déterminant dans le vaste mouvement de solidarité qui se dessine alors en faveur des « gars de Lapalme ». Ceux-ci sont en grève depuis le 1er avril 1970 et l'employeur a aussitôt décrété un lock-out (un mauvais poisson d'avril !). Au terme de négociations interminables au cours desquelles la CSN fait figure d'intermédiaire entre eux et le gouvernement, rien ne va plus entre la centrale et le groupe des grévistes. Sans offre du gouvernement, les « gars de Lapalme », avec à leur tête Frank Diterlizzi, viennent de refuser par un vote de 97,3 % la dernière offre de la CSN, qui leur proposait l'intégration au Syndicat des fonctionnaires fédéraux. La proposition était accompagnée d'un ultimatum de la CSN : Raymond Parent, son secrétaire général, a expliqué qu'en cas de refus la CSN cesserait tout appui aux grévistes. Les membres du Conseil confédéral entérinent cette prise de position. La rupture définitive se dessine. « Si c'est ça, le syndicalisme, réplique Diterlizzi, moi je ne marche plus. Ces gars-là ont passé des années de leur vie dans les postes et on n'en tient même pas compte. » Reste une lueur d'espoir : Michel Chartrand demande au Conseil de réviser sa position. Coup de théâtre ! Les 180 membres du Conseil confédéral, plutôt que de laisser tomber les grévistes, décident de les soutenir activement dans leur combat en doublant, et même un peu plus, leur prestation de grève.

Marcel Pepin, à la fin de la réunion, se montre satisfait de cette entente, somme toute pilotée par Michel Chartrand. Merci, Michel ! Fin de la parenthèse.

Donc, au terme d'un voyage animé, le cortège d'autobus, parti de Montréal, formé des « gars de Lapalme » et de plusieurs militants syndicaux du Québec arrive enfin sur la colline parlementaire à Ottawa. Michel Chartrand est présent. Au départ de Montréal, je l'ai vu dissimuler quelque chose dans sa veste, mais je n'ai pas posé de question.

Arrivés à bon port, nous nous dirigeons vers la salle où Pierre Elliott Trudeau, accompagné de quelques ministres, dont l'ennemi juré de Michel Chartrand, Jean Marchand (le seul ministre des Transports à avoir perdu son permis de conduire), nous attend. Marcel Pepin est aussi présent, accompagné de son exécutif et de ses conseillers.

Les deux groupes officiels se font face et notre délégation est assise bien sagement derrière Marcel Pepin, qui commence la lecture de son mémoire. Michel Chartrand, assis avec les autres militants à l'arrière de Pepin, plutôt que d'écouter sagement, préfère faire des gros yeux à Trudeau et à Marchand. Trudeau semble plutôt décontenancé et Marchand manque d'avaler sa pipe.

C'est alors... que Michel Chartrand déboutonne sa veste et sort une banderole enroulée sur deux bâtons de bois, semblable à celle que les crieurs déballaient pour faire leurs annonces sur les places publiques. Trudeau et Marchand ont les yeux fixés sur Chartrand. Lentement, méticuleusement, avec beaucoup de précaution, Chartrand déroule sa banderole, sur laquelle est inscrit : « Fédéral mon Q ! » Le Q est identique au sigle du Parti québécois.

Les gens assis dans la salle, derrière Pepin et en face de Trudeau, se mettent à rire et à applaudir. Pendant un instant, Pepin croit que les applaudissements sont pour lui. C'est en se retournant qu'il aperçoit Chartrand avec son « Fédéral mon Q ! » bien déployé à la vue de tous.

Personne, sauf les militants de la base, ne la trouve drôle. Trudeau fait des gros yeux à Pepin, qui fait des gros yeux à Chartrand, qui rigole avec les « gars de Lapalme ». On n'en restera pas là ! Après la présentation du mémoire de la CSN, Trudeau quitte la salle et, passant à côté de Chartrand, tout aussi provocateur, lui chuchote à l'oreille : « Toujours aussi bouffon… » Chartrand lui réplique sur le même ton et, pour être encore plus cinglant, en anglais : « *I'm the second best after you, Pete…* »

Les deux hommes se rencontrent bientôt dans le couloir. Trudeau est protégé par ses gardes du corps. Chartrand ne le lâche pas d'une semelle et lui reproche d'avoir fait emprisonner, quelques mois plus tôt, un jeune manifestant de Vancouver.

« Tout ça, c'est des histoires », réplique Trudeau.

Chartrand en profite pour lui river son clou :

« Tu me traites de menteur maintenant ? Vous n'êtes qu'une bande de putains et je m'excuse auprès des putains car elles, au moins, elles rendent des services !

— Chartrand, tu n'es qu'un cinglé, réplique Trudeau.

— Pas plus que toi, Pete, et d'ailleurs tu ne sais plus ce que tu dis ! »

Trudeau s'éloigne avec ses gardes du corps, mais Chartrand continue de le talonner :

« Tu sors avec tes *goons*, astheure, Pete ! *What's the matter with you, Pete ! Are you afraid, Pete ?* »

Trudeau est à bout de nerfs et de patience et il veut s'élancer sur Chartrand. Heureusement, ses *goons* le retiennent (il est ceinture brune de judo et en grande forme physique, ce qui n'est pas le cas de Chartrand).

Chartrand en rajoute :

« Moi, je n'ai jamais eu besoin de personne pour me protéger ! »

Trudeau essaie de nouveau de se débarrasser de ses gardes du corps. Il crie à Chartrand : « Tu n'es qu'un fanatique ! »

Et il s'éloigne avec ses hommes.

« C'est ça, dit Chartrand, *go away with your goons, Pete !* »

À la sortie du parlement, Michel Chartrand harangue les militants. Se référant au conflit des «gars de Lapalme», il dit : «Trudeau, le premier ministre Pierre Elliott Trudeau, Pete pour les Anglais, est encore plus antisyndical que Duplessis, qu'il a pourtant combattu pendant des années.»

Finalement, il fustige aussi le ministre Eric Kierans, le traitant de «millionnaire parvenu et arriviste».

Une autre belle tranche d'une journée de travail ordinaire de Michel Chartrand…

***

Deux semaines plus tard, le Conseil central de Montréal organise une manifestation à Ottawa pour enterrer symboliquement Eric Kierans. Plus de 1 500 personnes participent à cette autre manifestation de solidarité avec les «gars de Lapalme». Environ une dizaine d'autobus prennent le départ de Montréal en début d'après-midi pour se rendre sur la colline parlementaire, où hommes, femmes et enfants manifestent contre l'attitude du gouvernement fédéral dans ce conflit aux cris de «À bas Trudeau…» «À bas Kierans…»

Il s'agit de la plus importante manifestation organisée pour faire connaître le profond mécontentement des chauffeurs à l'égard de l'attitude gouvernementale. Marcel Pepin, Michel Chartrand et Guy Beaudoin, directeur des services à la Fédération des employés des services publics, à laquelle sont affiliés les «gars de Lapalme», sont présents. Tous les trois affirment que la CSN sera solidaire avec les chauffeurs jusqu'à la résolution du conflit.

Finalement, le 1er mai, fête internationale des travailleurs, une coalition CSN-FTQ-CEQ organise à Montréal une manifestation qui réunit plus de 4 000 personnes en appui aux «gars de Lapalme». Les manifestants, plombiers, professeurs, postiers, viennent donner leur appui aux chauffeurs de Lapalme afin que la solidarité devienne une réalité. On trouve sur la première ligne les Marcel Pepin, Louis Laberge (avec André « Dédé » Desjardins à ses côtés), Raymond Laliberté, président de la CEQ, Marcel Perreault, président du Syndicat des postiers, Michel Chartrand et Frank Diterlizzi, président des « gars de Lapalme », qui remercie tout le monde. La marche s'arrête au square Dominion, où les chefs syndicaux haranguent la foule.

Plusieurs fers au feu

Marquons ici une courte pause pour ce qui concerne l'épisode opposant Chartrand et Pepin. Une pause pour rappeler que des pauses, Chartrand n'en prend pas beaucoup. En fait, l'homme est occupé, très occupé. Qu'on en juge : Dans la même période, après la campagne de boycottage des raisins de la Californie, il travaille en étroite collaboration avec André L'Heureux sur la possibilité d'instaurer une politique d'assurance automobile, participe au colloque régional de Montréal CSN-CEQ-FTQ, collabore avec le FRAP, organise la fête des travailleurs avec Fernand Robidoux du journal *Choc*, milite contre l'agression armée des États-Unis au Viêt-nam et, en compagnie de Jean Duceppe, organise une campagne de promotion pour le journal *Québec-Presse*. En marge de toutes ces activités, il trouve aussi le temps d'étudier la situation au Moyen-Orient !

La bataille du taxi

Nous sommes à une assemblée générale du Conseil central de Montréal, Michel Chartrand préside la réunion quand Gaston Therrien, un militant du Mouvement de libération du taxi, intervient et fait appel aux délégués du Conseil central : « Il est urgent que tous les membres présents viennent avec nous se battre contre Murray Hill et ses bandits ». Chartrand freine ses ardeurs et appelle au calme :

> Ici, c'est une assemblée syndicale, pas une réunion d'un groupe révolutionnaire. Quand on nous fournira des fusils et les armes nécessaires, nous irons nous battre au front. Nous ne sommes ni équipés ni entraînés pour ce genre d'événement, alors restons calmes et continuons les débats sur les sujets à l'ordre du jour.

Le véritable ordre du jour, c'est la grève illégale, depuis le matin, des policiers de Montréal. Le 7 octobre 1969, Montréal est une ville ouverte. Durant 18 heures, l'anarchie régnera — jusqu'à ce que l'Assemblée nationale adopte une loi ordonnant aux policiers de retourner au travail. L'armée est appelée d'urgence, mais n'intervient pas malgré plusieurs vols à main armée. C'est dans ce contexte que le Mouvement de libération du taxi organise une manifestation pour protester contre la compagnie Murray Hill qui exerce un monopole injuste dans le transport de l'aéroport de Dorval. Les manifestants prennent d'assaut les garages de Murray Hill, incendient au moins trois autobus et lancent l'un d'eux en flammes contre les bureaux de la compagnie. Postés sur les toits de l'édifice, les gardes privés de Murray Hill se mettent alors à tirer sur la foule. Il y a des dizaines de blessés (dont Jacques Lanctôt et Marc Carbonneau de la future cellule de libération du FLQ) et un mort, le caporal Robert Dumas, un agent que la SQ avait mandé sur les lieux pour surveiller l'évolution de la situation.

Le monopole de Murray Hill sera vivement contesté, non seulement par le Mouvement de libération du

taxi mais aussi par toutes sortes d'instances dont, surprise, l'éditorialiste Claude Masson, de *La Presse*, qui
écrit :

> Si en principe il est admis que le monopole de
> Murray Hill doit être brisé [...] l'aéroport est un
> domaine public et non privé : il ne peut donc pas y
> avoir un privilège exclusif.

L'épineuse question du taxi à Dorval, avec l'appui
permanent du Conseil central de Montréal, ne sera vraiment réglée que dans les années 1990, alors que le
monopole de Murray Hill sera aboli.

Les clubs privés de chasse et pêche

Dans le cadre de l'application du *Deuxième Front*, le
Conseil central de Montréal est appelé à faire campagne
pour l'abolition des clubs privés de chasse et pêche au
Québec.

Si beaucoup de Québécois s'adonnent à la chasse et
à la pêche, la plus grande partie des territoires publics
qui appartiennent à la couronne sont cédés par baux à
des groupes de riches industriels, pour la plupart anglophones, et à des organisateurs d'élections qui gravitent
autour des politiciens. Gabriel Loubier, ministre de la
Chasse et de la Pêche, avait promis de les abolir, mais
Nazaire Paquet (CSN), responsable de l'action politique
dans la région de l'amiante, après avoir demandé la
liste de tous les clubs de chasse et de pêche qui avaient
été démembrés à la suite de la promesse de M. Loubier,
constate que la plupart de ces clubs privés ont été re-
formés.

La CSN, avec Paul Cliche en tête, multiplie les communiqués pour dénoncer la situation. Le ministre
décrète alors que cette question est désormais *sub judice*

pour faire peur aux journaux et aux médias d'information — ce qu'il réussira puisque les médias ne feront presque plus écho à nos communiqués dénonçant, par des exemples concrets, nombre de violations.

Ce dossier intéressera particulièrement le président Michel Chartrand et il en fera la preuve tangible en participant à l'occupation d'un club privé en compagnie de plusieurs autres militants. Il sera arrêté, détenu et condamné à verser une amende symbolique de 10 $ (qu'il refusera de payer) et les policiers de la Sûreté du Québec viendront alors le cueillir, chez lui, à Richelieu, pour qu'il purge sa peine à la prison d'Orsainville.

Les conférences de presse

Les conférences de presse occupent beaucoup d'espace dans l'agenda chargé de Michel Chartrand. Il en donne de une à trois par semaine, selon les besoins, auxquelles les médias accourent. Un bar bien garni, un service de traiteur et des communiqués, voilà quelques-uns des éléments essentiels à la tenue d'une bonne conférence de presse. Plus besoin, comme sous Duplessis, de glisser des petites enveloppes d'argent entre deux communiqués ; les journalistes connaissent bien leur métier et n'ont plus besoin de manger dans la main de celui qui soi-disant les nourrissait.

Les conférences sont toujours convoquées à 14 h, ce qui permet aux journalistes de respecter facilement leur heure de tombée. Dès 13 h 30 et souvent bien avant, les représentants des médias se pointent pour entendre ce que Michel Chartrand a à annoncer.

Quand Michel arrive, il fait la lecture du communiqué puis répond aux questions. En général, la vraie information, c'est celle qui est donnée *off the record*. Et c'est souvent ce qui se passe par la suite, autour du bar.

De ce point de vue, Michel est une mine d'or pour les journalistes, du gâteau. Il en donne plus qu'on lui en demande. Il arrive encore que des journalistes à la retraite se remémorent ces événements avec grand plaisir.

La lutte fratricide continue

Revenons à la confrontation Chartrand-Pepin. Le conflit qui les oppose culmine vraiment le 13 mai 1970 quand la CSN émet un communiqué dans lequel on peut lire, entre autres :

> Après avoir pris connaissance des déclarations de Michel Chartrand et de Florent Audette, au cours des derniers jours, le comité exécutif de la CSN a résolu à l'unanimité de recommander au Conseil confédéral le 3 juin prochain de destituer ces deux personnes comme directeur du Bureau confédéral et du Conseil confédéral, pour préjudice grave causé à la CSN et ceci en vertu de nos statuts et règlements.

Marcel Pepin en rajoute. Selon lui, « Michel Chartrand est devenu la tête de pont des unions américaines ». Rien de moins.

Le fond du problème demeure le même depuis les premiers accrochages : d'un côté Marcel Pepin et Ronald Carey, président de la Fédération nationale du bâtiment et du bois (FNSBB), et de l'autre côté Michel Chartrand et Florent Audette, de la SCM. Le Syndicat de la construction de Montréal prétend avoir toute son autonomie et il tient à l'exercer, selon les principes d'affiliation d'un syndicat à la CSN et à une fédération (la FNSBB).

Le problème relève aussi de l'éternel conflit qui oppose Montréal aux régions. La réalité de l'une ne peut pas être celle des autres. Vouloir imposer la même politique syndicale à tout ce beau monde relève d'une inconscience frisant le ridicule.

Le conflit survient au moment où le syndicat de Chartrand appuie un mandat de grève et fait alliance avec la FTQ, alors que la CSN négocie avec le gouvernement et son ministre du Travail, Pierre Laporte. Pendant que ce dernier se réjouit des négociations, Chartrand (à qui on demandait son avis sur le nouveau ministre) déclare qu'on peut difficilement faire confiance à quelqu'un qui a été successivement ou simultanément correspondant à Québec du journal *Le Devoir*, directeur de *L'Action nationale*, rédacteur du journal du député libéral Dupré et rédacteur des journaux de Redmond Roache, en anglais et en français, le député de l'Union nationale dans Chambly. «C'est une fille qui fait les quatre coins de rue en même temps», conclut Michel à propos de Pierre Laporte.

Le lendemain, 14 mai, Chartrand et Audette se présentent devant les membres du SCM, qui leur accordent leur appui inconditionnel. Tous sont d'accord pour affirmer que Chartrand et Audette ont bien servi les intérêts des travailleurs. Chartrand s'est employé (selon ce que les journaux rapportent)

> ... à démontrer que les allégations de certains haut placés de la CSN étaient malhonnêtes, inopportunes et indignes... Il a précisé à maintes reprises que le Syndicat de la construction de Montréal ne faisait rien en cachette et qu'il avisait constamment la CSN et les responsables de la Fédération de toutes les décisions qu'il adoptait à ses assemblées et des gestes qu'il projetait de faire. Il a insisté sur le fait qu'à Montréal les problèmes des travailleurs de la construction sont différents de ceux du reste de la province. [...] Ce n'est qu'à Montréal qu'il y a 12 000 employeurs dont 4 000 qui disparaissent chaque année et 4 000 autres qui apparaissent chaque année, au dire de Michel Chartrand.

La direction du Syndicat appuie donc Chartrand et les autres permanents et blâme les dirigeants de la CSN et de la Fédération pour n'avoir presque jamais répondu aux invitations d'assister aux assemblées du Syndicat de la construction de Montréal.

Il y a pire dans cette saga qui aurait pu virer au tragique (et cela n'a jamais encore été dévoilé publiquement). J'ai appris, beaucoup plus tard, par une source que je ne peux nommer mais qui est tout de même digne foi, que pendant cette période un contrat sur la personne de Michel Chartrand a été donné à un tueur professionnel.

Voici, en substance, ce que cette personne, un journaliste, m'a révélé :

> Je montais l'escalier de *L'Évangéline* [une boîte de nuit propriété d'André «Dédé» Desjardins] en même temps que Dédé et des gens de la mafia. Un type a alors demandé à Dédé s'il voulait qu'il *passe* (dans le jargon du milieu, élimine) Chartrand et Audette; il était prêt à le faire *free*. Selon ce que j'ai entendu, Dédé aurait répondu : «Faites rien, attendez que je vous en parle.»

Audette, de son côté, m'a confié avoir appris de la bouche même du ministre de la Justice, Jérôme Choquette, au lendemain du dépôt de son *Livre noir de la construction* (dans lequel étaient identifiés les liens de la pègre avec certains syndicats), que ses services de police avaient intercepté des conversations où il était fait mention d'un mandat de la pègre contre lui et Michel Bourdon (futur député péquiste), ce qui confirme que les menaces contre Michel étaient réelles et n'étaient pas un geste isolé. Michel Chartrand, de son côté, ne m'a jamais parlé de ces menaces bien que je sache qu'il en avait eu vent.

Les messages de solidarité ne tardent pas à affluer de la part de plusieurs syndicats affiliés à la CSN. Le

Conseil central de Montréal, à son congrès annuel, réitère son appui inconditionnel à Chartrand et à Audette et envoie un camouflet à Pepin en reportant, pour une troisième fois Michel à la présidence, devant Renaud Flynn, le «candidat de Pepin». Michel Chartrand et toute son équipe, dont je fais partie, sont reportés au pouvoir avec environ 70 % de l'appui des 467 délégués.

L'éviction de Michel surviendra le 4 juin 1970, dans la salle du Holiday Inn, rue Sherbrooke à Montréal, dans le cadre de l'assemblée du Conseil confédéral de la CSN, présidée pour la circonstance par le vice-président de la CSN, Paul-Émile Dalpé, le futur renégat.

La proposition d'éviction est mise de l'avant et un vote très serré l'entérinera (la proposition doit obtenir les deux tiers des votes pour être adoptée; sur 170 votants, 116 ont voté pour l'expulsion, 52 contre et 2 se sont abstenus). Marcel Pepin, dans son exposé, résume le point de vue des anti-Chartrand. Il affirme qu'il en a assez des incartades de Michel Chartrand et qu'il ne peut tolérer que le mouvement se divise.

Pour leur seule défense, Chartrand et Audette affirment que le mouvement CSN est un groupement ouvert qui se prête à la discussion de ses problèmes devant le grand public, arguant que les dommages découlant des débats publics sont plus imaginaires que réels.

Et Michel Chartrand d'ajouter: «On peut m'accuser de plusieurs choses, mais je ne pense pas qu'on puisse m'accuser de tromper les travailleurs, même si je me dispute avec leurs dirigeants.»

Au cours de la matinée, Chartrand et Audette recevront l'appui de Frank Diterlizzi et de ses gars de Lapalme.

Arrive le tour de Florent Audette. Logique et loyal, il prend les devants et propose lui-même sa propre expulsion, qui sera acceptée par la majorité d'une voix. La sienne. Par la suite, la Fédération du bâtiment (FNSBB) bannira de ses rangs le Syndicat de la construction de Montréal (SCM) et son conseiller syndical, Michel Chartrand. Celui-ci demandera un congé sans solde et, du même souffle, proposera un emploi au Conseil central à Florent Audette, qui refusera. Chartrand a émis un commentaire face au geste de la Fédération :

> La FNSBB et son président Ronald Carey, par leur geste, viennent de prouver qu'ils sont plus pressés de combattre la FTQ que de défendre les travailleurs de la construction de Montréal. C'est plus normal d'être ami avec la FTQ que d'être ami avec les patrons ou avec le gouvernement qui représente les patrons.

Cela n'empêche pas les syndiqués de désapprouver le geste de la CSN. Dans son journal officiel, *Le Travail*, on peut lire une lettre de la Fédération nationale des enseignants du Québec (FNEQ), sous la plume de son président, Bernard Chaput, dans laquelle celui-ci exprime, au nom de sa fédération et de deux autres (les ingénieurs et cadres et les communications), sa profonde déception et son mécontentement devant l'attitude de l'exécutif de la CSN. Il précise :

> Pour nous, il est évident que les vraies raisons de l'exécutif sont d'ordre politique et de bâillon, car Michel Chartrand, en effet, à la CSN, est le porte-parole le plus convaincu de l'action politique et du *Deuxième Front*, de l'unilinguisme et de l'indépendance du Québec.

Et il conclut en déclarant :

> Cette défaite apparente des forces progressistes à l'intérieur de la CSN n'est que la première étape d'une lutte à finir et dont l'enjeu est d'amener la CSN à adopter une attitude beaucoup plus com-

bative sur le plan politique et social. Si cette lutte devait être perdue, c'en serait fait de la CSN comme moteur de transformation de la société québécoise et elle irait rejoindre le conformisme des grandes centrales américaines auxquelles elle prétend s'opposer.

L'assemblée générale statutaire du Conseil central qui suit immédiatement l'expulsion de Chartrand-Audette devient un événement très attendu. Plus de 250 personnes assistent à la réunion.

Le camarade Jacques Trudel, urbaniste de métier, employé de la Ville de Montréal, tient à s'élever contre cette façon de faire (même si, par ailleurs, il a toujours été un grand admirateur de Pepin) et il fait lecture d'une déclaration explosive qu'il a déposée devant les délégués. En voici les grandes lignes :

> Nous, délégués au Conseil central de Montréal, sommes profondément déçus de l'attitude adoptée par les dirigeants de la CSN concernant la destitution des confrères Michel Chartrand et Florent Audette et nous ne pouvons réprimer notre écœurement devant les procédés utilisés pour l'obtenir. En effet, au cours du débat tenu sur ce sujet au Conseil confédéral, on a mêlé indûment deux questions étrangères l'une à l'autre, soit l'action du Syndicat de la construction d'une part et les prétendus écarts de langage imputés aux confrères Chartrand et Audette d'autre part. On a exercé sur les membres du Conseil confédéral toute la pression morale possible en laissant planer des menaces de démission collective et de scission de la CSN. Au-delà de tous les prétextes utilisés, il est évident que c'est la philosophie des militants de Montréal que l'on vise. Il s'agit bien d'une lutte de tendances. L'exécutif de la CSN a personnifié un débat idéologique parce qu'on a trouvé plus commode de fustiger un dérangeur que de s'en prendre à l'idéologie de la gauche

syndicale. Mais il se trouve que le dérangeur dans la CSN est aussi le dérangeur de l'ordre établi dans la société. En condamnant ce dérangeur, quel cadeau on se trouve à faire à l'*establishment* politique et financier! Quant à nous, militants de Montréal, nous sommes convaincus que des principes fondamentaux de notre mouvement, tels que la liberté d'expression et de contestation démocratique, la liberté de choix des délégations ainsi que l'autonomie syndicale, ont été bafoués par l'expulsion de Michel Chartrand, de Florent Audette et du SCM. Nous, militants de Montréal, sommes conscients et réaffirmons qu'en appuyant Michel Chartrand ce n'est pas avant tout l'homme que nous appuyons, mais une certaine conception du syndicalisme qui d'ailleurs se situe dans le prolongement direct des documents des congrès de la CSN. Forcés de choisir, il est clair que, pour ces mêmes motifs et au-delà des personnalités en cause, entre l'exécutif de la CSN et Michel Chartrand, nous choisissons une fois de plus Michel Chartrand.

L'assemblée générale adopte unanimement, sans restriction, cette déclaration on ne peut plus claire et qui va droit au cœur du problème. L'assemblée, qui conserve son autonomie, décide de reconnaître Michel Chartrand comme son délégué au Bureau confédéral et décide de ne pas choisir d'autre délégué au Bureau confédéral tant et aussi longtemps que le Conseil confédéral ou le Congrès de la CSN n'aura pas reconnu que seuls les conseils centraux et les fédérations sont habilités à choisir leurs délégués au Conseil et au Bureau confédéral.

C'est d'ailleurs ce qui est précisé dans les *Statuts et Règlements de la CSN*, à l'article 49.04: «Les membres du Conseil confédéral ne peuvent être suspendus ou destitués que par les organisations qu'ils représentent.»

***

Le journaliste Pierre Vennat, de *La Presse*, a couvert le monde syndical à cette époque. Voici brièvement son évaluation des « frères ennemis » :

> Chartrand, c'est la sincérité. Pepin était plus calculateur. Marcel, parfois, se permettait de pieux mensonges ; pas Michel. Il y avait de la place pour les deux à la CSN ; Pepin était respecté, mais Michel... est aimé !

Guy Fournier, scénariste et vieille connaissance de Chartrand, affirme quant à lui : « À l'intérieur même de la CSN, il y avait des membres qui le haïssaient autant que les patrons. Pour moi, c'est la preuve que tu as là un gars d'une droiture, d'une honnêteté... »

Une droiture qui fait peur à la droite.

CHAPITRE 6

Octobre 1970

> Les dynamiteurs et les terroristes
> n'ont pas engendré la violence. C'est
> elle qui les a engendrés.
> MICHEL CHARTRAND,
> 10 octobre 1970

Les événements d'Octobre

Le 5 octobre 1970, un diplomate de Grande-Bretagne vient d'être kidnappé par le FLQ à son domicile à Westmount. C'est le début d'un épisode que tous connaissent bien aujourd'hui, mais qui n'en recèle pas moins des zones d'ombre.

Me Robert Lemieux, jeune et impétueux, est l'avocat attitré (en pratique et dans les faits, du moins) des membres du FLQ. Il a déjà défendu Michel Chartrand et les deux hommes se connaissent et s'apprécient. C'est pourquoi Chartrand offrira à l'avocat, dès le début de cette affaire, de travailler dans les locaux du Conseil central, ce qu'il accepte.

Le jour, il vaque à ses occupations et, le soir ainsi que la nuit, il rédige, toujours à la main, ses plaidoiries. Lorsque cela est nécessaire, nous lui prêtons une secrétaire,

Monique Lamarre. Pour cette fille de juge, travailler la nuit ne semble pas faire problème.

Au cours de l'été, le Mouvement pour la défense des prisonniers politiques du Québec (MDPPQ) a été créé sous la gouverne de Guy Marsolais, conseiller syndical à la CSN. Cela était devenu nécessaire avec la dissolution du Comité de défense Vallières-Gagnon. On y trouve, entre autres, la comédienne Charlotte Boisjoli, le poète Gaston Miron et le Dr Serge Mongeau. Par la suite, se sont ajoutés Gérald Godin, alors journaliste à *Québec-Presse*, Pauline Julien et le Dr Henri Bellemare, de la Clinique des citoyens de Saint-Jacques. Toutes ces personnes seront arrêtées aux premières heures de l'entrée en vigueur de la sinistre *Loi des mesures de guerre*, mais le MDPPQ demeurera actif.

Dès le lendemain de l'enlèvement, le gouvernement fait mine de vouloir négocier avec les ravisseurs et, comme on s'y attendait, c'est Me Robert Lemieux qui est désigné d'office pour représenter les felquistes. Le gouvernement du Québec a nommé Me Robert Demers pour « donner la réplique » à Robert Lemieux.

Après chacune des séances de fausses négociations, Robert Lemieux donne une conférence de presse dans la salle du rez-de-chaussée du petit hôtel qu'il habite dans le Vieux-Montréal. Michel Chartrand se fait un devoir d'être à ses côtés à ces points de presse. Le 13 octobre, Robert Lemieux se rend bien compte qu'il perd son temps avec un négociateur dont le seul rôle est de gagner du temps et il annonce que les négociations entre Québec et le FLQ sont rompues.

Mal lui en prend. Il est immédiatement arrêté et conduit en cellule. Le FLQ n'a plus de négociateur. Lemieux et le FLQ sont bâillonnés. Relâché après deux jours d'incarcération, Lemieux ne connaîtra jamais l'acte d'accusation qui a mené à son arrestation, mais il en découvrira vite les motivations quand il réintégrera ses locaux : la police a saisi ses dossiers personnels ainsi que le manuscrit d'un poème de Gilles Vigneault.

Quelques jours plus tard, le ministre du Travail, Pierre Laporte, est enlevé. Le gouvernement accepte de diffuser sur les ondes de Radio-Canada le manifeste du FLQ. Il sera ensuite publié en première page du *Journal de Montréal* dans son édition du 9 octobre 1970.

Michel Chartrand, qui assiste à la comparution de Robert Lemieux au palais de justice, a une violente altercation avec l'éditorialiste du quotidien *Le Devoir*, Claude Ryan. Il l'accuse, en pleine salle des pas perdus, de ne pas hésiter à coucher avec le pouvoir depuis 10 ans ! « Quand il y a des pétards [comprendre les bombes du FLQ], vous vous fendez d'articles éclatants, mais quand les libertés démocratiques sont en jeu vous êtes étrangement silencieux », reproche-t-il à Ryan.

Chartrand en profite aussi pour dire qu'il est d'accord avec l'analyse de la situation telle qu'on la trouve dans le manifeste du FLQ :

> J'ai toujours été tenant de la démocratie. J'œuvre dans les tiers partis depuis 30 ans. Sinon, je serais maintenant dans le maquis avec le FLQ. Mais on ne me fera pas cracher sur la tête de ceux qui en ont assez des élections faussées, du contrôle des *trusts*...

L'armée canadienne arrive à Montréal le 14 octobre 1970, à 16 h. Un an auparavant, le 7 octobre 1969, Montréal s'était trouvée sous un quasi-contrôle militaire à la suite du débrayage des forces policières, mais cela n'avait pas duré 24 heures. Cette fois-ci, c'est sérieux, les troupes sont formées de deux bataillons du Royal 22e régiment, d'un bataillon de la 5e batterie d'artillerie, d'un bataillon du 12e régiment et d'un bataillon d'intendance. En tout, ce sont plus de 6 000 hommes de troupe de l'armée canadienne qui occupent la métropole « pour aider la police à assurer la sécurité publique». Ils se retireront le 4 janvier 1971.

Le lendemain de l'arrivée des militaires, des étudiants organisent une assemblée d'appui au FLQ. S'y trouvent Pierre Vallières, Charles Gagnon, Jacques Larue-Langlois, le poète Gaston Miron, Me Robert Lemieux et Michel Chartrand. Celui-ci apprend qu'une autre organisation syndicale a décidé d'approuver publiquement, comme le Conseil central de Montréal, le manifeste du FLQ. Le Conseil central des Laurentides, affilié lui aussi à la CSN, a en effet décidé d'appuyer les objectifs du FLQ, en condamnant cependant les moyens utilisés. Les étudiants, de leur côté, ont déjà ratifié une proposition accordant leur appui total à la lutte menée par le FLQ. L'*establishment* au Québec est ébranlé.

Une réunion d'étudiants devait avoir lieu au centre sportif de l'Université de Montréal, mais le vice-recteur refuse l'entrée des lieux aux étudiants. Pour toute excuse, il laisse entendre que «des autorités supérieures» lui ont dicté cette ligne de conduite. Les étudiants, au nombre d'environ 4000, décident de se tourner vers le centre Paul-Sauvé, déjà réservé par le FRAP pour tenir une réunion d'appui au FLQ.

On nous apprend alors qu'autour du centre Paul-Sauvé plusieurs centaines de policiers et de militaires, à bord d'autobus, sont cachés, n'attendant qu'un ordre pour intervenir. Pour Michel Chartrand, le danger est grand. Nous nous rendons en catastrophe au centre Paul-Sauvé pour prévenir les organisateurs. Après la lecture intégrale du manifeste du FLQ et l'intervention de Pierre Vallières, la foule est chauffée à bloc.

Adèle Lauzon, une amie journaliste, se rappelle l'atmosphère qui y régnait :

> J'étais présente à cette assemblée. En me dirigeant vers l'arrière de la salle, je rencontre un haut gradé de la police qui me demande si Michel Chartrand est

présent sur la scène. Devant ma réponse affirmative, il me dit qu'il est rassuré. Je trouve que la réaction de ce policier prouve combien Chartrand était pris au sérieux par les autorités et qu'il était vu comme une force responsable pouvant calmer les esprits échauffés qui auraient été tentés de jouer les martyrs de la révolution en affrontant les forces de l'ordre.

Et c'est ce que Chartrand a fait ce soir-là : calmer les ardeurs des manifestants, demandant aux gens de « ... ne pas répondre à la provocation que constitue l'armée dans notre ville ». Il sera écouté malgré quelques huées.

Insurrection appréhendée

Le 16 octobre 1970, vers 4 h du matin, le gouvernement de Trudeau fera adopter la *Loi des mesures de guerre*. Une heure plus tard, des policiers débarquent chez les Chartrand, à Richelieu.

« Qu'est-ce que tu fais, Michel ? demande Simonne, à demi réveillée.

— Je vais me raser... il faut que je me fasse beau pour la reine ! En attendant, tu peux leur servir une bière. »

« Eux », ce sont quatre policiers, deux de la Sûreté du Québec et deux autres de la GRC. Il est 5 h du matin. Quand Simonne demande à voir le mandat d'arrêt, elle se fait répondre : « Maintenant, on n'en a plus besoin. »

« La *Loi des mesures de guerre*, dira Trudeau, répondait à une demande reçue du Québec faisant état d'une insurrection appréhendée. »

Jean Marchand, l'adversaire juré de Michel Chartrand à la CSN, osera déclarer, quelques jours plus tard :

Nous savons, grâce à des informations de la police, qu'il y a une organisation qui possède des milliers de fusils, de carabines, de bombes et à peu près

2 000 livres de dynamite, ce qui est suffisant pour faire sauter le cœur de la ville de Montréal ; le FLQ compte plus de 3 000 membres au Québec.

Quelques mois plus tard, en mars 1971, quand la poussière aura quelque peu retombé, Chartrand osera demander : « Où était-elle, l'insurrection appréhendée, avec 32 armes à feu, 21 armes offensives, 3 bombes fumigènes, 9 couteaux de chasse et… 1 sabre ? »

C'est ce qu'avaient rapporté, en effet, les centaines de perquisitions effectuées durant ces jours noirs des mesures de guerre !

Simonne racontera dans ses mémoires[1] :

Ils venaient de partir […] Il ne restait à la maison que mes deux adolescents et moi-même : trois personnes indignées, bouleversées par la visite impromptue et sauvage des policiers, leurs perquisitions, leurs pouvoirs exorbitants, leur arrogance […] Je ne suis pas membre du FLQ, pas plus que Michel d'ailleurs. Dans sa vie syndicale et en politique, Michel n'a jamais usé de pratiques violentes ni clandestines […] La teneur et le ton de ses discours seraient-ils présumés subversifs par l'ordre établi ? Serait-ce là la raison de son arrestation ?

Michel va ainsi rejoindre au centre de détention de la Sûreté du Québec, rue Parthenais, plusieurs personnes (gauchistes, syndicalistes, nationalistes…) arrêtées, elles aussi, en vertu de la loi spéciale — et dont la liste serait trop longue à énumérer. Plus de 310 personnes sont arrêtées entre le 16 et le 18 octobre et la police a effectué 700 fouilles. Plusieurs autres arrestations suivront.

---

1. Simonne Monet-Chartrand, *Ma vie comme rivière, récit autobiographique/1963-1992*, tome 4, Les éditions du remue-ménage, 1992.

Parmi ces personnes arrêtées, 5 seront détenues *incommunicado* pendant 21 jours. Ce sont Michel Chartrand, Pierre Vallières, Charles Gagnon, Jacques Larue-Langlois et Robert Lemieux. Ils ne pourront recevoir aucun visiteur et seront privés de toute forme d'information ou de communication à l'intérieur des murs de la prison. L'accusation retenue? « Conspiration séditieuse et complicité avec le FLQ. » C'est ce qui sera plaidé au moment où se tiendra ce qu'il fut convenu d'appeler « le procès des Cinq ».

Pour ces « Cinq », nul doute que cette incarcération sera longue et douloureuse, mais peut-être davantage pour Vallières et Gagnon, qui, tous deux, sortaient tout juste d'un long emprisonnement.

Charles Gagnon, un des chefs présumés du FLQ, aura été en détention préventive durant 40 mois, 25 jours et 16 heures. Il avait été arrêté et incarcéré à New York alors qu'il manifestait sur la place des Nations Unies avec son compère Pierre Vallières, qui, lui, aura purgé une peine de 30 mois de détention pour homicide involontaire dans l'explosion d'une bombe revendiquée par le FLQ ayant entraîné la mort d'un homme. Charles Gagnon, enfin jugé, fut acquitté de l'accusation de meurtre qui pesait contre lui et libéré le 20 février 1970.

Michel Chartrand, accompagné de militants politiques et syndicaux et de l'avocat Robert Lemieux, instaurera une nouvelle tradition en se présentant fleurs à la main au centre de détention Parthenais pour accueillir le nouvel homme libre qui deviendra, un peu plus tard, employé au Conseil central de Montréal et responsable de la recherche pour certains projets spéciaux.

Avec la perfidie et l'arrogance qu'on lui connaît, Trudeau viendra faire pleurer les chaumières en déclarant, le soir même de l'instauration de la *Loi des mesures de guerre*, à la télévision d'État:

Les ravisseurs du FLQ auraient pu s'emparer de n'importe qui, de vous, de moi ou même d'un enfant. Demain la victime aurait été un gérant de caisse populaire, un fermier, un enfant si l'armée n'était pas intervenue par la *Loi des mesures de guerre*.

Le démagogue sait pertinemment que tout cela est faux car ne n'est pas la façon de procéder des membres du FLQ. Pourquoi s'en prendraient-ils au peuple alors qu'ils se veulent les défenseurs de ce peuple?

Quelques heures après la promulgation de l'inique loi, un front commun s'organise pour parler de justice et de liberté. Il regroupe des professeurs de l'Université de Montréal, dont Hélène David et Gabriel Gagnon, et d'autres de l'Université McGill. Il blâme les gouvernements du Québec et d'Ottawa de s'être laissé entraîner, par une fausse analyse de la situation, à supprimer les libertés individuelles et collectives et d'avoir supprimé, en fait, les assises mêmes de la démocratie.

Les membres de cet organisme déclarent que la solution unique ne consiste pas dans la répression mais bien dans l'entreprise d'abord d'une réforme des règles du jeu, réforme qui seule permettrait de redonner confiance à chaque citoyen dans la possibilité de poursuivre ses objectifs par des moyens autres que la violence.

Mort tragique de Pierre Laporte

Pierre Laporte est trouvé mort, dans la soirée du samedi 17 octobre, dans le coffre de la voiture qui a servi à son enlèvement. Pour la police, le verdict est clair: il a été exécuté. Un communiqué de la cellule de financement Chénier, qui a enlevé le ministre, mentionne également qu'il l'a été.

Les Cinq, toujours détenus *incommunicado*, ignorent tout de la mort du ministre Laporte et c'est par hasard qu'ils l'apprennent. Ils en sont estomaqués. D'après eux, ce n'était certainement pas dans les plans des kidnappeurs d'exécuter le ministre. Sa valeur de négociation était bien plus grande alors qu'il était vivant.

En apprenant la mort tragique de Pierre Laporte, Simonne s'empressera d'envoyer un télégramme de sympathie à Mme Laporte. Les réactions de Trudeau, je les rapporte dans les mots de sa femme, Margaret Trudeau, comme elle les a elle-même relatées dans ses mémoires[2] :

> Même si Pierre Laporte était un ami, il n'y aurait pas de négociation en vue de le sauver [...] La tragique nouvelle arriva soudainement. Le téléphone sonna à une heure du matin. Nous dormions. J'ai entendu Pierre dire : « Oh mon Dieu ! Où l'ont-ils trouvé ? » et j'ai compris que Laporte était mort. Pierre raccrocha. Je l'ai entendu pleurer [...] Il était ébranlé et je l'ai vu vieillir sous mes yeux. C'était comme s'il avait porté la responsabilité de la mort de Laporte. C'était lui qui avait refusé de négocier et c'était lui qui aurait désormais à prendre la responsabilité du meurtre d'un homme innocent. Il devint amer et d'une profonde tristesse.

L'onde de choc

Au matin du dimanche 18 octobre, quelques heures à peine après la découverte du cadavre de Pierre Laporte, un front commun des centrales syndicales et du

2. Margaret Trudeau, *À cœur ouvert*, Éditions Optimum, 1979, p. 70 et suivantes.

Parti québécois lance un appel humanitaire aux parties en cause : le FLQ et les gouvernements. Ce front commun supplie les membres du FLQ « qui ont encore un peu de respect pour la vie humaine » de relâcher James Cross. Du même souffle, on supplie aussi le gouvernement du Québec de négocier avec les kidnappeurs pour que soit épargnée la vie d'un innocent.

Mardi 20 octobre, les délégués du Conseil central de Montréal se réunissent en assemblée générale statutaire. L'assistance est clairsemée comparativement aux assemblées précédentes. Le syndrome de la peur est bien installé partout. Trudeau le machiavélique a réussi à effrayer la population.

Le président Chartrand est en pénitence et c'est le camarade Victor Leroux, premier vice-président, militant du Syndicat des fonctionnaires provinciaux du Québec (SFPQ), qui dirige la réunion. Les délégués adoptent en premier lieu une résolution d'appui sans équivoque au front commun qui dénonce la *Loi des mesures de guerre*. Selon eux le gouvernement fédéral profite de la situation pour occuper militairement le Québec, le gouvernement Bourassa s'est effondré et placé sous la tutelle d'Ottawa et enfin le gouvernement Trudeau poursuit une entreprise totalitaire en supprimant une à une les libertés. Le Conseil central réaffirme qu'au-delà de la conjoncture le Québec ne sortira de cette crise que par l'accession à la souveraineté politique et l'instauration d'une société où les salariés seront au pouvoir.

Les délégués syndicaux affirment qu'ils en ont ras le bol que chaque fois qu'il y a malaise au Québec les autorités en place fassent arrêter Michel Chartrand comme bouc émissaire et qu'ils considèrent que la *Loi des mesures de guerre* sert de prétexte aux deux gouvernements pour mieux pouvoir mettre à l'ombre toutes celles et tous ceux qui osent protester un peu plus fort que les autres.

Ironiquement, même en « temps de guerre », le Bureau confédéral de la CSN continue de menacer le Conseil central d'expulsion s'il continue de reconnaître le Syndicat de la construction de Montréal. Décidément, la CSN et le Conseil central ne vivent pas sur la même planète !

C'est dans ce contexte d'agitation et de peur très peu propice à la démocratie que l'administration municipale s'obstine à vouloir tenir des élections en novembre, malgré les recommandations contraires du Conseil confédéral de la CSN. Le mégalomane Drapeau n'hésite pas à déclarer que « si le FRAP est élu, le sang coulera dans les rues de Montréal… »

Comme si tout le monde s'était donné le mot pour en rajouter, Jean Marchand continue son travail de terrorisme en affirmant sur les ondes de la station de télévision CKNW, à l'émission *Jack Webster Show*, à Vancouver :

> J'ai toutes les raisons de croire que le FRAP sert de couverture au FLQ [...] Le FLQ a l'intention de profiter du lendemain des élections municipales à Montréal pour reprendre les attentats à la bombe et commencer de pratiquer des assassinats sélectifs.

Les démagogues arriveront à leurs fins : la peur s'installera. Le résultat des élections en témoigne éloquemment : Drapeau remporte la totalité des 52 sièges. Il dira : « C'est une victoire comme je les aime. L'unanimité ! Il n'est pas nécessaire d'avoir une opposition qui retarde les grands travaux. »

***

La résistance s'organise. Le Comité québécois pour la défense des libertés civiles, qui regroupe des universitaires des trois universités de Montréal (Montréal,

McGill et UQAM), organise un *teach-in*. Parmi les orga-
nisateurs, on trouve Roch Denis, Hélène David, Guy
Rocher et l'autre activiste de la famille Chartrand,
Suzanne Chartrand.

La Fédération des étudiants en droit du Québec rappelle à ses aînés que c'est le devoir fondamental du
barreau canadien de s'assurer que tous les droits fondamentaux de tous les détenus soient respectés, c'est-
à-dire la présomption d'innocence, le droit à une défense
pleine et entière et le droit à un avocat dès son arrestation. Selon Simonne Monet-Chartrand, « la soirée fut
mémorable : elle suscita des solidarités de résistance à la
Loi des mesures de guerre en vue de la défense des droits
des prisonniers politiques ».

Malgré le fait que généralement, en « temps de
guerre », les autorités en place exigent que les médias
fassent preuve de réserve, s'autocensurent et évitent de
commenter les événements, certains médias décident,
courageusement, de faire valoir leurs opinions. C'est le
cas de *Québec-Presse*, du *Quartier latin*, des revues *Relations* et *Maintenant*, cette dernière publiant un grand
reportage sur les Chartrand et leur rôle dans l'histoire
du Québec. *Point de mire*, sous la plume de Pierre Bourgault, arrêté puis relâché, signera, en parlant de Chartrand, un article au titre évocateur : « Un homme libre
qui se bat toujours seul. » Enfin, *Le Devoir* publie également numéro spécial : *Les Crises et la Crise*.

Parthenais Beach

Le 5 novembre, 21 jours après leur incarcération,
Pierre Vallières, Charles Gagnon, Jacques Larue-
Langlois, Robert Lemieux et Michel Chartrand sont
formellement accusés d'avoir conspiré du 1er janvier
1968 au 16 octobre 1970 pour renverser le gouvernement

légitime du Canada! Aussitôt après avoir été mis en accusation, nos « Cinq » sont transférés au douzième étage de la prison Parthenais et séparés des autres détenus. Et pour la première fois depuis leur arrestation ils peuvent enfin recevoir la visite de leur avocat.

Comme le souligne Pierre Vallières[3] :

> Les avocats de la défense sont d'avis que les « Cinq » sont des victimes provisoires d'un gigantesque show politique monté expressément par les autorités dans le but de justifier les mesures de guerre. Les « Cinq » ne servent qu'à désigner à l'opinion publique un premier groupe de boucs émissaires à qui les autorités peuvent faire porter la responsabilité de l'état de guerre.

Spontanément, des avocats proches des Chartrand et du Conseil central offrent leurs services. Des avocats à l'esprit progressiste tels Bernard Mergler, Pierre Cloutier, Jacques Bellemare, Gaétan Robert, Nicole Daigneault, Michel Lamarre, et le nouveau député péquiste Robert Burns se disent prêts à défendre la démocratie et la liberté d'expression. Il faut souligner ce geste très courageux car la peur et la psychose qu'elle engendre sont telles que peu de gens osent s'exprimer, encore moins se porter à la défense des prisonniers politiques.

À la suggestion de Simonne et de Mᶜ Pierre Cloutier, jeune avocat récemment embauché au Conseil central, j'entreprends les démarches nécessaires afin d'obtenir de pouvoir visiter Michel Chartrand à la prison Parthenais. Le directeur de l'établissement, M. Guy Vaugeois, sera d'une collaboration exemplaire.

Nous organisons une assemblée spéciale du Conseil central afin, encore une fois, de demander la libération in-

---

3. Pierre Vallières, *Les héritiers de Papineau*, Québec Amérique, p. 219 et suivantes.

conditionnelle de Michel Chartrand. C'est une Simonne Monet-Chartrand resplendissante qui s'adresse aux délégués du Conseil central :

> Moi je reste debout ! Mon mari se tient debout, moi aussi ! Je ne me sens pas veuve. Je suis en deuil de la démocratie. La démocratie est en prison ; c'est pour ça que je porterai le brassard noir tant et aussi longtemps qu'il le faudra [...] J'ai du respect pour Michel Chartrand ; j'ai de la pitié et du mépris pour Trudeau, Drapeau et Marchand [...] Il ne faut pas avoir peur d'avoir peur parce que là on est déjà mort.

Les autorités lui répondront indirectement en annulant trois de ses quatre charges de travail à Radio-Canada. « Seul mon contrat de documentaliste continue d'être respecté. Je comprends tout de suite que cette décision est prise pour éviter que le nom de Simonne Chartrand passe à l'écran au générique d'émissions hebdomadaires », écrit Simonne dans ses mémoires. « Suis-je devenue moins compétente depuis le 16 octobre ? » demande la femme de Chartrand à ses supérieurs.

Poursuivant sa série des délires libres (ou éthyliques, qui sait ?) Jean Marchand continue de multiplier les déclarations sensationnelles : « Si Michel Chartrand n'avait pas été arrêté, il aurait fait enlever le président de la CSN Marcel Pepin et d'autres dirigeants syndicaux ! »

Dans un communiqué rédigé par Guy Ferland et signé Marcel Pepin, ce dernier donne son opinion sur la déclaration de Marchand :

> Insinuer, comme l'a fait M. Marchand, que le militant syndical Michel Chartrand pourrait vouloir le kidnapping du président de la CSN ou de quiconque, c'est quelque chose de pire qu'une supposition échevelée, c'est, je le dis à regret, une bassesse [...] Un tel propos dans la bouche d'un

membre du pouvoir exécutif est démocratiquement et politiquement indéfendable et frise le mépris du judiciaire [...] Il ne sied pas à un homme d'État d'affoler le public, de laisser flotter des chiffres fantaisistes sur de prétendues forces insurrectionnelles comme M. Marchand l'a fait au plus fort de la crise, de porter des accusations vagues et globales contre des associations légales, de viser collectivement, dans des termes inqualifiables, des groupes de journalistes et des publications qui n'enfreignent aucune loi, de permettre à la police de procéder sans discernement...

Le samedi 21 novembre 1970, de sa prison, Michel Chartrand intente une poursuite de 25 000 $ contre le ministre Jean Marchand pour les allégations proférées à son égard. La cause sera rejetée en janvier 1971. Pour l'instant, nos « Cinq » croupissent toujours en prison...

Pendant ce séjour carcéral, il lit, médite, réfléchit, un peu comme il le faisait chez les Cisterciens, à la Trappe d'Oka, 38 ans plus tôt, en 1932. Il a réservé sa première lettre de prisonnier à sa femme adorée :

« Ma chère Simonne,

Nous avons eu, ce jeudi, la permission d'écrire. Nous avons eu accès à *La Presse* et *The Star*. Nous aurons la permission de téléphoner deux fois par semaine. Nous pouvons recevoir des lettres et écrire aux membres de notre famille. Donne-moi leurs adresses. J'ai écrit à Marie [Marie-Andrée, une des filles du clan Chartrand] et à Picolo [Philippe-Emmanuel Chartrand, le fils de Marie-Andrée] ce soir.

Je m'adapte facilement et je ne me sens pas malheureux sauf d'être privé de toi et de ceux que j'aime. Mon travail au Conseil central, d'autres sont aussi en mesure de le faire.

Cependant les événements t'ont bouleversée et je suis inquiet de ta santé. Nous allons demander d'être libérés sous caution. Même si nous ne le sommes pas, il ne faudrait pas que les quelques mois où je serai ici te bouleversent trop. Tu dois d'abord essayer de prendre soin de toi et de ne pas trop de fatiguer au travail. N'attends pas d'être à bout de force ; tu es déjà assez souffrante actuellement, si tu vas au-delà de tes forces, tu auras beaucoup de difficulté à te remettre.

Je veux te retrouver amoureuse et en bonne santé. C'est très important pour moi. Nous avons encore un grand bout de chemin à faire ensemble, probablement le meilleur bout.

Dis à Madeleine et à Dominique [les plus jeunes des enfants] que je les aime bien et de travailler sérieusement. Qu'ils ne s'en fassent pour moi. Je pense à eux et aux autres, de même qu'à toi. Ça me fait beaucoup de bien et me rend heureux ; il est très bon d'avoir le temps de penser longuement et souvent à ceux qu'on aime. Embrasse aussi Alain et nos filles.

Au revoir mon amour,

Michel
107-535 [son numéro matricule de prisonnier] »

Michel s'inquiète beaucoup pour la santé de Simonne, mais cette dernière n'a pas l'intention de demeurer inactive. Elle met de côté ses problèmes de santé et passe à l'action. Dans une entrevue au journaliste Gilles Crevier de *La Patrie*, dans la semaine du 1er novembre 1970, elle déclare :

Je n'ai ni à défendre ni à condamner Michel. Michel n'est pas un terroriste, mais un révolutionnaire dans le sens d'un homme qui veut changer le système. Il a le langage révolutionnaire, une attitude révolutionnaire devant le pouvoir établi. Si son comportement est violent, c'est que le système l'est aussi. Le cardinal Roy déclarait dernièrement que le système engendrait la violence. Michel dit la même chose...

Le témoignage de Chartrand

Michel Chartrand a toujours refusé de m'accorder une entrevue, mais j'ai pu recueillir, au hasard de nos conversations, quelques confidences qui me permettent aujourd'hui de relater ce que fut sa vie quotidienne en prison durant cette période d'incarcération. Je reproduis, dans ce qui suit, ses paroles comme je les ai entendues :

On n'avait pas de traitement privilégié, mais on avait une *wing* pour nous cinq. C'était une aile de la prison qui comportait 24 cellules et 3 grandes tables en fer noir. L'une était près de la télévision, une autre dans le milieu qui nous servait de bibliothèque et une autre, près de la porte et du téléphone, qui nous servait de table pour manger. On avait chacun notre cellule. Le matin, on nous ouvrait la porte et celle-ci restait ouverte toute la journée. On pouvait faire la sieste quand on voulait. Comme exercice physique, il arrivait que l'on nous autorise à sortir sur la grande galerie, pour jouer au football — mais il n'y avait pas toujours de garde pour nous faire sortir. Au début, après notre arrestation, on était dans le poste de police (au quatrième étage), avec les lumières allumées 24 heures par jour. Il y avait un chariot pour la nourriture qui avait dû coûter 25 000 $ mais qui avait été mal pensé. À cause de sa dimension excessive, il ne rentrait pas dans le couloir, alors les policiers provinciaux nous apportaient nos assiettes à la main. Vallières jasait continuellement avec les gars de l'autre *wing*. Il passait ses grandes journées à discuter à voix haute — et forte — pour se faire entendre parce qu'ils ne se voyaient pas. Une fois, les gardiens m'ont écœuré. J'ai rouspété et ils m'ont mis dans le trou. C'était un p'tit trou d'cul qui écoutait mes conversations au téléphone. Il écoutait sur la ligne et, n'ayant pas aimé mes propos, il m'a rapporté à son *boss*. À un moment donné, j'ai eu droit à une séance de questions. Deux gars m'interrogeaient. Ils m'ont demandé si j'étais membre du FLQ. J'ai dit non. J'ai dit : « Quoi, est-ce qu'il y a un insigne ou quelque chose ? Est-ce qu'il y a des cartes de membre ? Parce que j'ai été membre de plusieurs organisations politiques et syndicales dans ma vie et chaque fois j'avais une carte de membre. J'ai pas de carte du FLQ. » Avant le 2 décembre, quand nous sommes entrés dans notre *wing*, on nous avait parqués dans un grand dortoir. Plus tard, Larue-Langlois est venu nous rejoindre. Une nuit, on a entendu les gardiens massacrer des gars dans une autre aile. On ne savait pas de qui il s'agissait. On était dans l'aile 10 et c'était dans la 9, juste à côté de la nôtre. Vallières passait ses grandes journées à placoter ; Gagnon était plus tranquille ; Lemieux était souvent au téléphone avec des confrères avocats qui ne voulaient rien faire pour l'aider. Il écrivait des lettres à longueur de journée avec trois ou quatre crayons de couleur à sa femme qui l'avait laissé ou était sur le point de le faire. Une fois, Simonne se présente avec Dominique et les gardiens l'ont écœurée. Ils voulaient qu'elle leur montre le baptistère de Dominique pour prouver que c'était bien son enfant et le mien. Un gardien me dit un jour : « Vous savez, on a une job dangereuse ici. » Je lui réponds : « Une job dangereuse ? Crisse, vous avez deux rangées de barreaux qui nous séparent et vous appelez ça dangereux ! » On était des prévenus sans accusation précise, ni accusés ni condamnés, mais prisonniers…

Ce fut la première et unique fois que Michel me parla ainsi de ses jours à Parthenais. Ce fut, en quelque sorte, ma première et unique « entrevue », non officielle, recueillie au hasard d'une conversation téléphonique en novembre 2001.

Le témoignage de Robert Lemieux

Le lendemain de cette « entrevue » réalisée par je ne sais quel miracle, Robert Lemieux, chez lui à Sept-Îles, me confiera à son tour ce qui suit :

> Michel commandait un certain respect et il nous servait d'ange gardien, physiquement et moralement. Il nous faisait rire à en pisser dans nos culottes. Quand Michel sent qu'il a un public, il en met. Il ne déteste pas faire du *stand-up comic*. Par exemple, il appelait Charles Gagnon « le notaire »... Le trou à Parthenais ? Je vais te raconter une histoire. Un jour, je demande le téléphone et on me répond que le sous-chef Tourigny ne me l'autorise pas. J'insulte copieusement le dénommé Tourigny, qui, vexé, vient me trouver dans l'intention de m'envoyer au trou. Sais-tu ce que Michel a fait ? Le gars était pas rendu à moitié chemin que Michel s'est levé pour aller à sa rencontre. Tourigny n'a même pas eu le temps de commencer de s'expliquer que Michel lui dit : « Que cé tu fais icitte, toé, mon osti de Pourigny ? » Et il continue à te l'engueuler... L'homme lui dit, tout penaud : « Monsieur Chartrand, j'm'appelle pas Pourigny, j'm'appelle Tourigny. » Chartrand lui répond : « T'as pas d'affaire icitte, dehors, mon Pourigny. » L'autre est parti sans demander son reste. De façon générale, Michel Chartrand en prison commandait un respect chez à peu près tout le monde, en raison de ses idées et de ce qu'il représentait. On peut dire que

> Michel avait un gros *fan-club* en prison, autant du côté des gardiens que des prévenus. Le fait d'être en prison ne l'a jamais inquiété pour deux minutes! Il ne pliait pas l'échine, au contraire, il devenait de plus en plus baveux.

Selon Ronald Labelle, photographe, lui aussi détenu à *Parthenais Beach*, lorsque les prévenus devaient être interrogés par des policiers, ils devaient se soumettre à deux fouilles à nu : la première avant la rencontre avec les policiers et la seconde après. Robert Lemieux avait décidé de régler cet irritant à sa façon. Il se promenait souvent nu comme un ver, ou recouvert seulement d'un drap.

Le poète Michel Garneau, détenu lui aussi, dans une autre aile que le groupe des Cinq, chante parfois, à l'extinction des feux, l'*Internationale*… Avec des sons parfois étranglés, les autres détenus l'accompagnent dans son hymne de rassemblement. L'émotion est palpable… C'est en chantant que les détenus réfléchissent collectivement. Prisonniers bien malgré eux, ils ne sont même pas encore des prévenus car aucune enquête préliminaire n'a été tenue. En chantant en chœur, ils se donnent l'impression, dans cette forme de solidarité, de retrouver pour quelques instants la liberté qu'on leur a si brutalement arrachée. Un jour viendra… «Le mépris n'aura qu'un temps», a écrit Miron!

Le témoignage de Jacques Larue-Langlois

Notre camarade Jacques Larue-Langlois nous a quittés le 18 juin 2001. Passionné de radio, journaliste reconnu et professeur apprécié à l'Université du Québec à Montréal, il est décédé à la suite d'une rupture d'anévrisme. Il s'était surtout fait connaître en politique en mettant sur pied le comité de défense Vallières-Gagnon.

Il faisait partie du groupe des Cinq. Je l'ai rencontré, avec Claudette Lamoureux, sa compagne, à Outremont le 17 septembre 1992. Voici ce que j'ai retenu de ses confidences sur son séjour à Parthenais :

> À la fin des années 1960, Michel Chartrand devenait de plus en plus grande gueule. Il prenait position sur toutes sortes de dossiers qu'on suivait. On connaissait l'homme, mais on suivait l'homme public. C'est en prison à *Parthenais Beach* que je l'ai connu pour vrai. Deux mois et demi avec le même gars, tu finis par développer une sorte d'intimité. C'est lui qui tenait le moral de tout le monde, bien sûr. Je me souviens de son anniversaire de naissance à Parthenais le 20 décembre 1970. On avait réussi à faire faire un gâteau par les gardiens. Michel avait quasiment les larmes aux yeux, il était touché qu'on y ait pensé. Mais c'est quand même lui qui nous tenait le moral. Lemieux, lui, n'est pas ennuyant non plus, il n'est pas tenable, mais il arrivait qu'il se décourage devant la lenteur des choses... Vallières et Gagnon étaient *down*, ils avaient le moral à terre. Ça faisait depuis 1966 qu'ils se débattaient. Ils s'étaient fait libérer au printemps et bang ! en octobre, ils se font rembarquer. Michel nous racontait des histoires. D'abord, il préparait le procès. C'est lui qui poussait dans le cul de Lemieux. Ils nous disaient quels étaient les documents qu'il fallait ramasser, comment construire notre défense, etc. Nous avions une séance quotidienne de trois heures uniquement consacrée à notre comparution devant le juge.

***

J'ai demandé à Charles Gagnon de me livrer ses souvenirs sur son séjour à *Parthenais Beach*, mais il en a été incapable. Peut-être ne veut-il pas se rappeler ces heures sombres, lui qui venait, après des années en prison, de bénéficier de quelques jours de liberté. Je respecte sa décision.

Pierre Vallières est décédé en 1997, entouré seulement de quelques amis, au centre de soins prolongés Saint-Charles-Borromée, après une très longue agonie. De Parthenais, il sera libéré après beaucoup de tracasseries administratives et judiciaires (juste pour l'écœurer un peu plus) en juin 1971. Il a écrit [4] :

> C'est le 24 juin, je suis libre de nouveau, mais je n'ai pas du tout le cœur à la fête. Quelques jours plus tard, je me rends chez Simonne et Michel Chartrand, à Richelieu. J'y demeurerai tout l'été, m'efforçant de rester le plus loin possible de la confusion et de la frustration engendrées par l'Octobre québécois. Je me sens comme un être floué par les événements et par l'histoire.

Simonne, de son côté, a témoigné de cet épisode dans ses écrits et je ne peux que renvoyer les lecteurs à la source, tout en soulignant combien angoissants ont été ces 21 jours au cours desquels elle était privée de toute information sur son mari, combien humiliantes étaient pour elle les fouilles effectuées à chacune de ses visites, combien frustrantes étaient ses courtes visites et combien vexantes étaient les tracasseries comme le fait de devoir prouver ses liens avec Michel. Les autorités voulaient-elles se venger de Chartrand par personne interposée ?

De mon côté, j'ai aussi connu Parthenais et j'ai trop souvent entendu les gardiens me dire, en m'apercevant : « Tiens, encore le p'tit secrétaire à Chartrand ! »

---

4. *Les héritiers de Papineau*, p. 223.

« Pauvres innocents ! que je me disais. Je ne suis le secrétaire de personne ! Je suis le secrétaire général du Conseil central de Montréal, élu par ses membres en congrès. » À cette époque, l'édifice de 12 étages de la rue Parthenais abritait les bureaux du ministère de la Justice et de la Sûreté du Québec avec, aux 4 derniers étages, des cellules qui n'ont jamais été conçues pour recevoir des « locataires » pendant plusieurs mois. L'imposant édifice avait été construit pendant le règne de Sa Majesté Claude Wagner, qui tenait à se construire un monument à sa hauteur.

***

Le 6 novembre, Simonne, qui milite à la Ligue des droits de l'homme, écrit à Me Claude Lortie, assistant protecteur du peuple. Elle lui demande que ses enfants puissent visiter leur père et « que le secrétaire du Conseil central, M. Fernand Foisy, puisse entrer en contact avec son président et lui remettre régulièrement tous les documents relatifs aux assemblées du Conseil ».

Elle poursuit : « Michel Chartrand veut poursuivre de sa cellule ses recherches et travaux professionnels concernant le discours d'ouverture au prochain congrès du Conseil central, le 6 décembre. » Elle envoie une copie de sa lettre au directeur de Parthenais, M. Guy Vaugeois.

Astucieuse et optimiste à la fois, chère Simonne ! Peut-on espérer une libération pour cette date ? On peut rêver, en effet... Après avoir reçu ladite lettre, M. Guy Vaugeois me convoque à ses bureaux. Je me présente. Guy Vaugeois, je dois le préciser, est d'une coopération surprenante (après la rencontre, je me surprendrai à me demander ce qu'il fait dans cette galère).

Le directeur et moi, nous nous entendons sur un *modus operendi*. Il est convenu que je devrai apporter à son bureau tout matériel que je veux transmettre à

Michel. Vaugeois en vérifiera lui-même le contenu et fera ensuite parvenir le tout à Michel Chartrand. Je lui demande alors s'il est possible de visiter Michel maintenant. «Aucun problème. Présentez-vous au douzième étage, je fais le nécessaire!» me répond-il.

Toujours armé du même laissez-passer et sous bonne garde, je suis accompagné à l'étage. Là commence la parade des barreaux. Bruits métalliques et des verrous: les portes s'ouvrent et se referment dans un vacarme infernal. J'arrive enfin au «parloir».

La salle carrée est divisée au centre par une cloison vitrée qui sépare le visiteur du visité. On peut se voir mais, pour se parler, il faut faire un peu d'acrobatie: un coin grillagé tout en bas de la verrière laisse filtrer nos paroles.

Arrive Chartrand; on se regarde dans les yeux et on se salue. Je commence de parler, mais Michel n'a rien entendu. On s'accroupit et on prend bien soin de parler à travers la petite ouverture grillagée, puis on se relève, et l'autre fait de même pour répondre, etc. Quel cirque!

Michel est surpris de me voir. Personne ne l'avait prévenu. Visage émacié, barbe de bientôt un mois, il semble en avoir plein le dos, mais il garde la forme. Il ne porte pas le costume du prisonnier.

Je lui demande comment se déroule son séjour et je l'informe brièvement de ce qui se passe «en dehors» — et surtout «en dedans» de la CSN; je parle des manifestations de protestation que nous organisons et du climat de peur qui règne partout.

> Il va falloir que vous releviez la tête et vite, dit-il, sinon vous allez tous y passer. On sent bien qu'ils ne cherchent que des boucs émissaires pour justifier leur loi de la démesure! Nous préparons notre défense et il n'est pas question d'engager des avocats. Nous sommes parfaitement capables de nous défendre nous-mêmes. Nous leur mettrons le

Michel Chartrand grand
amateur de cigares cubains.
Collection Michel Chartrand.

Les discours de Michel
Chartrand constituent
toujours de grands
événements.

« Il ne s'agit plus de surveiller le pouvoir : il faut l'exercer »
est le thème du congrès annuel du Conseil central de Montréal,
le 12 mai 1969. Michel Chartrand est entouré de Marcel Pepin,
président de la CSN, et de Gérard Picard,
ex-président de la CSN et du Conseil central.

Collection Fernand Foisy.

« Si le Bill 63 est voté, les universités et les collèges anglais au Québec risquent de sauter à la dynamite. Il ne faut pas être bien instruit pour comprendre qu'on ne peut refouler un peuple à ce point. » Le lendemain, Michel Chartrand est accusé par le ministre de la Justice Rémi Paul de sédition.
Archives CSN.

Michel Chartrand et son fils, le cinéaste Alain Chartrand,
pendant le tournage du film *Un homme de parole*, au restaurant
le *Café d'Europe*, à Québec, avec le patron et ami Renato.
Collection Alain Chartrand.

Michel et ses deux fils, Dominique et Alain,
dans la cuisine d'été à Richelieu, en août 2002.
Photo Dominique Chartrand.

Le 1er juin 1992, le compositeur Marc Gélinas discute
avec Michel Chartrand et Tex Lecor de la proposition
d'un hymne national pour le Québec.
Collection Fernand Foisy.

En compagnie du célèbre poète et auteur-compositeur
Gilles Vigneault, un ami de longue date. Les deux
complices trinquent après un spectacle de Gilles
Vigneault à Marieville, à l'été 2001.
Collection Michel Chartrand.

Michel, le grand-papa, accepte de se faire jouer dans les cheveux
par la petite Romane, âgée deux ans, la fille de Dominique
Chartrand et de la comédienne Annette Garand, en août 2000.
Collection Michel Chartrand.

Remise annuelle, par le Centre des femmes, du prix Simonne
Monet-Chartrand, le 9 mai 2000, au restaurant *La boucherie*,
propriété de Mme Shirley Théroux. De gauche à droite, le
comédien Luc Picard, la présidente du Centre, Johanne Bélisle, la
récipiendaire, l'Amérindienne Jackie Kistabish, Michel Chartrand
et la comédienne Geneviève Rioux.
Collection Michel Chartrand.

Pendant les canicules
de l'été 1995.
Collection Michel Chartrand.

En avril 1999, Michel
Chartrand joue le jeu en
compagnie des entarteurs.
Collection Michel Chartrand.

En grande discussion avec Colette Legendre,
le sculpteur Armand Vaillancourt et le syndicaliste Paul Rose.
Collection Michel Chartrand.

Depuis quelques années, Michel Chartrand aime bien jouer
aux cartes. Il pratique depuis peu une vertu, « la patience » !
Collection Michel Chartrand.

Au stand de Lanctôt éditeur, en novembre 1999,
au Salon du livre de Montréal.
Collection Alain Chartrand.

Michel Chartrand et sa compagne Colette Legendre,
pendant une réunion organisée par le Centre des Femmes,
à l'automne 2002, dans les locaux de l'UQAM.
Collection Michel Chartrand.

nez dans leur propre merde. Ils l'ont cherché, ils
l'auront! Nous aurions besoin de matériel pour
mener nos affaires à terme : des machines à écrire,
du papier. On ne passe pas nos journées à se
poigner le moineau ; on se prépare ! À cinq, on va
leur faire voir qu'on est peut-être enfermés... mais
qu'on n'est pas morts et encore moins silencieux !
Nous avons des droits et ils devront les respecter...
coûte que coûte !

Son discours décidé, son ton militant me rassurent.
Michel est en forme.

Quelques jours plus tard, je me présente à Parthenais avec deux machines à écrire, que M. Vaugeois re-
mettra aux prévenus, ainsi qu'une grande valise pleine
de documents. Par la suite, je me dirige vers les cellules
pour rendre une nouvelle visite à Michel.

J'ai développé une nouvelle méthode pour nos
entretiens. Pendant que je le regarde dans les yeux, je lui
fais signe de lire des notes que j'ai griffonnées sur un
carton que je lui présente en bas de la baie vitrée. Je lui
parle de la pluie et du beau temps et pendant ce temps-
là Michel fait sa lecture des nouvelles importantes. Bien
sûr, des caméras nous épient et des gardiens nous
surveillent, mais les petits cartons, ça a marché chaque
fois sans qu'on me le reproche.

J'apprends à Michel qu'il a été réélu à la présidence
de la Caisse populaire Desjardins des syndicats nationaux à Montréal. C'est la deuxième fois qu'il est réélu *in
absentia*. L'an dernier, il était également sous les verrous
pour sa contestation du bill 63.

Noël à *Parthenais Beach*

C'est Noël et, comme cadeau, les autorités ne trouveront rien de mieux à offrir aux prisonniers que...

d'interdire toute visite. Pourquoi? On ne le saura jamais! La mesquinerie peut descendre bien bas à certaines occasions. Qu'à cela ne tienne, le Mouvement pour la défense des prisonniers politiques québécois (MDPPQ) invite la population à venir souhaiter un joyeux Noël aux prisonniers.

Le lendemain du réveillon, il fait un froid sibérien. Nous sommes quelques centaines de militants à le braver, parmi lesquels René Lévesque, Guy Rocher, Pierre Bourgault, Matthias Rioux, les cinéastes Fernand Dansereau et Michel Brault et bien d'autres encore. Simonne est là, bien sûr, accompagnée de ses enfants, Alain, Micheline, Madeleine et Dominique. Toutes et tous, ou presque, sont coiffés du bonnet de laine et drapés d'une écharpe aux couleurs des Patriotes de 1837, vert, blanc et rouge. Nous formons un cercle autour de l'immeuble. Certains brandissent le drapeau des Patriotes de 1837. Il s'agit d'une marche de protestation afin surtout de marquer notre solidarité avec nos camarades mis en pénitence par un Trudeau sans cœur et sans âme!

Simonne prend la parole: « Merci d'être venus en si grand nombre vous compromettre publiquement en toute solidarité en ce 25 Noël… »

Ce si joli lapsus, Michel Garneau le lui empruntera pour en faire un poème!

***

Le 3 décembre 1970, le diplomate britannique James Richard Cross est libéré par les felquistes. Les ravisseurs de la cellule de libération du FQL, bénéficiant de sauf-conduits, s'envolent en exil à Cuba pendant que M. Cross est libéré à l'ancien pavillon du Canada à Terre des Hommes (l'île Notre-Dame), devenu territoire cubain pour la circonstance.

Le 28 décembre 1970, trois des quatre ravisseurs de Pierre Laporte — Paul Rose, Jacques Rose et Francis Simard — sont arrêtés dans une tanière qu'ils avaient creusée sous les fondations de la maison d'un ami, André Viger, à Saint-Luc. Cela mettra fin, pour un temps, à ce que l'on a appelé les événements d'Octobre.

CHAPITRE 7

Le procès des Cinq

> J'ai toujours dit que le nœud de la
> corruption venait de la magistrature,
> en partant du cabinet ; que l'institu-
> tion la plus corrompue de la société,
> c'était le barreau, et je n'ai pas changé
> d'idée ; on est supposés prendre ça au
> sérieux, ces tribunaux-là ?
> MICHEL CHARTRAND, 2 mars 1971

Un congrès décevant

Avant de relater les grandes lignes de ce qui allait devenir une véritable guérilla judiciaire, je me dois de parler du congrès général de la CSN, tenu à l'Hôtel Bonaventure, à Montréal. Ce congrès est décevant pour les militants de Montréal, nous laissant, une fois de plus, la pénible impression que nous ne vivons pas sur la même planète que les membres des autres régions.

On est davantage préoccupé par les luttes internes. Michel Bourdon et Gilles Beaulieu, membres de l'exécutif du Conseil central, visent des postes à l'exécutif de la CSN, notamment pour contrer Dalpé et Dion, les futurs traîtres. Peut-être Marcel Pepin s'est-il rapproché du Conseil central de Montréal et ne serait-il pas étranger aux candidatures de Bourdon et Beaulieu contre ces représentants de la droite?

Pendant la séance plénière, en toute bonne foi, croyant travailler en terrain ami, Colette Legendre et moi, nous coordonnons le travail d'un groupe de délégués de Montréal afin de faire signer une pétition demandant la libération du président du Conseil central de Montréal, Michel Chartrand. Mal nous en prend. Raymond Parent, secrétaire général de la CSN, invoquant des procédures du congrès, nous invite fortement à cesser notre collecte de signatures. Jacques Olivier, M. Ford, l'actuel maire de Longueuil, ex-honorable sous Trudeau, membre actif du Parti libéral du Canada et à ce moment-là trésorier de la puissante Fédération des employés d'hôpitaux, s'amuse aux dépens de tous. Lorsque nous proposons d'adopter une proposition condamnant la *Loi des mesures de guerre*, Jacques Olivier développe une stratégie afin de polluer les débats devant mener à l'adoption de cette proposition. Il envoie des délégués multiplier en commentaires vains et inutiles les discussions afin d'en arriver à un point de saturation faisant souhaiter à tous la fin des discussions. La question préalable aura raison de notre proposition, qui sera défaite avant même d'avoir été vraiment présentée.

De peine et de misère, nous réussissons à obtenir l'appui du congrès pour demander la libération de Michel Chartrand. Les délégués décident enfin de demander aux autorités en place d'accorder un cautionnement à Michel Chartrand ou qu'on tienne son procès immédiatement. La résolution est transmise à Jérôme Choquette (on me l'a confirmé ultérieurement), qui l'a foutue à la poubelle.

Aux élections, Bourdon et Beaulieu seront défaits grâce à l'appui de la FNSBB et de son président, Reynald Carey, contre Montréal.

La guérilla judiciaire

Avant l'ouverture de leur procès, Michel Chartrand et ses compagnons de cellule ont multiplié les démarches afin d'être remis en liberté sous cautionnement ou simplement de connaître leur acte d'accusation. Retracer les tracasseries administratives et judiciaires dont ils sont victimes relèverait d'un exploit digne de mention, mais une chose est sûre, Kafka n'a rien inventé en écrivant *Le Procès* et en décrivant l'absurdité d'un régime de répression.

« Est-ce qu'on est dans une cour régulière des comparutions ? Pourquoi ne nous traite-t-on pas comme des criminels ordinaires ? C'est une bouffonnerie... » C'est en ces termes que Michel Chartrand s'adresse au juge Ignace Deslauriers, dans l'ex-cour du coroner devenue depuis quelque temps la quatrième division des assises criminelles, au sixième étage du quartier général de la Sûreté du Québec, à Parthenais. Les autorités n'ont pas osé les transporter au palais de justice dans le Vieux-Montréal.

Les accusés se représentent eux-mêmes. Les « Cinq » sont un peu défraîchis — on le serait à moins —, mais prêts au combat. Ils veulent connaître l'acte d'accusation ! En face, les procureurs de la reine : Jacques Ducros, Gaby Lapointe, Jean-Guy Boilard, Fred Kaufman et Yves Fortier.

Le greffier fait la lecture de l'acte d'accusation :

Vous êtes accusés d'avoir conspiré séditieusement entre le 1er janvier 1968 et le 16 octobre 1970 pour changer un gouvernement au Canada et plus particulièrement dans la province de Québec, en préconisant l'usage de la violence, sans l'autorité des lois.

Les « Cinq » demandent copie de l'acte d'accusation. Comme ça tarde à venir, Michel Chartrand y va d'un commentaire :

Cette accusation est ridicule. Dans mon cas, je fais de la « sédition » depuis 1938. J'ai toujours lutté ouvertement et systématiquement, jour et nuit, contre les bandits rouges et les bandits bleus.

Au moins, voilà l'acte d'accusation connu. Pour la demande de cautionnement, c'est un peu plus compliqué. Le 18 décembre 1970, Michel Chartrand explique sa demande au juge Kenneth MacKay :

> Je voudrais une réouverture d'enquête pour un cautionnement. Le 16 octobre, on m'a enlevé de chez moi. J'ai été détenu 21 jours avant de comparaître devant le tribunal à la prison de Parthenais. Le 18 novembre, j'ai fait une requête en cautionnement. Le 20, je devais la plaider devant vous. Je n'y étais pas… on a oublié de m'amener ! Elle a été reportée au 28 ; je n'y étais pas non plus… on a encore oublié de m'amener… mais le procureur de la reine, bien présent lui, a eu le droit de décliner tout mon *pedigree* et d'argumenter en droit. On m'a dit que m'aviez demandé d'argumenter par écrit ; je ne l'ai jamais appris ! Finalement, on m'apprend que mon procès a été fixé au 15 février prochain ; à cette date, ça fera quatre mois que je serai incarcéré… C'est arbitraire… Très arbitraire !

Me Bruno Patteras, qui représente la reine, prétend que le juge MacKay ne peut accueillir la nouvelle requête de Chartrand parce qu'il se trouverait à siéger en appel relativement à sa propre décision. Le juge abonde dans le même sens et souligne que Michel Chartrand peut toujours présenter une nouvelle requête devant un autre juge de la Cour supérieure. La situation est absurde. Quand Michel Chartrand peut plaider sa requête, on ne lui permet pas de venir devant le tribunal. Quand la requête est irrecevable, on l'y amène. Comprenne qui pourra !

Alors, Michel Chartrand et Robert Lemieux, qui ne lâchent pas, réclament de la cour d'appel l'émission d'un bref d'*habeas corpus*, ce qui permettrait au plus haut tribunal du Québec d'étudier à fond la constitutionnalité de la *Loi des mesures de guerre*... Cette nouvelle demande est refusée par le juge Roger Brossard. La bonne nouvelle (il y en a parfois), c'est qu'on apprendra que le juge Antonio Lamer (futur juge en chef de la Cour suprême) autorise Jacques Larue-Langlois, de la bande des «Cinq», à reprendre sa liberté contre un caution-nement de 5000 $. Précisons que cette décision est surve-nue après l'arrestation des ravisseurs de Pierre Laporte. Cette importante victoire de l'avocat Michel Proulx influencera très probablement les requêtes à venir de la bande des «Cinq».

Le 7 janvier 1971, le juge Antonio Lamer fixe les dates des procès pour les prisonniers politiques... en février! Chartrand éclate et déclare au juge:

> Je vous préviens que quelqu'un paiera pour les jours que j'ai passés en prison, sans soleil, sans femme. Plus vite ça sautera au Québec, mieux ça sera... Cinq mois se seront écoulés avant que je subisse un procès. On est en prison sans avoir été jugés... Vallières et Gagnon ont passé quatre ans ainsi. Ce que vous faites? Vous me gardez en prison. Venant de la part de juges plus vieux, plus conservateurs, je comprendrais, mais, à votre âge, je ne comprends pas! Je veux un procès séparé... Vous allez me dire: «Votre procès est fixé au 1er février, il ne reste que trois semaines.» Mais venez-y, vous, passer trois semaines en prison... vous verrez si c'est agréable!

Le juge Lamer lui explique que de telles requêtes doivent être entendues par le juge... Roger Ouimet, celui qui présidera son procès. Michel Chartrand connaît bien, hélas, le juge Ouimet et il ne peut s'empêcher de lancer un cri du cœur: «Maudit bordel de crisse...»

L'affrontement Ouimet-Chartrand

Le lendemain, les «Cinq» demanderont des procès séparés... Demande refusée! Quand Chartrand demande à rencontrer le juge Ouimet, ils tiendront ce dialogue[1] :

> Le juge Ouimet : « Avez-vous une demande à faire éventuellement ?
> Michel Chartrand : « Une demande à faire ? Ah non, je n'ai pas de demande à faire. »
> Le juge Ouimet : « Mais vous avez demandé d'être amené ici.
> — J'avais des requêtes à faire devant le juge qui va entendre mon procès. C'est-ti vous ?
> — Peut-être.
> — Si c'est vous, bien, moi je veux vous récuser si c'est vous, pour toutes les raisons que vous savez puis d'autres que vous rajoutez quotidiennement. Vous ne les savez pas ? vous voulez que je les énonce ? voulez-vous faire venir Lemieux en attendant ? Je peux attendre. Je ne suis pas pressé, j'ai jusqu'au 1er février. Mais c'est que je ne veux pas vous avoir sur le banc parce que vous êtes préjugé, partial et fanatique. Vous avez menacé Lemieux hier puis vous avez décidé vous-même qu'il ne plaiderait pas, même pour ses coaccusés. C'est ce que vous avez fait hier devant M. Patteras qui vous a demandé ça. Vous avez parlé contre Larue-Langlois dans le palais de justice de l'autre côté de la rue. Puis Larue-Langlois c'est un de mes co-z-accusés. Vallières, vous l'avez condamné pour mépris de Cour ; c'est un de mes co-z-accusés.
> — Coaccusés.
> — Coaccusés, oui. Vos opinions, vous les avez puis tout le monde les connaît.

---

1. Texte tiré des notes sténographiques prises pendant l'audition par le sténographe judiciaire, Richard Roussel.

— C'est tout ce que vous avez à dire ?

— Oui, je trouve que c'est suffisant.

— Vous ne vous souvenez pas que ça va être jugé par un juge et un jury ?

— Oui, oui, mais seulement je ne veux pas que le jury se fasse ennuyer par le juge qui est préjugé, partial et fanatique. C'est clair ça ? Puis le minimum de décence pour un juge quand quelqu'un est moralement convaincu qu'il n'y aura pas d'impartialité, c'est de récuser, ce que vous n'avez pas fait quand ça vous a été demandé trois fois à date.

— Alors le juge en question vous trouve coupable d'outrage au tribunal.

— Ah, vous êtes comique vous, vous êtes un gros comique. Vous êtes plus petit et plus bas que je pensais. Vous récusez-vous ou bien vous ne vous récusez pas ?

— Je ne me récuse pas et je vous trouve coupable d'un deuxième outrage au tribunal. »
(Michel Chartrand s'adresse ici aux policiers qui veulent le ramener aux cellules)

— Il ne m'a pas dit de sortir encore, énervez-vous pas, vous n'êtes pas le juge ici. V'là que c'est la police qui mène dans le palais. Venez voir les trous dans lesquels ils nous tiennent. Vous en avez visité plusieurs prisons, vous vous vantez de ça, venez voir le trou derrière votre belle cour, dans votre palais, le trou où nous sommes cinq par sept, pas de lumière, pas rien.

— Je vous ai trouvé coupable d'outrage au tribunal.

— Oui, ça c'est facile, c'est ce qu'il y a de plus facile quand on est derrière la police. Ça, on sait ça. Mais vous récusez-vous ou bien vous ne vous récusez pas ?

— Je ne me récuserai certainement pas.

— Ah, ah, tu vas voir, mon blond, que je ne comparaîtrai pas devant toi, mon blond. Je te garantis ça.

— Troisième outrage au tribunal.

— Je te garantis ça. Donne-z-en un autre. Allez, quatrième outrage au tribunal, cinquième outrage au tribunal.

— Je vous condamne…

— Le juge Ouimet est fanatique, partial…

— Je vous condamne à un an de prison.

— Un an de plus, mon cher, si ça te fait plaisir. Infect personnage.

— Sortez-moi ça.

— Pouilleux.

Et le juge Ouimet de conclure : « Eh bien, ça été moins mal que je pensais. »

Donc un échange bien senti entre le juge Roger Ouimet et Michel Chartrand, devant la cour du banc de la reine, le 8 janvier 1971, avec comme résultat que Chartrand a été condamné à un an de prison pour outrage au tribunal. Il en a plein le dos de se faire ballotter devant les tribunaux pendant qu'il attend derrière les barreaux. Cette confrontation, les observateurs l'avaient prévue et l'attendaient depuis longtemps.

Dans la salle, nous étions quelques-uns à observer les deux pugilistes se taper dessus à qui mieux mieux. Colette Legendre, à mes côtés, est frappée d'immobilité en entendant la sentence.

— Sois sans crainte, on va s'en occuper, lui dis-je à l'oreille.

Le lendemain, Simonne donne une entrevue, chez elle à Richelieu, à Colette Duhaime du *Journal de Montréal*, qui elle aussi a été appréhendée lors de la rafle du 16 octobre. Durant l'entrevue, Simonne dit :

C'est parce qu'il a voulu défendre jusqu'au bout le principe d'égalité de tous les hommes devant la justice que Michel a été condamné à un an d'emprisonnement pour outrage au tribunal. Je n'ai jamais demandé à Michel de faire des concessions. Trop de femmes québécoises ont protégé leurs hommes à outrance au nom d'une sécurité financière et familiale. Elles en ont fait des sous-hommes, des enfants qui n'ont jamais lutté pour défendre leurs droits.

La journaliste écrira :

Dehors, le vent souffle et le froid nous transperce le corps, mais dans la belle grande maison de brique rouge du célèbre syndicaliste il fait chaud... Simonne Chartrand ne pleure pas... elle s'attendait à une telle chose. Elle savait en épousant Michel quelle serait sa vie et elle ne la voulait pas autrement.

Michel Chartrand n'est pas un « sous-homme » et c'est à travers les paroles de son épouse, de sa « compagne » et de sa « camarade » que nous découvrons à quel point il a toujours été amoureux de la liberté.
Simonne ajoute :

Michel n'a jamais voulu être du côté de l'*establishment*, qu'il soit politique, social ou syndical. C'est un homme d'opposition et il restera jusqu'à la fin de sa vie un homme d'opposition. Et c'est peut-être parce qu'il ne peut supporter le mensonge qu'il ne se liera jamais les mains...

La journaliste commente :

Michel Chartrand est en prison... mais la vie de Simonne ne s'arrête pas là. Elle n'attendra pas son époux au coin du feu... Elle veut continuer de militer dans différents comités pour défendre les plus élémentaires principes de justice. Mais elle espère que Michel reviendra bientôt, pour regarder passer les saisons auprès d'elle.

Un procès politique

Le 11 janvier, une conférence de presse est convoquée par le Conseil central, avec l'appui de plusieurs personnalités. Nous demandons au juge Ouimet de se récuser, advenant le cas où il serait appelé à agir comme juge dans le procès des «Cinq» :

> Nous estimons que le juge est un partisan du Parti libéral du Canada qui déteste les indépendantistes et les membres de la gauche québécoise.

> Nous aimerions nous tromper, mais nous sommes portés à penser que la condamnation à un an de prison pour outrage au tribunal imposée à Michel Chartrand par le juge Ouimet peut inciter des Québécois à recourir une fois de plus à la violence.

> Nous sommes assurés que les procès en cours prennent une allure nettement politique et nous demandons au barreau de faire les pressions nécessaires afin que les procureurs spéciaux, embauchés à 300 $ par jour[2], membres du Parti libéral du Canada, se retirent de ces procès.

> Par la même occasion, nous demandons aux autorités en place de libérer immédiatement Michel Chartrand, sur parole, dans l'intérêt même du système judiciaire, dont l'impartialité et l'objectivité sont sérieusement mises en doute par un récent sondage.

Un nombre impressionnant de personnalités appuient les dires du Conseil central. On trouve parmi eux : Claude Charron et Robert Burns, députés à l'Assemblée nationale qui nous appuient à titre personnel, Pierre Bourgault, Paul Cliche, ex-président du FRAP, et

---

2. C'est beaucoup d'argent pour l'époque alors qu'on doit encore se battre pour obtenir un salaire minium de 100 $ par semaine pour les employés d'hôpitaux.

Jacques-Yvan Morin, professeur à l'Université de Montréal. Du côté des artistes, on trouve les signatures de Georges Dor, Pauline Julien, Charlotte Boisjoli, Jean-Pierre Compain, entre autres ; du monde syndical, Matthias Rioux, président de l'Alliance des professeurs de Montréal (CEQ), Florent Audette et Jean-Guy Rodrigue, président de la Fédération des ingénieurs et cadres (CSN) ; plusieurs avocats, Bruno Colpron, Pierre Cloutier, Gaétan Robert et Robert Senay, ainsi que plusieurs autres personnalités, dont Raymond Laliberté et Charles Taylor du Comité des huit (personnalités de gauche) qui ont déjà rencontré les premiers ministres pour tenter d'obtenir le retrait de la *Loi des mesures de guerre*, Léandre Bergeron, auteur du *Petit manuel d'histoire du Québec*, Reggie Chartrand, des chevaliers de l'indépendance, Raymond Lemieux et Laurier Gravel, de la Ligue d'intégration scolaire (LIS).

Michel Chartrand, de son côté, ne perd pas de temps en cellule. Il décide de porter devant la cour d'appel la condamnation d'un an de prison pour outrage au tribunal qu'on vient de lui imposer en annonçant qu'il plaidera lui-même sa propre cause. Il soutient que le tribunal l'a délibérément provoqué et qu'il est évident qu'on l'a condamné pour des motifs politiques. Dans sa requête, il soutient que le juge aurait dû se récuser comme il le lui avait demandé.

Dans sa requête, Chartrand écrit qu'il avait fondé sa demande de récusation sur des faits de notoriété publique, que le juge Ouimet d'ailleurs ne nia point. Au contraire, il provoqua l'appelant à les lui rappeler, l'invitant à expliquer sa requête pour récusation. Ce que l'appelant fit avec une franchise totale. Pour avoir dit la vérité au juge, il fut condamné à un an de prison pour outrage au tribunal.

Le journal *Québec-Presse*, dans sa livraison du 7 février 1971, publie une photo qui regroupe plusieurs personnes devant un édifice, le bas de vignette expliquant que les liens de Chartrand et de Ouimet datent de 1936 :

> ... à l'époque où ils se retrouvaient sous le toit commun des Jeunesses canadiennes en tant que représentants du Québec. À cause de cette ancienne alliance et des démêlés qu'il a connus avec le juge Ouimet plus tard, Chartrand ne veut pas comparaître de lui. Que nos lecteurs jugent de la situation.

L'assemblée générale du Conseil central dénonça bien évidemment la sentence du juge Ouimet, mais, en plus, les délégués demandèrent au juge en chef de la Cour supérieure, le juge Cahllies, d'expliquer les critères ayant prévalu lors du choix des juges dans les causes dites du FLQ :

> On constate qu'il est très dangereux pour les juges de servir un pouvoir qui est tombé en désuétude et par la même occasion nous déplorons et dénonçons la présence de membres actifs et dévoués au Parti libéral du Canada et du Québec et engagés comme procureurs spéciaux de la couronne — et grassement payés. Nous demandons enfin que le barreau intervienne et sorte de son silence inquiétant quant au sort que les tribunaux réservent à Me Robert Lemieux. Et du même souffle nous demandons la libération immédiate du président du Conseil central de Montréal, le camarade Michel Chartrand.

Prévenants, nous décidons d'emprunter à la Caisse populaire de la CSN une somme de 10 000 $ en prévision d'un cautionnement qui pourrait être accordé à Michel Chartrand. La CSN a accepté de nous servir de caution pour cet emprunt.

En attendant, un fait nouveau s'ajoute au dossier qui encourage la lutte que nous menons pour le respect des libertés démocratiques : L'Association internationale des juristes démocrates de la communauté européenne

enverra un observateur au procès des Cinq : Me Nicole
Dreyfus, membre de la cour d'appel de Paris, sera leur
représentante.

Correspondance de *Parthenais Beach*

L'arbitraire et l'absurde continuent de se déchaîner,
mais ça n'empêche pas la vie de suivre son cours. En
témoignent ces petits extraits de la correspondance de
Michel à sa femme et à son fils Alain :

Ma chère Simonne [3],

J'ai beaucoup tardé à t'écrire, pourtant j'avais
beaucoup à te dire, mais j'étais bouleversé et les
sentiments se bousculent.

Anne Hébert a écrit que « la poésie rompt la solitude comme le pain », mais je crois, j'ai cru depuis
très longtemps que les mots n'aident pas la vraie
compréhension. Le dialogue souvent brouille la
communication. Peut-être ai-je tort ? De toute façon,
tu semblais dans un état désespéré si profond que je
ne croyais pas que je pouvais, à distance, te réconforter convenablement.

Je pense que le pire est passé pour moi ; j'espère qu'il
en est ainsi pour toi. Nous avons retrouvé un meilleur équilibre après la bousculade de l'arrestation.
Nous sommes comme une paire de gros bonhommes
aux pieds ronds chargés de plomb ; même si on nous
bouscule, nous nous redressons toujours, souriants.
On en a vu d'autres, toi surtout ! Et puis, c'est pas
toutes les femmes qui savent où se trouve leur mari
24 heures sur 24 et sont assurées qu'il ne boit pas, ne

---

3. Simonne Monet-Chartrand, *Ma vie comme rivière, récit autobiographique*,
tome 4, p. 211, Les éditions du remue-ménage, 1992.

joue pas, ne court pas de risques sauf de t'aimer davantage en pensant à toi davantage.

Je n'ai jamais changé d'idée ; prends soin de toi, sois belle, heureuse et je serai heureux si tu l'es.

À bientôt, Michel.

***

Mon cher Alain,

Je ne t'écris pas souvent, je ne te parle pas souvent non plus. C'est que je ne crois pas beaucoup aux conseils. Je crois qu'on devient un homme par soi-même. Tout de même, je regrette souvent de ne pas avoir été plus près de toi et de Dominique.

C'est que j'ai peur de la sentimentalité entre hommes et j'étais souvent absent, malheureusement.

Les valeurs de notre société n'ont rien d'emballant pour la jeunesse, mais tu es en mesure de bâtir avec d'autres la société plus humaine et plus fraternelle que nous voulons.

La qualité et la profondeur de l'engagement sont plus importantes à long terme que l'activisme passager. Il s'agit de procéder à la révolution nécessaire pour une plus grande liberté et une plus profonde fraternité nationale et internationale à l'opposé des valeurs actuelles qui sont matérialistes rationalistes, par conséquent inhumaines du point de vue du cœur et de l'esprit, *vides-vacua*, ça n'a même pas valeur d'engrais.

Je t'embrasse, salue tes amis que je connais. Ici, ça va. C'est un pouvoir pornographique, une administration de la justice du même acabit.

Alain répond le 6 février 1971 :

[...] J'ai toujours eu et je garde une très grande admiration pour toi. J'admire en toi l'honnêteté, le sens de la justice, le respect pour autrui et le grand humanisme que tu as su garder.

Je te considère comme un homme seul et qui ne se fatigue pas de lutter pour les autres. Je sais les durs moments que tu passes et l'ennui qui est plus terrible encore. Tu es l'homme qui m'a le plus influencé. Cela m'a appris bien des choses et je m'arrange bien aujourd'hui, je t'en remercie.

Même si nous avons peu communiqué ensemble, je t'ai toujours senti comme un être émotif. Ce que je suis aussi. Moi j'ai opté pour le cinéma. C'est ce qui me touche le plus. J'en rêve. J'y travaille à apprendre mieux mon métier et j'en fais. C'est mon moyen de recherche pour aboutir à une plus grande conscience tant individuelle que collective. Le résultat comme produit fini est social.

Depuis des années, ta lutte, ton courage et ta ténacité ont fait qu'aujourd'hui tu t'es rendu où tu es. En même temps, tu fais comprendre beaucoup de choses à tant de gens d'ici et d'ailleurs. Ce qui est le plus magnifique, c'est que la notion de justice, tu l'as dévoilée dans sa plus grande bêtise et dans son plus grand ridicule. Je peux te dire qu'il y a de plus en plus d'hommes qui ont compris ta démarche. Tu n'es plus seul. Tout le monde que je vois s'informe de toi.

J'essaie de voir du mieux que je peux à Mado et à Dominique [les deux petits derniers de la famille]. Ta présence et ta chaleur manquent à toute la famille. Bientôt nous serons ensemble. En attendant, je salue l'homme libre.

Un Québécois, Alain.

Le grand théâtre de la justice

Grâce à un juge «fanatique, préjugé et partial», nous aurons droit à une pièce d'anthologie judiciaire tenant de Molière! Ce juge fera dire à Michel Chartrand qu'il «... y a des juges honnêtes, compétents, conscien-cieux, impartiaux... et il y a les autres».

La pièce s'ouvre sur cette première tirade:

> Vous [les «Cinq»] avez été illégalement et sans droit partie à une conspiration séditieuse visant à un changement dans la province de Québec en préconisant l'usage de la force, sans l'autorité des lois, contrairement aux dispositions de l'article 62, paragraphe (c) du Code criminel.

Lesdits «Cinq» avaient été arrêtés le 16 octobre 1970, nous sommes aujourd'hui le 1er février 1971, sur la rue Notre-Dame à Montréal, au palais de justice (l'an-cien), dont la devanture est ornée de belles grosses colonnes. Le lieu où se déroule le procès est l'immense salle à l'étage, que l'on rejoint après avoir monté des escaliers de marbre italien. Le hall est d'une grande beauté, avec un plafond haut d'une dizaine de mètres. Une splendeur! Le juge est juché au centre; à sa gauche, le box des accusés; à sa droite, les sièges pour le jury. Il s'agit d'un merveilleux décor fait par de grands artistes pour d'importantes pièces de théâtre.

La scène est dominée par le juge Roger Ouimet, celui-là même qui vient de condamner Michel Chartrand à un an de prison pour outrage au tribunal. Dans le rôle des méchants, les accusés: Pierre Vallières, supposé cerveau du FLQ, grand habitué des prisons; Charles Gagnon, ad-joint de Vallières et colocataire avec lui des mêmes lieux; Jacques Larue-Langlois, président du Comité de défense Vallières-Gagnon (coupable par association?); Me Robert Lemieux, avocat fougueux et ex-négociateur (nommé par le gouvernement) représentant des felquistes; et enfin Michel Chartrand, président du Conseil central de la CSN à Montréal et homme libre (hautement suspect).

En vedettes américaines, les procureurs de Sa Majesté la reine d'Angleterre, grassement rémunérés par la couronne, Gabriel Lapointe, criminaliste réputé qui décédera en 1999, frère de l'actuel sénateur et ex-humoriste Jean Lapointe; Yves Fortier, ex-ambassadeur du Canada en France; Jacques Ducros, qui sera nommé juge à l'âge précoce de 37 ans par Trudeau en décembre 1971 et qui décédera le 26 août 1973; Jean-Guy Boilard, maintenant juge (celui-là même qui s'est retiré, à la fin de 2002, de la cause des Hell's Angels); et Bruno Patteras, dit «le colonel» (allusion à la dictature grecque de cette époque), comme le surnommait Michel Chartrand.

Alors que les avocats de la reine sont proprement costumés, les accusés apparaissent sans veste ni cravate, à l'exception de Robert Lemieux qui a revêtu sa vieille toge toute mitée mais sans la bavette. Il devient ainsi le premier avocat à plaider en toge dans un box d'accusé.

La palme de la chemise la plus fripée revient à Michel Chartrand. Lorsqu'il fait son apparition dans le box, Simonne ne peut retenir une exclamation: «Qu'est-ce qu'ils ont fait à mon Michel?» Michel Chartrand ne s'est pas rasé depuis le 16 octobre et il arbore une barbe luxuriante. Si son teint est blême, je reconnais quand même l'œil allumé, prêt pour la bataille.

Les accusés transportent leurs documents dans des boîtes de carton défraîchi et obtiennent qu'on leur fournisse des tables pour y étaler leurs dossiers. Jacques Larue-Langlois, qui a obtenu un cautionnement dans les deniers jours de décembre, est assis dans la salle. Avant l'arrivée du juge, il va rejoindre ses comparses dans le réduit des accusés. Ces derniers ont décidé de se défendre eux-mêmes, à l'exception de Larue-Langlois qui est représenté par Me Bernard Mergler.

Michel Chartrand ouvre le défilé. Il porte une chemise bleue au col ouvert et semble très détendu. En ouverture, voyant que c'est le juge Roger Ouimet qui préside le procès, il présente une requête pour le récuser, invoquant la *Déclaration des droits de l'homme*, qui stipule que tout accusé a le droit strict à une audition impartiale de sa cause [4]. Chartrand évoque ensuite la cause « Drybones » concernant un Amérindien du même nom (il avait bien préparé son dossier). Il s'associe à celui-ci, concluant :

> Et je suis un Indien à face blanche.
>
> — Mais non, de répliquer le juge, vous n'êtes pas un Indien.
>
> — Vous ne savez pas ce que ma mère a fait, lui réplique un Chartrand qui ne veut pas lâcher le morceau. Toute personne a droit à un tribunal indépendant et impartial et nous avons le droit de récuser un juge sans encourir un outrage au tribunal. Les tribunaux sont sujets à critique. Comme démocrate, je tiens à la séparation des pouvoirs judiciaires et exécutifs et je ne tiens pas à ce qu'on saborde la justice et les tribunaux. Dans les circonstances, je veux vous dire que je crois que vous serez mal à l'aise de me laisser juger par vous et je veux faire entendre des témoins pour prouver ce que j'avance... »

Michel développe une nouvelle tactique à laquelle ne s'attendait pas Sa Seigneurie. Il demande lentement, prudemment, poliment au juge de se récuser. Et lorsque le juge Ouimet l'interrompt en disant : « Un instant... » Chartrand feint la crainte de se voir infliger une nouvelle peine pour outrage. Étudiant la requête de Chartrand, le juge Ouimet réfléchit, puis répond :

---

4. L'échange qui suit est tiré des notes sténographiques de la cause 70-6700.

Mais pour cela il faudrait que je témoigne et cela est impossible!

— Ça prouve que ça prend un autre juge, réplique Michel. Que voulez-vous, dit-il, personne n'est impartial…

Dans l'ensemble, Michel Chartrand argumente sérieusement, de façon méthodique, et il semble bien documenté, à tel point que les observateurs sont d'accord pour affirmer qu'ils n'ont pas l'habitude de voir des plaideurs si bien préparés devant les tribunaux. Il fait rire l'assemblée à plusieurs reprises, notamment quand il évoque le régime de privations que lui fait subir son séjour en prison, et plus spécifiquement quand il parle du manque de femmes:

> Avez-vous remarqué, monsieur le juge, comme les jeunes filles préfèrent les hommes d'âge mûr? Je pense que c'est parce que les gars plus âgés y mettent tout leur cœur quand ils font la chose, croyant que ça pourrait bien être la dernière fois.

Il continue d'attaquer poliment le juge Ouimet et, exhibant une coupure de journal devant lui, frondeur, demande:

> Monsieur le juge, dans *La Presse*, on dit que 30 % de la population croit que les juges sont corrompus et que 20 % les croit incompétents. J'comprends pas pourquoi ils n'attrapent pas d'outrage au tribunal!

La cause prend dès lors une autre tournure. Il est clair que les accusés tentent de mettre le juge sur la sellette, au point de lui faire subir son propre procès… Vient alors le tour de Pierre Vallières. C'est un petit malin. Il engage un dialogue, auquel se prête le juge Ouimet. Vallières, tel un serpent, hypnotise sa proie au point de lui faire avouer ses véritables sentiments politiques et son opinion partisane. Le juge Ouimet admettra ainsi qu'il a déjà été très actif dans l'Action libérale nationale[5] pendant les années 1930 et 1940, mais il qualifie ses actions d'« erreurs de jeunesse ». Il admet admirer le premier ministre Trudeau, avoue qu'il est fédéraliste et qu'il entend le demeurer. Vallières tente de le convaincre qu'il ne peut être juge et partie. Le juge Ouimet ne démord pas, il entendra ce procès envers et contre tous.

Robert Lemieux se présente à la barre à son tour ; il reprend lui aussi la demande de récusation, mais il apparaît très tendu. En argumentant sur un point de droit, il semble perdre le contrôle et Michel Chartrand, en bon père de famille qui veille au grain, tire sur sa toge en le forçant à se rasseoir.

Charles Gagnon, sans effet de manches, fait la lecture d'un interminable texte expliquant en long et en large les motifs de sa demande de récusation. Vient le tour de Jacques Larue-Langlois, qui se fait représenter par son avocat, Mᵉ Bernard Mergler, réputé très bon plaideur qui répète à son tour, avec la langue des avocats, la même demande de récusation.

***

Cette deuxième séance des délibérations se terminera sur les paroles d'un juge ébranlé par les propos des cinq accusés :

> Je vais prendre la chose [la demande de récusation] en délibéré et je rendrai jugement jeudi. Je veux rendre un jugement écrit. Je serai obligé d'étudier ça et je crois que j'ai besoin d'au moins une journée et demie pour réfléchir sur tout ce qui a été dit.

---

5. Parti politique formé de partisans politiques provenant du Parti conservateur et du Parti libéral sous Lomer Gouin, dans les années 1930.

Un procès politique

« C'est visiblement un procès politique, mais où les accusés font eux-mêmes le procès du système judiciaire et mettent en cause l'ingérence du pouvoir politique dans le pouvoir judiciaire. » C'est ainsi que s'exprime Mᵉ Nicole Dreyfus, déléguée de l'Association internationale des juristes démocrates, qui ne cache pas sa surprise de voir que les accusés mènent en quelque sorte le débat à leur guise en passant à l'attaque plus souvent qu'ils ne se défendent.

Dans le cadre d'une conférence de presse, la veille du verdict du juge Ouimet, elle signale qu'elle trouve les accusés très adroits et très documentés. Quant à la loi C-181, qui a instauré les mesures de guerre, elle trouve particulièrement « odieux » le caractère de rétroactivité qu'on a conféré à la loi, « renversant ainsi les valeurs les plus fondamentales du système judiciaire britannique ».

La décision du juge tombe, comme prévu, le jeudi suivant :

> Le président d'un tribunal de justice pénale ne doit jamais céder aux pressions venant soit de l'exécutif ou du législatif, soit de l'extérieur, de la part de manifestants, de corps intermédiaires, de médias d'information ou de simples particuliers.
>
> [...] Les accusés n'ont rien à craindre. Ils sauront vite se rendre compte de l'étendue de l'impartialité du juge qui présidera leur procès. Tournons donc la page et procédons sans plus tarder.

Le juge Roger Ouimet a donc décidé de continuer à présider le procès malgré toutes les requêtes de récusation que les accusés lui ont présentées. Les réactions ne se font pas attendre. Pierre Vallières réussit à placer le mot de Cambronne, utilisé par Trudeau s'adressant aux « gars de Lapalme » (« Mangez donc de la marde ! »), tandis que Michel Chartrand y va de quelques tirades bien envoyées.

Le lendemain, Chartrand et compagnie ne sont pas d'humeur à se laisser marcher sur les pieds. À l'ajournement pour le repas du midi, aussitôt que le juge a quitté son banc, plusieurs personnes qui avaient pris place dans l'audience en profitent pour échanger avec les accusés avant que les policiers les ramènent en cellule. Madeleine, qui a du Chartrand dans le nez, est même allée jusqu'à embrasser son père, ce qui ne passe pas inaperçu aux yeux des défenseurs de l'ordre, les procureurs de la couronne. À la reprise de l'audience, Mᵉ Gabriel Lapointe, en bon délateur, signale l'affaire au juge Ouimet :

> Je ne m'objecte pas à ce qu'on apporte aux messieurs accusés les documents dont ils ont besoin, dit-il, mais je pense qu'il serait utile, sur les ordres de la cour, que nous puissions obtenir la liste des stagiaires [allusion à peine transparente à Madeleine, la fille de Chartrand] qui, à tout moment, leur apportent des documents.

Il n'en fallait pas plus pour que Michel Chartrand, déjà pas mal « aiguisé », bondisse sur ses pieds et engueule proprement l'avocat Lapointe :

> On n'a pas besoin d'un pouilleux de ton espèce pour assurer l'ordre dans cette cour. Les jeunes policiers de faction font bien leur travail et vérifient ce qu'ils doivent vérifier. Toi, mon pouilleux, t'es payé 300 $ par jour, mais pas pour jouer les sergents d'armes. J'ai averti la cour que je ne tolérerai pas que la couronne joue avec la loi.

Le juge, excédé, ajourne l'audience. À la reprise, Robert Lemieux tente d'amadouer le tribunal. Il dépose une liste partielle des avocats et des stagiaires qu'il doit consulter. De son côté, Pierre Vallières met de nouveau le feu aux poudres en déclarant qu'à l'occasion il doit consulter… sa fiancée. Et il ajoute : « De toute façon, on nous emmerde inutilement… »

Le juge, qui a beaucoup de difficulté à se contrôler, laisse passer la remarque, mais Vallières en rajoute, provoquant cette fois définitivement la colère du juge : « C'est le mot qu'emploie Trudeau, le grand Canadien qui emmerde tout le monde à commencer par les Québécois. »

Le juge ordonne alors le huis clos et l'évacuation de la salle, sous les protestations de Chartrand : « Si vous voulez procéder à huis clos, vous allez perdre un accusé. Vous allez perdre un joueur. Vous me mettrez dedans si vous voulez, mais je ne procéderai pas ainsi. »

Grâce à ma carte de journaliste à *Québec-Presse* (j'avais prévu le coup), les policiers (qui enragent car ils me connaissent très bien) ne peuvent m'expulser et je conserve le privilège d'assister au procès. Simonne aussi avait prévu le coup et avait en sa possession une carte de presse émise par la Ligue des droits de l'homme.

Lorsque le juge revient et que l'audience reprend, les avocats de la couronne constatent qu'après l'évacuation générale Larue-Langlois (libéré sous caution) manque à l'appel ! Il a suivi les ordres et, trop heureux, a décidé de retourner chez lui. On l'envoie quérir sans plus tarder. Devant ce bordel magnifique, le juge Ouimet remet toutes les représentations au lundi suivant.

De surprise en surprise

Les audiences reprennent le lundi 8 février 1971. À l'ouverture, Michel Chartrand fait amende honorable :

> Nous avons pu avoir, vendredi, des propos qui ont déplu au président du tribunal. Je m'en excuse. Vous portez la toge depuis 16 ans et moi je suis en

manches de chemise depuis 20 ans. Il est normal
que nous ne tenions pas le même langage.

À la suite de cette séance, qui s'est déroulée dans le
plus grand calme, le juge Ouimet décide de lever le huis
clos. Les accusés assagis et le public réadmis, on passe
au véritable débat.

Robert Lemieux plaide le retrait de l'acte d'accusation pour deux motifs : le premier parce que la procla-
mation de la *Loi des mesures de guerre* était illégale ; le
second parce que l'accusation est trop large et ne précise
rien de concret.

En fin d'audience, Vallières, d'une ténacité développ-
pée durant ses années d'incarcération, cite de longs extraits d'un livre de... Pierre Elliott Trudeau :

> Si l'ordre politique et social est pourri, on a le
> devoir d'obéir à sa conscience plutôt qu'à l'autorité
> et si le seul moyen de s'y opposer est la révolution,
> il faut la faire.

Tiens donc ! L'arroseur serait-il arrosé ?

Quelques jours plus tard, le juge Ouimet déclare, à la
surprise générale et à la satisfaction de plusieurs : « Nous
cassons l'acte d'accusation sauf à la poursuite de se
pourvoir s'il y a lieu », ce qui veut dire en clair que l'accusation de conspiration séditieuse ne tient plus et que les
accusés peuvent demander des libérations sous cautionnement. Voilà une décision très attendue s'il en est une !

La poursuite pourra porter une nouvelle accusation,
mais plus particularisée cette fois. Les « Cinq » rempor-
tent leur première victoire, extrêmement importante,
grâce à la guérilla judiciaire qu'ils mènent avec brio
depuis leur incarcération, le 16 octobre 1970, il y a quatre
mois. Le juge Roger Ouimet explique ainsi sa décision :

> Comment les accusés peuvent-ils espérer préparer
> une défense pleine et entière à l'encontre d'un acte
> d'accusation aussi vague et imprécis, surtout si l'on

songe au genre de preuve permise dans le cas d'une accusation de conspiration [...] Comme il n'y a eu aucune enquête préliminaire, on ne peut savoir actuellement ce que la couronne reproche aux accusés et ces derniers sont bien fondés à se prétendre incapables de deviner ce dont on les accuse au cours de cette période de près de trois ans. Le tribunal ne pourrait pas ordonner que l'on fournisse des détails ou ajourner la cause puisque le vice dont est entaché l'acte d'accusation est fondamental et que la continuation de la poursuite en vertu de cet acte d'accusation constituerait une injustice envers les accusés.

Surprise générale, autant chez les accusés que chez les procureurs de la reine ou le public. Une fois le jugement prononcé, Michel Chartrand, sourire aux lèvres, déclare : « Les tribunaux, nous en avons besoin... Des fois, ils rendent de bons jugements. »

Seul, pour l'heure, Jacques Larue-Langlois, déjà nanti d'un cautionnement, peut sortir librement. S'ils le jugent à propos, les procureurs peuvent déposer de nouvelles accusations. Leur porte-parole déclare qu'il veut référer le tout au procureur général, Jérôme Choquette, ministre de la Justice et véritable accusateur.

Sautant sur l'occasion, Michel Chartrand demande au juge Ouimet si le temps qu'il a fait en prison depuis le 16 octobre peut servir d'acompte sur sa condamnation d'outrage au tribunal, car cette cause est aussi en suspens. Il lui faudra, comme ses coaccusés, retourner à Parthenais en attendant de présenter sa demande de libération conditionnelle. On croyait que tout était fini mais... tout continue comme avant ! La justice les tient encore en laisse...

De retour à la prison, Michel Chartrand a les nerfs en boule et il se demande où tout cela va le mener. Il engueule vigoureusement les gardiens, tellement que ces derniers, ne pouvant plus rien pour le calmer, décident de l'isoler au trou pour 48 h… Belle façon de célébrer un acquittement !

Le lundi 15 février, c'est de nouveau la visite des cours de justice. Michel Chartrand obtient (finalement) un premier cautionnement : 1 000 $ (payés par son frère Marius). Michel Chartrand avait réclamé une libération sur parole — et c'est justement ce que l'on ne veut pas reconnaître en lui, un homme de parole ! Mais il doit attendre au lendemain et s'adresser à la cour d'appel pour obtenir du juge Lucien Tremblay, sous cautionnement de 200 $, son élargissement en marge de sa condamnation à un an de prison pour outrage au tribunal que lui avait imposée le juge Roger Ouimet. Une cause n'attend pas l'autre.

Vallières et Gagnon n'ont pas la même chance ! Les procureurs Lapointe et Patteras s'objectent à leur libération et le juge Ouimet prend le tout en délibéré jusqu'au vendredi. Pierres Vallières exprime son désarroi :

> Je voudrais mettre un terme à ma vocation de bouc émissaire et de martyr national du Québec […]. Il n'y a pas eu de discrimination dans les accusations, il ne devrait pas y en avoir au niveau du cautionnement.

Peine perdue…

Retour à la vie familiale et syndicale

Michel Chartrand sort de la prison Parthenais le 17 février 1971, date qui coïncide avec le vingt-neuvième anniversaire de son mariage. Sa fidèle épouse Simonne est à ses côtés. À un journaliste de Radio-Canada qui lui demande ce qu'il va faire maintenant, il répond du tac au tac : « Je vais aller faire l'amour. » Devant l'air ébahi du journaliste, il rajoute : « Dites-moi pas que c'est défendu maintenant ? »

Plus sérieusement, Michel Chartrand souligne par la suite qu'on n'a pas réussi à trouver d'émeutiers parmi toutes les personnes incarcérées depuis le 16 octobre et qu'il ne reste plus qu'une dizaine de détenus encore incarcérés depuis les rafles d'octobre, dont trois Manitobains. Puis, devant une vingtaine de personnes venues assister à sa libération, il précise :

> C'est une vraie farce. Après quatre mois, personne n'a encore été condamné. Malgré toutes leurs recherches, ni la Sûreté du Québec, ni la Sûreté du Canada, ni la Sûreté municipale n'ont réussi à découvrir de révolutionnaires. Pour faire croire à la menace de révolution, on essaie de créer un mythe autour de Vallières et Gagnon. Je trouve ça épouvantable, un pays qui enferme ses artistes, ses penseurs et ses écrivains ou qui les force à s'exiler. C'est un pays de colonels !

***

Depuis la sortie de prison de Michel, on reçoit beaucoup à la résidence familiale des Chartrand. En premier lieu, les enfants, qui n'ont pas beaucoup vu leur père depuis quelque temps... Marie-Andrée et son fils, Picolo (Philippe Emmanuel), en profitent pour passer quelques jours à la maison avec Simonne et Michel. Ce sont les retrouvailles et les boustifailles avec la marmaille.

Pendant une soirée familiale, Marie-Andrée, qu'Alain surnomme « la sorcière », sort son jeu de tarot et se met en frais de tirer les cartes à son père. Marie-Andrée frémit en voyant Michel retourner *La Faucheuse*, carte de la mort, mais les choses en restent là.

Quelques jours plus tard, Michel offre à sa fille d'aller la reconduire à sa fermette de Sainte-Mélanie, dans la région de Joliette. Le temps est mauvais. Les routes sont couvertes d'une glace noire dangereuse et sournoise ! À

Repentigny, la voiture dérape, Michel perd le contrôle et son automobile en emboutit une autre. Le choc est violent.

La tête de Marie-Andrée percute le pare-brise tandis que Michel est blessé à un genou. Après les premiers soins reçus à l'hôpital Le Gardeur à Repentigny, Marie-Andrée, le visage tuméfié, et Michel reconduisent en ambulance le petit à l'hôpital Sainte-Justine. Heureusement, là non plus les conséquences ne sont pas tragiques : Picolo a une double fracture à la jambe droite. *La Faucheuse*… n'était pas loin.

***

Quand Michel revient au syndicat, il a retrouvé toute sa fougue et il ne mâche pas ses mots :

> Au début vous vous êtes dit… il est innocent… il n'a jamais été membre du FLQ… puis, au fur et à mesure que le temps passait, vous pensiez : « Il est peut-être coupable… tu sais comment il est… » Puis à la fin… j'étais coupable ! C'est-ti ça ou c'est-ti pas ça que vous pensiez ?

Michel Chartrand, président du Conseil central des syndicats nationaux de Montréal, est de retour au bercail après avoir été kidnappé par la prétendue justice des Trudeau, Choquette, Drapeau et compagnie.

Le 2 mars 1971, à l'assemblée générale statutaire du Conseil central, il y a foule. La petite salle de l'école de Lanaudière est remplie à craquer. Les gens sont d'abord curieux de revoir leur président et de connaître son opinion sur les événements d'Octobre. Ils en auront pour leur argent. Michel Chartrand tiendra le haut du pavé pendant plus d'une heure et demie.

C'est la première assemblée que Chartrand préside depuis sa libération. Ses collègues ex-prisonniers

Me Robert Lemieux et Jacques Larue-Langlois ont tenu à être à ses côtés pour cette assemblée mémorable. Michel, vêtu d'un complet deux pièces, chemise blanche et cravate assortie, affiche toujours sa luxuriante barbe de quatre mois ramenée de ses « vacances » à *Parthenais Beach*.

Dans son allocution d'ouverture, amer, il fait feu de tout bois. Il reproche surtout aux militants d'avoir plongé dans le syndrome de la peur si bien développée et entretenue par les autorités en place. Sur la *Loi des mesures de guerre*, il dit :

> Il y a eu deux gars enlevés, bien sûr ! Mais ça ne fait pas une révolution ça ! Il y a des hold-ups tous les jours, ils ne prennent pas de mesures spéciales. Deux présidents des États-Unis ont été assassinés. Ils n'ont pas fait la loi de l'insurrection. Il y a des villes qui sont saccagées aux États-Unis, pas de loi de l'insurrection... En Irlande, ça se tire dans les rues... pas de loi... La majorité des personnes arrêtées sont des gens qui parlaient ou qui écrivaient, qui voulaient des changements constitutionnels, économiques et sociaux. Il n'y a pas de terroristes qui ont été arrêtés le 16 octobre. Ceux qui ont été arrêtés le 16 octobre, c'était la liste noire de Drapeau et Saulnier. On a arrêté des journalistes, des socialistes, des communistes, des indépendantistes. [...] Où sont-ils, les terroristes au Québec ? Vous en avez vu, vous ? Moi, j'ai été en prison pendant quatre mois et je n'en ai pas vu un seul.

Chartrand réservait quelques commentaires bien sentis (peut-être les plus violents, dans le contexte) à ses collègues du monde syndical et à tous ceux qui ont été victimes du syndrome de la peur :

> Où était le mouvement syndical ? Où étaient les gars qui nous parlent de prendre des fusils tous les jours ? Ils n'avaient pas le cœur de se promener debout. Ils étaient dans les tavernes de l'Est...

Contons-nous pas d'histoires! Ils étaient dans les usines ordinaires et ils s'en allaient chez eux la tête basse... Ils avaient honte de dire qu'ils étaient membres du Conseil central... Ils n'avaient jamais vu Chartrand... J'ai vu ça, la peur, en 1939, pendant la guerre! Quand tout le monde était pourchassé et avait peur de parler dans les tramways et dans les autobus. Parce que j'ai vu ça, ça ne m'énerve plus... Moi, je leur ai dit: « Votre armée, vous pouvez vous la mettre où vous voudrez, je n'y vais pas... » Je suis libre dans mon pays et j'ai parlé tout le temps de la guerre. Ils ont dit: « Il va parler... On va l'enfermer! » Et c'est ça qui est arrivé et ça pourrait arriver demain matin aussi... Si vous ne voulez pas défendre la liberté plus que vous ne l'avez fait dans les derniers quatre mois, inquiétez-vous pas... vous n'irez jamais en prison! Le mouvement syndical est non seulement discipliné, mais facile à bâillonner. On a un maudit bout de chemin à faire au point de vue de la solidarité ouvrière. On a un mouvement d'arrivistes et d'opportunistes et de gars qui paient quatre dollars en cotisation et qui veulent en retirer six dollars par mois. C'est pas sérieux, ça!

Il terminera son allocution par une charge à fond de train contre le système judiciaire, le système capitaliste dans son ensemble et ses institutions:

Eh bien, on ne les respectera pas, ces institutions-là, parce qu'elles ne sont pas respectables. La justice est dégradée, elle se dégrade et dégrade ceux qui l'approchent. On va respecter la liberté et on va respecter les hommes. [...] Moi, pour ma part, je ne changerai pas d'idée là-dessus. La déclaration du FLQ, c'est une petite déclaration qui n'a rien de virulent. C'est des affaires qu'on sait, c'est des affaires qui sont vraies et pour ma part, moi, je suis encore d'accord avec ça et puis, vous autres, vous étiez d'accord avec ça. Et j'imagine que vous devez

encore être d'accord avec ça ! [applaudissements]…
Je pense que c'est contre ça qu'il faut se battre. Il faut
crier à tort ou à raison, il faut crier tout le temps,
parce qu'on est dans le trou, on n'est pas à égalité, il
faut crier plus fort que jamais et plus que jamais, et
leur dire : « Amenez-la, votre prison, on va en
prendre même s'il n'y a pas de femmes ; on sait que
vous n'êtes pas civilisés, que vous voulez nous
torturer, mais on va y aller pareil ». Il n'y a pas
d'autre chose à faire que ça, ou bien on va vivre
comme des robots. […] C'est certain que je ne vivrai
pas à moitié dans mon pays. Il n'y aura jamais assez
de ministres assez puissants, et il n'y aura jamais
assez de police, et ils n'auront jamais assez d'armées
pour nous énerver une deuxième fois. Quand ils en
feront taire 1, il y en aura 10 qui se lèveront pour
parler… On va se battre parce qu'on veut assumer le
pouvoir, parce qu'on est des hommes, et on va se
diriger nous-mêmes comme des hommes libres, et
on va commencer à vivre une démocratie véritable
en détruisant, en mettant de côté et en rejetant la
dictature économique d'où qu'elle vienne.

Toutes les personnes présentes, d'un un seul bloc, se
lèvent et applaudissent à tout rompre Michel Chartrand,
qui n'a rien perdu de sa fougue, de ses convictions et de
son enthousiasme. Bienvenue à la maison, Michel !

***

Michel Chartrand a énormément de rattrapage à
faire. Il doit répondre à tous ceux et celles qui lui ont
exprimé leur sympathie pendant son long congé forcé à
Parthenais. Il y tient.

Je suis impatient de le revoir. Je lui téléphone à
quelques reprises, mais je ne peux jamais obtenir un vrai
rendez-vous. Le temps passe et soudain un grand malheur frappe le clan Chartrand.

CHAPITRE 8

Drame familial

Ce chagrin m'a écrasé. Cette mort accidentelle, je la trouvais injuste, stupide, énorme. J'étais très révoltée. Je ne pouvais, comme on nous l'enseignait au couvent et à l'église, offrir cette épreuve au bon Dieu, « en rémission des péchés ». J'ai prié Marie, mère de Jésus crucifié, elle pouvait bien comprendre ma souffrance.

Extrait du journal intime de Simonne Monet-Chartrand, 16 mars 1971

La nouvelle est tombée comme un couperet : la fille de Michel et Simonne, Marie-Andrée, est morte à la suite de ce qui ressemble à un bête accident. Bête, absurde et idiot, et d'autant plus révoltant.

Dès que Michel m'apprend la mort de sa fille, j'accours auprès de la famille à Richelieu. Nous sommes le 3 mars 1971. Avant de partir, je téléphone à notre grande amie Colette Legendre, l'informe du drame et lui demande de venir me prendre au bureau du Conseil central. Entre-temps, je loue une voiture, que nous remettrons à Michel afin qu'il puisse se déplacer car la sienne est encore au garage à la suite de son accident de la route, la semaine précédente, avec Marie-Andrée et Picolo.

Une neige abondante commence de tomber. Quand nous arrivons au domicile des Chartrand, Michel semble assez calme et il essaie de consoler Simonne, qui vient tout juste d'arriver de son travail. Après avoir offert nos condoléances et tenté de réconforter les deux malheureux parents, je m'attelle à la tâche.

J'appelle tous les chefs de pupitre de tous les médias, radio, télévision et journaux. Je tiens à ce qu'il soit bien clair qu'il s'agit d'un accident, bête et irréfléchi, et seulement d'un accident. Pas question de tomber dans le style *Allô Police*.

Voici ce qui s'est passé. Depuis que Marie-Andrée a été blessée, le 24 février, en compagnie de Michel, dans l'accident d'automobile que l'on sait, elle souffre de violentes migraines. Ce jour-là, elle est à Sainte-Mélanie, dans la fermette qu'elle habite avec son conjoint Jean-Pierre Cantin dit Isis, son fils de six ans, Philippe Emmanuel dit Picolo, sa sœur Madeleine et Marc-André Beaudin, un ami. Après le petit-déjeuner, Marie-Andrée se plaint de violents maux de tête et elle dit à Isis, en blaguant : « J'ai tellement mal à la tête que tu devrais me faire ce que tu as fait à la chatte dernièrement ».

Isis prend alors la carabine 303 qui est demeurée dans le placard, la pointe sur la tête de Marie-Andrée et, pour continuer dans l'esprit de la blague de sa compagne, tire sur la gâchette et… le coup part. Une balle était demeurée dans l'arme. Marie-Andrée s'effondre sur le plancher, morte sur le coup.

Voilà l'histoire. Bête à pleurer. Aux journalistes, je dois répéter : morte accidentellement. *La Faucheuse* vient de passer, pour vrai cette fois. Marie-Andrée l'avait vue, hélas ! et c'est sur elle qu'elle s'est abattue.

Deux jours avant le drame, Alain Chartrand, le frère de Marie-Andrée, est à Sainte-Mélanie avec la double intention de saluer sa sœur, son neveu Picolo et son meilleur ami, Jean-Pierre Cantin (Isis), et aussi de tourner quelques scènes d'un moyen-métrage de son cru intitulé *Isis au 8*. Pour une des scènes, il a besoin qu'on enregistre le bruit d'une détonation d'arme à feu. Isis a justement une vieille carabine de calibre 303 qu'il s'est procurée dans un magasin de surplus de l'armée. Il s'en est servi la veille pour abattre une vieille chatte afin de la libérer de ses souffrances. Il reprend la même arme et tire quelques coups en l'air pendant que le responsable du son enregistre les détonations. Par la suite, Isis remet l'arme dans le placard de la cuisine et Alain s'en va.

La journée du drame, Isis s'est levé tôt pour faire du feu dans le poêle à bois. Un peu plus tard, les amis prennent leur petit-déjeuner ensemble. On connaît la suite : Marie-Andrée, sous les yeux de sa sœur Madeleine, s'étend de tout son long, tuée sur le coup.

C'est la stupéfaction, la confusion, l'horreur. Madeleine monte à l'étage pour rassurer Picolo. On ne veut pas qu'il voie sa mère étendue dans une mare de sang sur le plancher de la cuisine. Madeleine redescend pour recouvrir sa sœur d'une couverture.

Isis regarde la carabine Enfield 303 près de lui, à terre. Il voudrait la prendre et aller rejoindre sa douce. Madeleine demande à Marc-André d'aller cacher l'arme — ce qu'il fait en allant la remiser dans la niche du chien. On retient Isis, qui, de désespoir, tente de mettre le feu à la cuisine.

Il n'y a pas de téléphone dans la maison, alors tous montent dans la camionnette d'Isis et se rendent au village voisin, Sainte-Béatrice, chez un ami, Gilles Desrochers. Ce dernier est absent et c'est Henri Hébert, un ami d'Isis, qui les reçoit. Il accompagne son ami pour prévenir les policiers.

De retour au 8e rang à Sainte-Mélanie, Isis dira aux policiers :

— Nous voulions juste faire une farce ; elle me regardait en souriant. Je ne pensais pas que la carabine était chargée. C'est un accident…

Les policiers n'ont pas le choix, ils arrêtent Cantin et le mettent en cellule, au poste de la Sûreté du Québec, à Joliette.

Alain Chartrand travaille à ce moment-là dans le village historique de Chambly à la réalisation d'une série télé pour Radio-Canada intitulée *La Feuille d'érable*, dans laquelle il agit comme deuxième assistant caméra-man.

La nouvelle s'est répandue comme une traînée de poudre, jusque sur le plateau de tournage. La femme du comédien Jacques Godin, Julie Grundy, maquilleuse, vient voir Alain et lui demande d'avaler une capsule avec un verre d'eau. C'est du valium.

Marc-André Beaudin, l'ami qui a assisté au drame, est en route vers Chambly. Personne chez les Chartrand n'est encore au courant de quoi que ce soit et il faudra charger Alain d'aller avertir son père, qui demeure juste en face, de l'autre côté de la rivière Richelieu. Marc-André, qui conduit l'automobile, ramasse Alain, qui est poussé littéralement dans l'auto par Julie Grundy. Alain obéit tout en se demandant ce qui se passe.

« Où allons-nous ? Que se passe-t-il ?

— Ta sœur Marie est morte. »

Le choc est terrible pour Alain. Marc-André lui raconte l'accident. Non seulement était-il particulière-ment proche de sa sœur, mais Isis est son meilleur ami. Et Alain doit aller apprendre la nouvelle à son père. Une autre épreuve.

Après avoir accusé le coup, Michel Chartrand réa-gira avec un grand sang-froid : « Je vais téléphoner à mon ami Gaétan Robert [avocat] afin qu'il aille avec toi à Joliette pour faire les démarches nécessaires. Je reste à la maison pour annoncer la nouvelle à ta mère», dit-il à Alain, qui raconte la suite :

> C'était le 3 mars 1971, la journée de la plus grosse tempête de neige que nous ayons connue. Je suis arrivé à la maison à Sainte-Mélanie… c'était sinistre ! Il fallait que je ramène Madeleine à Montréal mais, juste avant, je me suis arrêté au poste de police de Joliette pour voir Isis. En le voyant venir vers moi, j'étais partagé entre le désir de le battre et celui de le consoler. Je l'ai serré dans mes bras et nous avons pleuré… Le soir même, j'ai dû aller à la morgue afin d'identifier le corps de ma sœur. Elle portait une chemise de laine à carreaux. Je n'ai pas voulu voir son visage… On me demande : « La reconnaissez-vous ? » J'aurais voulu crier : « Non, c'est pas ma sœur, non, c'est pas elle ! » J'ai dit oui et j'ai signé le document.

***

Il est tombé plus de deux pieds de neige dans la grande région de Montréal. Dans les rues, on ne circule plus qu'en motoneige, en skis de randonnée, en raquettes, on se débrouille comme on peut. Tous les commerces sont fermés, à l'exception de quelques petites épiceries.

Depuis Richelieu, chez les Chartrand, nous regagnons la métropole de peine et de misère. Même le médecin légiste est dans l'impossibilité de se rendre à la morgue.

Marie est exposée dans la maison ayant appartenu à Simonne, qui l'a héritée de sa mère Berthe, à Longueuil. La famille Chartrand y a déjà vécu. Par la suite, Alain y a installé sa commune, dont faisaient partie Marie-Andrée, Isis et Picolo, avant qu'ils aillent vivre à Sainte-Mélanie.

Les funérailles auront lieu le samedi 6 mars 1971, en l'église Saint-Pierre-Apôtre à Longueuil. Simonne et Michel se sont un instant demandé si Marie aurait accepté ou non des funérailles à l'église. Ils ont conclu que Marie n'a jamais dit qu'elle ne croyait pas.

Plus de 200 personnes assistent aux funérailles alors que les chemins et les routes ne sont pas encore complètement dégagés.

Michel Chartrand prononce l'homélie. Je ne sais quelle force l'habite à ce moment précis mais, droit comme un chêne, il s'avance et, sans broncher, sans verser une larme, sans trémolo dans la voix, il rend hommage à sa fille et à la jeune génération. Il parle sans notes et sans texte et s'adresse à l'assistance[1] :

> Notre fille Marie nous a quittés en pleine jeunesse, mais elle a accompli son destin. Certains mettent beaucoup d'années à se réaliser, d'autres trouvent rapidement leur voie et laissent en peu de temps un sillage qui marque à jamais tout leur entourage. Le passage de Marie sur cette Terre a été fécond pour tous ceux qui l'ont connue. Elle avait atteint la quiétude de l'âme et trouvé le sens de sa vie. C'est à nous maintenant de respecter sa mémoire en ouvrant comme elle nos cœurs à la paix et à l'amour.

Plus tard, Simonne écrira dans son journal intime :

> Marie, le sais-tu ? À la fin de la cérémonie funèbre, ton père s'est rendu dans la nef de l'église et spontanément il a communiqué à l'assistance sa vision d'une espérance en la jeunesse, en la vie éternelle. Ce témoignage valut, pour moi et tes frères et sœurs, toutes les homélies de circonstance. La vie, ma vie va triompher de l'absurdité de ta mort, ma

---

1. Extrait de la série télévisée *Simonne et Chartrand*. Scénario : Diane Cailhier, réalisation : Alain Chartrand, 2003.

très chère Marie. Je m'en porte garante sur la tête des six ans de Philippe, notre Picolo.

Madeleine, qui était sur les lieux du drame, répétait à qui voulait bien l'entendre: «La veille de sa mort, Marie m'a dit que s'il lui arrivait quelque chose, la famille ne devrait pas trop s'attrister parce que sa vie a été heureuse…» Ce témoignage, qu'elle confiera à sa mère, sera pour celle-ci un véritable baume sur son cœur meurtri.

À cause de la tempête de neige, Marie ne pourra être inhumée que le mardi suivant au cimetière Saint-Antoine-de-Padoue, à Longueuil. Simonne ira la rejoindre 24 ans plus tard.

***

L'enquête du coroner Jacques Laporte sur la mort de Marie-Andrée Chartrand tiendra Jean-Pierre Cantin responsable de négligence criminelle. «J'ai tué celle que j'aimais», a déclaré Cantin à un policier chargé de recueillir sa déposition le soir du drame. Il sera accusé d'homicide involontaire.

Au procès, Simonne et Madeleine affirment avec force que ce n'était qu'un accident. Simonne tentera de rejoindre Cantin pour lui manifester sa confiance et son amitié. Le juge condamnera Jean-Pierre Cantin dit Isis à une peine de six ans de prison.

Jean-Pierre Cantin est mort accidentellement il y a quelques années pendant une excursion de canotage sur une rivière de l'Amazonie au Brésil.

Philippe Emmanuel Chartrand dit Picolo habite pendant quelque temps chez ses grands-parents à Richelieu. Quand, un jour, ils lui font remarquer qu'il ne parle jamais de sa mère, l'enfant répond:

Maman, ma maman Marie, elle est toujours dans ma tête… mais je ne veux pas en parler, ça me fait trop de peine. Je pense à elle... je l'aimerai toujours... mais je ne veux pas en parler ! Si tu veux, grand-papa, on n'en parlera plus.

Philippe Emmanuel Chartrand est aujourd'hui informaticien à l'Office national du film à Montréal, il est aussi le père d'un garçon, Loup, né le 20 juin 1994, et d'une petite Haïtienne que lui et sa compagne ont adoptée et appelée Marie...

CHAPITRE 9

La grève, l'arme ultime

> Le mouvement syndical est né dans l'illégalité, il a grandi dans l'illégalité et il devra continuer de vivre en marge de la légalité qui favorise une minorité au détriment d'une majorité.
> MICHEL CHARTRAND,
> 22 avril 1972

Manifestation et répression

Tous les employés du journal *La Presse*, propriété de Power Corporation, sont en lock-out depuis plusieurs semaines. Ces employés sont syndiqués à la FTQ et à la CSN. Les dirigeants des centrales, afin d'appuyer les grévistes, décident d'organiser une manifestation majeure. Le comité d'organisation suggère un parcours : départ du square Saint-Louis, sur la rue Saint-Denis, pour se rendre jusqu'à *La Presse*, rue Saint-Antoine dans le Vieux-Montréal. La police va sûrement nous attendre quelque part et nous barrer la route. Ça sent la souricière, mais rien à faire, c'est le parcours qui nous a été assigné, avec la « collaboration » de la police !

Les militants de la FTQ semblent beaucoup plus nombreux que dans les manifestations précédentes. Les présidents des trois centrales, CEQ, CSN et FTQ, soit Yvon Charbonneau, Marcel Pepin et Louis Laberge, ouvrent la marche. Les 15 000 personnes qui forment le cortège sont de bonne humeur et scandent des slogans anti-lock-out.

Le plan de Laberge est simple, presque trop simple. Arrivés devant l'immeuble de *La Presse*, si les policiers bloquent l'accès, les trois chefs syndicaux sauteront la clôture et se laisseront arrêter. Ils marqueront ainsi une victoire symbolique. Du moins l'espéraient-ils…

Tout se déroule comme Laberge l'avait prévu et, devant les premières barricades policières, celui-ci explique aux manifestants ses intentions. Au moment où Charbonneau, le premier, enjambe la barrière, les premiers coups de matraque s'abattent! Charbonneau en perd ses lunettes et il s'écroule sur le pavé. Les policiers n'ont pas perdu de temps et les trois chefs qui enjambent la clôture sont accueillis par une volée de coups de matraque. Laberge rebrousse chemin. C'est le début d'une échauffourée mémorable, pour ne pas dire d'un massacre en bonne et due forme.

Au moins 500 manifestants réussissent à soulever, à renverser et à démantibuler les barricades d'acier. Au même moment, une camionnette, aux couleurs du drapeau des Patriotes, vert, blanc et rouge, sortie de nulle part, fonce sur ce qui reste des barrières et sur les policiers qui sont derrière. Laberge, dans un geste de désespoir, monte sur la camionnette et tente tant bien que mal d'apaiser les manifestants. Rien à faire, personne n'entend quoi que ce soit. Des « pétards » explosent ici et là et les manifestants crient toutes sortes de slogans!

Près de 3 000 personnes sont massées devant les barricades tandis que 12 000 autres attendent derrière. C'est à ce moment que les policiers décident de charger les manifestants. Rapidement, ceux-ci sont brutalement refoulés vers le square Viger, à l'angle des rues Saint-

Denis et Saint-Antoine. Les policiers frappent sur tout ce qui bouge. Les gens courent de tous bords tous côtés, c'est la cohue générale.

Devant l'immeuble de la CSN, angle Viger et Saint-Denis, où sont situés les bureaux du Conseil central, Raymond Parent, le Secrétaire général de la CSN, sur les marches, gesticule comme un désespéré, empêchant à lui seul les policiers de pénétrer à l'intérieur. « Vous êtes sur une propriété privée, vous n'avez pas le droit d'entrer », crie-t-il à pleins poumons à des policiers casqués, matraque à la main, visiblement enragés. Par un curieux miracle, les policiers s'en retournent et vont poursuivre ailleurs leur jeu de massacre.

Bientôt, les blessés affluent de partout, dont Jacques Bourdouxhe, vice-président au Conseil central, qui saigne abondamment d'une blessure à la tête. Les bureaux du Conseil central sont transformés en infirmerie. Ça saigne et ça souffre, c'est l'état d'urgence… Certains cas nécessitent des soins médicaux plus spécialisés. On recycle nos tables de réunion en civières sur lesquelles on transporte les blessés les plus graves, qui prendront le chemin des urgences de l'hôpital Saint-Luc, heureusement situé à deux coins de rue.

Nous apprenons plus tard dans la nuit qu'une femme est morte dans la manifestation. Il s'agit de Michèle Gosselin-Gauthier, une militante qui n'en était pas à sa première manif. Souffrant d'asthme, elle a eu le malheur de se faire coincer entre la foule et la meute des policiers qui chargeaient comme des abrutis. La journaliste Adèle Lauzon est à ses côtés. Lorsqu'elle s'écroule sous le poids de la foule, Adèle se porte immédiatement à son secours. On la transporte d'abord à l'hôpital de la Miséricorde, mais comme l'institution ne possède pas d'appareils spécialisés pour les cas respiratoires on doit la conduire à l'urgence de Saint-Luc. Trop tard ; à son arrivée, elle est déjà morte.

Le lendemain, Michel Chartrand, qui était au milieu de la manifestation, s'élève avec indignation contre l'attitude des policiers matraqueurs :

> J'ai rarement assisté à une telle démonstration non seulement de brutalité, mais aussi de lâcheté de la part de la police. Des gens absolument paisibles ont été roués de coups sans la moindre raison, d'autres ont été frappés sournoisement. Que les fascistes de l'administration municipale prennent garde car un jour la patience aura des limites et les manifestants emploieront alors autre chose que leurs poings ou des tire-pois.

Le président de la FTQ, Louis Laberge, a été durement affecté par les incidents, d'autant plus qu'un de ses fils a été matraqué par les policiers. Il avait souhaité voir les syndiqués unis devenir les héros d'une manifestation dirigée dans le calme et la dignité. Secoué par les événements, il récupère dans le silence et l'isolement.

Yvon Charbonneau émet le commentaire suivant :

> Nous avons été attaqués par-derrière par des sadiques à gages qui n'ont aucun intérêt commun avec les travailleurs et contribuent à maintenir le régime Drapeau en place. Nous avons été pris dans une véritable souricière et pourtant nous avions la certitude d'avoir participé à l'organisation d'une manifestation sereine et somme toute magnifique. En descendant dans la rue, nous n'avions aucune intention malicieuse. Nous voulions seulement appuyer les travailleurs de *La Presse*. Mais les policiers nous ont foncé dessus et ne nous ont pas permis de continuer à manifester dans l'ordre.

Marcel Pepin ajoute :

> Tous les événements survenus vendredi soir ont été provoqués par le maire Jean Drapeau et sa clique. Si les policiers nous avaient laissés nous rendre à *La*

Presse, a-t-il déclaré, il ne se serait rien passé. Tout ce qui est arrivé est dû en grande partie à la provocation du maire Drapeau.

Le Forum aux travailleurs

Le lendemain du massacre, Michel Chartrand croit qu'il faut réagir rapidement et faire la démonstration de notre force. « Il faut garder la tête haute et répondre à cet affront », croit-il, et pour cela il entend organiser la prochaine assemblée générale du Conseil central au Forum de Montréal.

Michel a déjà approché la direction du Forum, qui est prête à louer les lieux pour « pas cher ». Pepin ne semble pas très chaud à l'idée, mais Charbonneau et Laberge sont prêts, eux, à s'impliquer.

La machine publicitaire se met rapidement en branle, avec l'aide des nombreux bénévoles sur lesquels on peut compter. En moins de temps qu'il faut pour le dire, les principaux intéressés sont rejoints pour faire de cet événement un rassemblement historique.

Le soir venu, une foule record (pour une assemblée syndicale) envahit le Forum. Michel Chartrand, en grande forme, arborant sa désormais historique chemise rouge, s'adresse aux 15 000 personnes qui ont répondu à l'appel du Conseil central de Montréal. Il commence son discours en proposant une minute de silence à la mémoire de tous « ceux qui sont morts en luttant pour la classe ouvrière », puis rappelle, dans une belle envolée lyrique, les luttes syndicales :

> Depuis les tisserands de 1837 en France, les Canuts, les travailleurs des mines de charbon en Angleterre... toute l'histoire de l'industrialisation est pavée de cadavres de femmes, d'enfants et de travailleurs... et ça continue comme ça encore de nos jours.

Cette soirée de solidarité est indéniablement un franc succès. Marcel Pepin a tenu à s'excuser, par lettre, de son absence... Il est pris ailleurs, écrit-il. En fait, il croyait que Chartrand et son Conseil central allaient se casser la gueule, Mais, ô surprise, nous sommes plus de 15 000 personnes à avoir répondu à l'appel. Pas mal pour une assemblée générale statutaire régulière du Conseil central de Montréal.

L'accueil réservé au président de la CEQ, Yvon Charbonneau, est sensationnel. Les murs du Forum vibrent pendant longtemps. Il est accueilli par un tonnerre d'acclamations quand il fait son entrée accompagné d'une importante délégation, venue, tout comme lui, de Québec. Le président Jacques Morin et ses 800 pompiers déclenchent aussi les applaudissements de la foule.

Sur l'estrade d'honneur, ils sont nombreux, les syndicalistes, les journalistes et militants de mouvements progressistes, mais — à l'exception des membres du comité exécutif du Conseil central de Montréal — aucun membre de l'exécutif de la CSN n'a cru bon de se présenter au *meeting*.

Pendant ce temps, à l'extérieur, environ 900 policiers casqués et armés de matraques attendent, entassés dans des autobus, le moment d'intervenir... à la moindre alerte. C'est curieux comme ils peuvent être là (et en grand nombre) quand... on n'a pas besoin d'eux.

La station de radio CKAC a cru bon d'envoyer un reporter qui retransmet en direct ce qui se passe au Forum. Michel Chartrand rendra hommage à Michèle Gosselin-Gauthier, morte pendant la manifestation, étouffée dans la charge policière.

L'enthousiasme ne cesse de croître au fur et à mesure que les orateurs se succèdent sur la scène dressée en plein centre de la patinoire. Frank Diterlizzi, le chef des « gars de Lapalme », est accueilli par une longue ovation de plus de cinq minutes.

Le discours de Louis Laberge est très attendu. Encore sous le choc, il martèle :

> Le ministre du Travail Jean Cournoyer intervient rapidement quand les gars ont un fusil et que les membres du cabinet pissent dans leurs culottes. Il n'est pas aussi habile quand il s'agit des pompiers qui n'ont pas de revolver. Nous ne voulons pas casser de vitres, mais nous voulons casser le régime. Nous ne ferons pas le jeu des matraqueurs. Nous voulions faire savoir à ceux qui sont au pouvoir que nous sommes écœurés. Cette première victime (Michèle Gosselin-Gauthier) sera probablement suivie d'autres, mais elles ne seront pas toutes de notre bord.

Je m'en voudrais de ne pas rapporter cette petite perle de Michel Chartrand, à la fin de son discours :

> De l'autre côté de la rue, c'est Westmount. Si on a de la misère avec la police de Montréal, on ira se faire protéger par la RCMP. On s'est fait mordre par des chiens... on ira voir la chienne... Mes excuses aux chiens.

Il demande aussi aux militants de ne pas jouer le jeu de la police :

> Il ne faut pas s'amuser dans des guérillas qui ne sont pas organisées, mais nous allons poursuivre nos actions dans les semaines et les mois à venir pour coordonner davantage nos forces, pour bâtir la solidarité dont nous commençons de sentir le besoin sérieusement.

Se référant à la chanson interprétée par Jacques Michel, il annonce qu'un « nouveau jour va se lever », avant de conclure :

> Il y a une façon d'enfoncer le mur de la finance, c'est de se tenir tous ensemble, syndiqués ou non syndiqués, salariés ou chômeurs. Il n'y a pas d'autre solution à nos problèmes que de nous tenir

ensemble jour après jour, semaine après semaine…» L'assemblée se termine dans le calme et
la bonne humeur.

Aucun incident n'est signalé, aucun carreau n'est
brisé. Comme le dit Chartrand, «c'est quand la police
intervient qu'il a du grabuge».

La Liberté ne n'achète pas

Rappel: le 8 janvier 1971, alors que Michel
Chartrand est incarcéré à *Parthenais Beach,* en vertu de la
Loi des mesures de guerre, il comparaît devant le juge
Roger Ouimet pour lui demander de se récuser. S'ensuit
une condamnation à une année de prison pour outrage
au tribunal. Évidemment Michel a porté cette décision
en cour d'appel. Et le nouveau jugement tombe le 21 décembre de la même année. Les juges décident de modi-
fier la sentence en 1 mois de prison ou 1 000 $ d'amende.
Un groupe de sympathisants avec à sa tête le trésorier
du MDPPQ, le Dr Serge Mongeau, amasse des dons afin
d'éviter la prison à Michel Chartrand.

De plus, souvenons-nous que Michel a déjà purgé
une peine d'un mois et huit jours exactement après la
condamnation pour outrage. Il estime avoir payé sa
dette. Même prétend-il, qu'il aurait droit à un rem-
boursement, à un crédit de huit jours que l'on pourrait
appliquer à sa vieille cause qui traîne depuis… 1956.

En assemblée générale du Conseil central, le Dr Mongeau remet à Michel un chèque de 1 000 $. Chartrand,
c'est Chartrand. Il prend le chèque, mais il apporte certaines nuances:

> Je remercie le MDPPQ, tous les membres du comité
> du fonds et tous ceux qui ont souscrit généreuse-
> ment pour m'éviter d'aller faire un mois de prison.

Seulement j'en ai fait quatre pour rien que le gouvernement me doit. Il y a même un juge, le juge Montgomery, qui dit que j'étais détenu, il m'a dit ça en anglais, il sait que je suis bilingue. Lui, il est un Anglais dans la province de Québec alors nous autres, on est supposés de comprendre ça en anglais :

« *The decision to intern him was an administrative one and neither the judge whom he insulted nor any other the member of the bench had any responsabilities for this.* »

Ma liberté, je ne l'achèterai pas.

Ça date du Moyen Âge, ça date de la seigneurie qu'un gars puisse acheter sa liberté.

Moi, je ne l'achèterai pas ma liberté avec l'argent des gens.

La liberté ça ne s'achète pas, c'est un droit fondamental et il n'y a personne qui peut nous l'enlever sauf ceux qui ont la force pour nous l'enlever, la force brutale.

Alors je vais faire mon mois.

Et je vais remettre le chèque à Madame Meloche, la femme de Vincent Meloche qui a abattu trois dirigeants de la Dupont. Elle en a besoin. C'est à elle que je remets l'argent. Si la compagnie Dupont n'était pas la compagnie la plus antisyndicale de l'Amérique du Nord, peut-être que ses administrateurs ne se feraient pas tirer. Pensez à Madame Meloche et aux autres femmes dont les maris sont en prison. Les femmes ne sont pas responsables de ce que font leur mari. Madame Meloche n'était pas responsable de ce que son mari faisait et puis quand son mari a décidé de se faire justice, il n'a peut-être pas demandé la permission. Elle n'a pas d'affaire à souffrir pour ça.

Je vais aller faire mon mois. La prison, c'est pas faite pour les chiens.

Greenfield Park

D'un seul bloc, les délégués se lèvent et applaudissent à tout rompre un homme libre, Michel Chartrand, le président du Conseil central de Montréal.

Bordeaux Beach

Finalement, mercredi matin, le 19 janvier 1972, Michel Chartrand, en compagnie de son épouse Simonne et d'un groupe de militants, se rend à *Parthenais Beach* pour se livrer à la justice.

Une batterie de photographes et de journalistes l'attendent. Il dit:

> Je n'ai pas 1000 $ alors je viens faire mon mois. Les juges disent aux gens: Si vous êtes riches, vous pouvez acheter votre temps, mais si vous êtes un maudit pauvre alors vous allez en prison.

À la prison de Montréal, plus familièrement appelée Bordeaux, il fréquente assidûment la bibliothèque. Il se lie d'amitié avec le responsable, Jean-Marie Gélinas, le futur responsable du Comité Israël-Palestine, et c'est le même Gélinas qui deviendra un des principaux organisateurs d'une grève surprise à la prison.

Cinq jours après son entrée à *Bordeaux Beach*, j'ai la permission d'aller visiter mon président. Pour les visiteurs, la mise en scène et le scénario sont de loin beaucoup plus troublants que les visites à *Parthenais Beach*.

Le samedi 29 janvier, 10 jours après son entrée, Michel Chartrand est autorisé, pour des activités syndicales, à quitter la prison pour une seule journée. Le lendemain, 30 janvier, les agents de la paix (gardiens) décident d'« occuper » la prison.

Le 3 février (25 jours après l'incarcération de Michel), les gardiens décident de faire la grève et désertent la prison. Les policiers de la Sûreté du Québec doivent prendre la relève. Le lendemain, Michel est libéré temporairement pour assister à une enquête du coroner sur la mort d'un travailleur qui s'est fait tuer au travail. Pendant sa période d'incarcération, Michel devient conseiller spécial auprès des agents de la paix, aux côtés du conseiller syndical officiel Noël Lacas.

Le 6 février, il n'a pas fini de purger sa peine, mais un porte-parole du directeur de la prison lui annonce qu'il doit quitter les lieux parce que la direction a des problèmes avec ses gardiens.

Le lendemain, à l'invitation de ses geôliers, il va rejoindre, à Drummondville, les 2000 gardiens qui arrivent de tous les coins du Québec. Il leur adresse des paroles d'encouragement et, le 15 du même mois, il les accompagne à une manifestation d'appui devant l'institut Pinel, un centre de soins psychiatriques aux détenus.

Le Front commun ou l'affrontement général

Afin de saluer l'année 1972 qui approche, le Conseil central se demande, dans les pages de *Québec-Presse*, ce que l'année 1972 réservera aux travailleurs, après les accusations de sédition en 1969, les arrestations massives en 1970 et les matraquages en règle en 1971.

La création d'un front commun par les trois centrales syndicales CSN-FTQ-CEQ, le 28 décembre 1971, marque sûrement un tournant historique. Le principal enjeu de ce front commun, c'est l'établissement d'un salaire minimum de 100 $ par semaine. Cette revendication touche 210 000 personnes, employées de la fonction publique ou parapublique.

Dans la foulée du front commun et des revendications syndicales, Michel Chartrand entend regrouper tous les représentants de la classe ouvrière à Montréal et développer un rapport de force favorable en prévision des prochaines négociations dans les services publics. Il fonde à cet effet le Comité régional intersyndical de la région de Montréal (CRIM), représenté par André Messier, délégué du Conseil du travail de Montréal (FTQ) ; de Jean Fournier, de l'Alliance des professeurs de Montréal (CEQ) ; et de moi-même, du Conseil central de Montréal (CSN).

Pour faire avancer les négociations du secteur public et parapublic, plusieurs grands rassemblements sont organisés à travers tout le Québec. Le 7 mars 1972, à Montréal, avec l'aide du CRIM, une assemblée des membres du secteur public rassemble au Forum (c'est devenu une habitude) un grand nombre de travailleurs. La grève sera ensuite votée de façon massive et majoritaire. Entre 80 % et 85 % des 210 000 employés de la fonction publique se sont prévalus de leur droit de vote.

C'est sous le thème « Nous, le monde ordinaire ! » que les employés déclencheront la grève.

Grève générale

La première journée de grève générale doit être déclenchée le 23 mars. Elle sera cependant reportée d'un jour, « pour des raisons humanitaires », à cause de la tempête de neige qui sévit. L'état d'urgence est déclaré dans tout le Québec. Les syndiqués, faisant preuve d'humanisme, décident de remettre à plus tard leur grève générale. La population ne doit pas être victime de cette grève et les syndicats manifestent ainsi leur bonne foi.

Le lendemain, 24 mars 1972, la grève est finalement déclenchée. C'est une journée historique pour le monde syndical au Québec : il s'agit de la première grève générale des 210 000 membres du front commun CSN-FTQ-CEQ des services publics et parapublics. Il s'agit en fait d'un ballon d'essai car la grève ne doit durer que 24 heures.

Pour des raisons stratégiques (et parce qu'on y sous-estime la force du mouvement), l'Assemblée nationale, autant chez les libéraux que chez les péquistes, se met d'accord pour ne pas exiger de débat d'urgence. Rien ne presse pour l'instant.

Les autorités en place passent tout de même à l'attaque. On demande, dans plusieurs cas, des injonctions et les tribunaux bienveillants vont les accorder. Dès le 13 avril, 10 hôpitaux sont touchés par des injonctions ordonnant le retour au travail et 8 représentants syndicaux sont accusés d'outrage au tribunal. Le ministre de la Justice, Jérôme Choquette, menace ces personnes d'amendes pouvant atteindre 50 000 $ et de peines de prison d'un an. Cette fois, ça semble sérieux.

Malgré ces menaces et le vent de panique alimenté par certains médias, les infirmières et infirmiers de l'hôpital Saint-Jean-de-Dieu (Hyppolyte-Lafontaine) décident de défier les injonctions tout en assurant les services essentiels.

Au congrès annuel du Conseil central, du 13 au 16 avril, les délégués, dont plusieurs sont touchés par le conflit dans la fonction publique et parapublique, discutent de solutions à long terme pour la classe ouvrière. Les congressistes arrivent à la conclusion que la seule véritable démocratie ne peut se trouver que dans la destruction du système capitaliste et dans l'instauration d'un régime socialiste. Ils adoptent à la quasi-unanimité une résolution affirmant que le salut des travailleurs passe par l'indépendance nationale « ... qui donnera aux travailleurs québécois une patrie qu'ils pourront libérer de toute exploitation et de toute domination ». Les délégués, gonflés à bloc, quittent ce congrès plus déterminés que jamais à se faire entendre du gouvernement.

Négociation ou répression ?

Le gouvernement aime faire les choses à l'envers, dirait-on. Il inflige des peines avant d'entreprendre des négociations. Il fait déposer à l'Assemblée nationale son projet de loi 19 ordonnant le retour au travail immédiat des 210 000 travailleurs. Le feu est pris... et, pour l'éteindre, il jette de l'huile dessus.

Encore une fois, Montréal relève la tête. Le CRIM organise, le 15 avril, une assemblée d'information au centre Paul-Sauvé. Les syndiqués de la grande région n'ont pas l'intention de courber l'échine. Michel Chartrand insiste afin que tous les travailleurs présents, syndiqués de la fonction publique ou non, fassent montre d'une solidarité nécessaire devant le front uni du patronat et du gouvernement. Déjà, Chartrand prononce les mots *grève générale*.

Le 18 avril, le gouvernement, par la voix du juge Georges Pelletier, sort encore la masse : il condamne 19 représentants syndicaux à des peines sévères (amendes et détention) pour non-respect des injonctions.

Les trois chefs réagissent dans une déclaration on ne peut plus claire :

> Ce jugement, écrivent-ils, constitue pour nous une matraque judiciaire, mais elle ne pourra abattre la détermination des membres du front commun. Au lieu de régler le problème social, on tente d'écraser les travailleurs [...] Lorsque les agents de la SQ ont fait une grève illégale, personne n'a été poursuivi. Lorsque les médecins ont fait une grève illégale, personne n'a été poursuivi. Lorsque les policiers de Montréal ont fait une grève générale, personne n'a été poursuivi. Mais de simples employés d'hôpitaux qui faisaient une grève légale ont été condamnés comme des criminels [...] Si on veut détruire le syndicalisme au Québec, nous avons la conviction que les syndiqués s'élèveront en masse.

Briser la grève, cours 101

Le 21 avril 1972 est un jour de deuil pour la classe ouvrière. L'Assemblée nationale du Québec, sous la gouverne du Parti libéral du Québec et de son chef Robert Bourassa, adopte sa loi du retour au travail, assortie d'amendes de 50 $ à 250 $ par employé pour chaque jour de grève.

Visitant les lignes de piquetage, Michel Chartrand constate qu'il est bien évident que les grévistes n'ont pas l'intention d'obéir à cette loi inique; ils ont vaincu la peur. Pourtant, en toute fin de soirée, les trois chefs des centrales syndicales, Pepin, Charbonneau et Laberge, dans un message télédiffusé, recommandent à leurs 210 000 membres de retourner au travail —, un peu à reculons, certes, mais le mal est fait. Pourtant, les sondages internes montraient que près des deux tiers de nos membres étaient prêts à défier cette loi.

Michel Chartrand est consterné. Quelques minutes plus tard, les militants qui étaient encore sur les lignes de piquetage entrent dans nos bureaux, en colère. Pas facile de raisonner des gens qui se sentent trahis...

Nous leur promettons toutefois de réagir promptement. Quelques heures plus tard, le samedi 22 avril, en conférence de presse, Michel Chartrand invite les syndiqués à... la grève générale:

> Les travailleurs ne se sont jamais laissé mater par une loi et ce n'est pas une déclaration faite par les trois présidents des centrales syndicales qui les fera changer d'avis. L'attitude prise par les chefs syndicaux, hier soir, démontre qu'ils ne sont plus à la hauteur du courage et de la détermination des grévistes qui s'étaient exprimés au cours de la journée. Les présidents des centrales semblent oublier que le mouvement syndical est né dans l'illégalité, qu'il a grandi dans l'illégalité et qu'il devra continuer de

vivre en marge de la légalité qui favorise une minorité au détriment d'une majorité.

Encore une fois, l'homme Chartrand se tient debout!

Dans la foulée des premières poursuites, le gouvernement continue sur sa lancée et… c'est au tour des trois présidents des centrales syndicales de se présenter devant le tribunal, le 4 mai, pour recevoir leur punition. À 14 h piles, ils se présentent au palais de justice de Québec pour comparaître devant le juge Pierre Côté afin de répondre à des accusations d'outrage au tribunal portées contre eux le 26 avril. Ils attendent patiemment jusqu'à 14 h 30. Pas de juge. Visiblement, la salle est occupée à pleine capacité (25 places seulement) par des policiers en civil afin de repousser les curieux qui voudraient assister à l'audience. Excédés, les trois chefs quittent le palais de justice précipitamment.

À 15 h, la cour est ouverte, mais les accusés n'y sont plus! Le juge Côté ne trouve rien de mieux à faire que de procéder *ex-parte*. Il déclare les trois chefs syndicaux coupables et les condamnera par la suite à 12 mois de prison pour outrage au tribunal à cause de leur comportement dans la grève générale qui a paralysé les secteurs public et parapublic le mois précédent.

Au même moment, les trois chefs syndicaux expliquent pourquoi ils ont quitté la cour, accusant la justice d'être de collusion avec le pouvoir politique. Leur position est plus ou moins la même, ils déconseillent toujours à leurs syndiqués d'utiliser la grève générale, mais, suivant en partie la recommandation du Conseil central de Montréal, ils recommandent le boycottage des audiences de la commission parlementaire sur la fonction publique et les tables sectorielles de négociation, ce qui veut dire que les négociations sont rompues.

Les initiatives locales

Le Conseil central de Montréal organise aussitôt une manifestation de solidarité en face du palais de justice dans la Vieille Capitale. Un défilé de voitures et d'autobus partiront du 1001, rue Saint-Denis. Nous irons accompagner les trois présidents, qui se livreront au palais de justice à Québec.

Le 9 mai 1972, une foule de 2000 personnes accompagnent les 3 chefs syndicaux. Devant le palais de justice, l'émotion est grande... Pepin adresse quelques mots aux gens autour de lui ; les trois chefs syndicaux sont nerveux, particulièrement Louis Laberge ; pour lui, la prison c'est l'humiliation totale. Il ne l'acceptera jamais, il est brisé. Chartrand y va de ses encouragements, tentant de faire naître un sourire sur leurs visages : « Pepin, tu me voles mes discours et toi, Louis, ma place en prison. »

Quand Dalpé, devenu président par intérim, tente de prendre la parole, le porte-voix ne fonctionne plus et il décide de partir. Quand Roland Beauchamp, un militant très engagé, reconnaît le trésorier de la CSN, Jacques Dion, celui-là même qui a menacé de couper les vivres aux grévistes qui ne retourneraient pas au travail, il l'expulse *manu militari*. Personne n'a levé le petit doigt pour le défendre. *Exit* de deux des trois « D » !

Le gouvernement pense s'être débarrassé du front commun. Erreur : ça ne fait que commencer. En réponse à la condamnation des trois chefs syndicaux, les syndicats organisent des grèves passives par des actes sur le terrain et dans les lieux de travail. Place aux initiatives locales...

Quelques exemples ? À Québec, la station de télévision CFTM est envahie par 250 syndiqués. À Sherbrooke, la station de radio CHLT est prise d'assaut par une soixantaine de syndiqués. Même chose à Saint-

Jérôme, où la station CKJL, propriété de Jean Lalonde, le père de Pierre, est occupée par des travailleurs syndiqués. À Sept-Îles, des ouvriers de la construction, solidaires des employés de la fonction publique, décident de débrayer et de paralyser la ville. Ils dressent un barrage avec un énorme camion à remorque. À Montréal, des employés entreprennent des *sit-in* sur les lieux de travail. On trouve, parmi ces groupes, les employés de soutien de la commission scolaire (CECM), de l'hôpital Notre-Dame, de l'hôpital Sainte-Justine, de l'hôpital Rivière-des-Prairies. À Sorel, les cinq hôpitaux de la région sont fermés. À Louiseville, le fonctionnement de l'hôpital Comtois et du centre d'accueil est gravement compromis. À Hauterive, la ville est presque paralysée. Des écoles sont fermées dans de nombreuses régions. L'hôpital Saint-Jean de Beauceville, l'Hôtel-Dieu de Rivière-du-Loup, l'hôpital Youville de Noranda sont touchés par des fermetures. Les employés de l'Université du Québec et de l'Université Laval ont débrayé pendant 24 heures. *Le Journal de Montréal* n'a pu être publié le vendredi 12 mai 1972, «pour des raisons indépendantes de notre volonté», etc.

L'occupation des locaux des stations radiophoniques devient une pratique répandue. Avec une plus ou moins grande collaboration, les travailleurs peuvent s'exprimer en toute liberté, pendant une heure ou plus, sur les ondes de la radio et faire part aux auditeurs de leurs réelles conditions de travail. Malheureusement, l'opération visant l'occupation de Radio-Canada échoue de justesse. À notre arrivée, nous sommes accueillis par une horde de policiers armés de matraques et décidons de retraiter gentiment.

Des opérations du genre se poursuivent partout à travers le Québec : à Lauzon, Québec, Rimouski, Rivière-du-Loup, Saint-Jérôme, Sorel, Thetford Mines, Gaspé, Matane, Carleton, La Sarre, Rouyn, Chibougamau,

Jonquière. Cocktails Molotov, occupations, manifestations, répression, arrestations... deviennent le quotidien des travailleurs, des étudiants et... des policiers.

Le vendredi 12 mai 1972, au centre Paul-Sauvé, de nombreux syndiqués, en grève spontanée, sont réunis et ils écoutent Michel Chartrand faire lecture de la liste des endroits où les syndiqués lancent des « initiatives locales ». Toutes ces informations sont transmises par les stations de radio, principalement celles occupées par les militants.

Stratégie gouvernementale et solidarité syndicale

Le gouvernement se trouve plongé dans un chaos organisé (pour ne pas dire généralisé) et placé devant un dilemme. L'emprisonnement des chefs syndicaux a eu un effet contraire à celui escompté. C'est pourquoi Bourassa implore les chefs syndicaux d'en appeler de leur « copermutation ». Brillant sophisme : en rejetant sur eux la responsabilité de cet appel, il ferme les yeux sur sa propre responsabilité. Autrement dit, le gouvernement compte désormais sur les chefs syndicaux pour désamorcer la crise... Un beau gros piège à ours.

Prenant la parole au nom des trois présidents des centrales syndicales, Norbert Rodrigue réplique qu'il n'est pas question d'aller en appel. On espère, dit-il :

> ... apaiser la colère des travailleurs en leur faisant croire que la justice sera plus clémente en appel. Or, ce serait la même justice exercée par les mêmes anciens serviteurs politiques dont les travailleurs n'ont rien à espérer.

Pendant ce temps, l'institut Albert-Prévost est occupé par ses 300 employés qui mettent sur pied un système d'autogestion. Au cours d'une visite des lieux, Fernand Daoust, secrétaire général de la FTQ, salue cette initiative comme un signe avant-coureur des attitudes syndicales à venir. «Je suis agréablement surpris de constater que l'hôpital fonctionne à merveille», dit-il.

Le 13 mai, plus de 4 000 manifestants se rendent au Zoo d'Orsainville. Ils installent leurs tentes et font du camping à moins de 1 000 pieds de la prison où sont incarcérés les chefs syndicaux. Tout se déroule dans le plus grand calme et Michel Chartrand prend la parole pour faire une violente sortie contre le chef du PQ, René Lévesque, qui refuse d'appuyer le front commun : «Lévesque agit comme un traître à la classe ouvrière et un abruti de la première espèce», lance-t-il, critiquant la position de René Lévesque qui a invité les chefs syndicaux à se servir de leur droit d'appel :

> Nous autres, le monde ordinaire, déclare Chartrand, on n'a pas besoin de peureux pour nous dire quoi faire. Et je trouve honteuse l'attitude des députés péquistes qui ont franchi les lignes de piquetage à l'Assemblée nationale[1].

Comme si cela ne suffisait pas, la Sûreté du Québec et les autorités policières de la prison d'Orsainville annulent les visites familiales (on n'en accordait qu'une par semaine aux chefs syndicaux) des trois pensionnaires en donnant comme excuse qu'une manifestation se préparait. On se serait cru revenu aux beaux jours de Duplessis…

Bourassa n'a pas l'intention d'en rester là. Il revient à la charge afin d'ébranler les trois chefs syndicaux, les accusant de tromper les travailleurs. On connaît la

---

1. Des députés péquistes du temps prétendent que ce n'est qu'après avoir obtenu l'autorisation des grévistes qu'ils ont franchi la ligne de piquetage. Les grévistes considéraient que les députés péquistes étaient plus utiles à l'intérieur.

tactique : diviser pour mieux régner. À la télévision, Bourassa leur reproche d'entretenir une situation qu'il qualifie d'anarchique et de chaotique.

L'affrontement continue… à l'interne

Quelques jours plus tard, le bras de fer que se livrent le monde syndical et le pouvoir se rejoue, sur une autre scène cette fois et de façon indirecte. Il opposera les représentants d'un mouvement syndical progressif aux tenants d'un monde syndical à la solde du patronat et de la finance, représenté par les tristement célèbres Dion, Dalpé et Daigle (les 3D).

Le 17 mai 1972, Michel Chartrand assiste aux délibérations du Conseil confédéral à Québec après en avoir été chassé comme le camarade Florent Audette en juin 1970.

La salle est anormalement pleine, tous les sièges sont pris. Il est clair que les 3D ont paqueté la salle. Les délégués du Conseil central de Montréal se sont, comme d'habitude, regroupés dans un secteur précis de la salle.

Marcel Pepin étant en prison, c'est le vice-président Paul-Émile Dalpé qui dirigera la réunion. On se souvient de leur conduite et de leur critique à l'occasion de la formation du front commun, refusant d'endosser la position du chef Marcel Pepin. Un délégué de Sorel, Gérald Côté, se lève en début de séance et propose « un vote de blâme » contre les 3D. Personne ne s'étant levé pour appuyer la motion, Michel Chartrand le fait et s'adresse à celui qui a l'intention de présider la réunion :

> Monsieur Dalpé, à cause de vos dernières déclarations sur le Front commun et sur notre président Marcel Pepin, je vous demande de quitter le siège de président de l'assemblée. Je ne vous reconnais pas comme président de la réunion.

Dalpé refusant de s'abstenir, Chartrand revient à la charge et avant qu'il ait fini sa phrase un individu qu'il n'avait pas vu venir lui assène un coup de poing en pleine figure. Michel tombe ; il se relève et, les deux mains enfoncées dans les poches de son pantalon, reprend la parole : « Monsieur Dalpé… »

Le boxeur le frappe de nouveau au visage. Michel tombe… se relève et… toujours les deux mains dans ses poches, se représente au micro. Cette fois il n'a pas le temps d'ouvrir la bouche que l'assommeur le frappe pour une troisième fois. Michel tombe et se relève pour la troisième fois… Tenace, notre homme !

Les délégués, dans un premier temps figés devant cet incident inattendu, se lèvent enfin pour se porter au secours du martyr. Colette Legendre s'interpose devant le frappeur. Un courageux délégué de Montréal, Robert Gervais, armé d'une chaise, s'approche du boxeur. Le pugiliste le regarde droit dans les yeux et lui crie :

« Lâche ta crisse de chaise, ostie ! » Gervais, obéissant et docile, laisse tombe son arsenal… c'est alors qu'il est accueilli par un bon jab sur un œil.

Les chaises commencent de voler et le brouhaha prend vite des allures de bagarre générale… Les deux groupes, « pro » et « anti » 3D, sont sur le point de s'affronter… Le boxeur, qui en impose, disparaît comme il est arrivé… Michel, davantage blessé dans son orgueil qu'autrement, se remet de ses émotions.

Nous sommes tous persuadés que Dalpé a commandé le coup. Comme un criminel après son méfait, celui-ci disparaît avec son groupe de sympathisants. Ils courent se réunir au Patro Rocamadour. Tout était bien organisé, les 3D y avaient loué une salle pour jeter les bases de leur prochaine centrale, la Centrale des syndicats démocratiques (CSD) ! Ils sont entourés de Ronald Carey, de la construction, et du millionnaire Jean-Noël Godin, de la Fédération du vêtement.

Sur les conseils de Michel Chartrand, les « pro-CSN », puisqu'il faudra dorénavant les nommer ainsi, se réunissent à l'hôtel Victoria. On trouve notamment, parmi ceux restés fidèles, le président de la Fédération des syndicats nationaux des pâtes et papier, le camarade Victor Dahl ; l'enseignante Francine Lalonde, qui est enceinte ; Jean-Guy Rodrigue, président des Syndicats des professionnels et cadres ; Bernard Chaput, de la Fédération des professeurs ; et Guy Beaudoin, le directeur des services de la Fédération des employés des services publics.

L'atmosphère est très tendue, mais l'expérience de Michel Chartrand, qui a su en tout temps garder son sang-froid, contribuera à calmer les militants. Il ne veut surtout pas d'affrontement entre travailleurs. Pendant ce temps, des tractations ont lieu entre Maurice Boucher, de la métallurgie, et Dalpé.

C'est dans cette ambiance survoltée que Jean-Yves Vézina, craignant le retour des cogneurs de la future CSD, se procure des bâtons de baseball qu'il distribuera allégrement aux membres du service d'ordre afin qu'ils gardent l'entrée de l'hôtel où nous siégeons. Quand les travailleurs s'affrontent entre eux, c'est toujours le gouvernement qui gagne.

On peut aujourd'hui affirmer sans crainte de se tromper que toute cette affaire remonte aux événements d'Octobre et à la bataille des gars de Lapalme. Dès cette époque, le Parti libéral fédéral et ses valets, Jacques Olivier et les 3D, ont mis sur pied une véritable machine de guerre. Le Conseil central de Montréal et Michel Chartrand prennent vraiment trop de place au goût de Trudeau et du *Liberal Party*. Jean Marchand, qui a Michel Chartrand dans sa mire depuis les années 1950, y est sûrement allé de ses recommandations… Les malheurs professionnels de Michel, depuis, ne sont pas étrangers à cette manœuvre.

La naissance de la CSD (dans le cadre d'une assemblée où aucun journaliste n'était admis) est une opération menée depuis les officines du Parti libéral du Canada. Les liens de Dion et Marchand le confirment, tout comme la présence nouvelle de Jacques Olivier (alors en poste au bureau de Trudeau), qui choisira de revenir à la vie syndicale par le biais de la CSD. L'histoire oubliera vite ce syndicalisme jaune, à la solde du pouvoir, qui a osé prétendre, par la voix du sinistre Dalpé, que « des syndicalistes de gauche avaient utilisé des biens de la CSN pour aider à défendre un des ravisseurs de Pierre Laporte », un dénommé Paul Rose, une accusation malveillante non fondée qui témoigne de la petitesse de l'homme.

Mort du front commun

Le front commun mourra véritablement le 22 mai 1972, quand, au terme de sombres tractations, les trois chefs syndicaux sortent de prison après avoir accepté de porter leur cause en appel. Bourassa s'en frotte les mains de satisfaction.

Qui donc a craqué ? Sous toute réserve et pour la petite histoire, Marcel Pepin, dans ses mémoires, nous apprend que ce sont des tractations entre Jean Cournoyer et Louis Laberge qui ont conduit à cette décision. Laberge était certes le maillon faible du groupe, compte tenu de ses relations avec le pouvoir (André Desjardins, du local 144, était organisateur du Parti libéral). Mal lui en prendra car il subira l'humiliation, encore plus grande, de perdre sa cause à la cour d'appel du Québec et à la Cour suprême du Canada. Il se retrouvera à la prison d'Orsainville, en compagnie des deux autres présidents, à boire le calice jusqu'à la lie.

Cette sentence, c'est le prix que le syndicalisme paiera pour être allé chercher, comme l'écrira plus tard Marcel Pepin, « des dizaines de millions de plus que ce que le gouvernement avait offert avant la grève générale ».

***

Le 27 février 1973, les trois présidents syndicaux séjournent toujours à la prison d'Orsainville et une surprise les attend car c'est au tour de Michel Chartrand de les rejoindre pour quatre jours.

Ce dernier a été arrêté la veille à son domicile à Richelieu et des policiers de la Sûreté du Québec l'ont escorté jusqu'à la prison. Le délit dont on l'accuse : en juillet de l'année précédente, il a été arrêté en compagnie de 44 autres personnes qui manifestaient contre les clubs privés de chasse et de pêche et condamné à 10 $ d'amende. N'ayant pas les moyens de payer des amendes chaque fois qu'il se promène dans son pays, ainsi qu'il le précise, Chartrand a choisi… la prison !

***

Comment conclure cette belle aventure du front commun sans me confiner dans l'amertume de cette défaite devant les tribunaux et l'effritement qui s'en est suivi ? Je préfère me souvenir de cette dernière manifestation que nous avons appelée pour le 1er mai.

Après une manifestation décevante le 28 mars, certains ne croient plus à la mobilisation des travailleurs. Il nous faut prouver le contraire et Michel Chartrand est d'accord.

Avec la complicité efficace du CRIM, dont Jean Fournier et André Messier, les trois organisations syndicales se mettent en branle. Nous demandons et obtenons un permis en bonne et due forme pour notre manifestation du 1er mai.

« Pensez-vous qu'il y aura beaucoup de monde ? me demande l'inspecteur Saint-Maurice.

— Nous attendons au moins 20 000 personnes. »

Notre machine de propagande se met en marche. Le 19 avril, conférence de presse du président du Conseil central, Michel Chartrand. Une semaine plus tard, c'est au tour du CRIM de donner sa conférence pour inviter les membres de toutes les centrales syndicales ainsi que tous les citoyens à participer à la manifestation organisée pour demander la libération immédiate et sans condition des trois présidents syndicaux.

À 19 h, le 1er mai, au parc Lafontaine, 30 000 personnes répondent à notre appel. Notre service d'ordre compte sur une quarantaine de personnes, tout au plus, mais tous veillent au grain afin qu'aucun incident fâcheux ne vienne perturber la bonne marche des opérations. Lorsqu'un groupe de militants marxistes-léninistes est identifié, nous les encadrons de près. Nous connaissons très bien leurs façons de faire : ils veulent se battre avec les policiers et ainsi devenir des martyrs de la cause.

Devant le Palais du Commerce, où doivent se tenir les discours, deux gros camions de la Ville de Montréal nous attendent. C'est ce que nous avions convenu. Au fur et à mesure que les manifestants arrivent, avant de pénétrer à l'intérieur de la salle, ils nous remettent leurs pancartes, leurs banderoles et autres affiches et nos gens du service d'ordre lancent les « outils de travail » dans les bennes des camions. L'inspecteur Saint-Maurice se dit impressionné par notre sens des responsabilités et de l'organisation.

À l'intérieur, c'est la fête. Un orchestre joue des airs endiablés et certains entonnent des chants de liberté et de solidarité. C'est le 1er mai, Fête des travailleurs. Rien n'a été brisé, cassé ou saccagé. Trente mille personnes dans la rue… et dans la joie. C'est aussi ça, la solidarité ouvrière.

Quinze jours plus tard, les trois présidents syndicaux sortent de la prison d'Orsainville.

CHAPITRE 10

Solidarité Québec-Palestine

> Depuis 1948, les Arabes de la
> Palestine sont jetés hors de chez eux.
> Leurs territoires sont volés par Israël
> avec la complicité de l'impéralisme
> américain, anglais, français et sovié-
> tique. On n'avait jamais entendu
> parler de ça !
>
> MICHEL CHARTRAND
> CISO, 1975

Arafat et Chartrand

L'amour de Michel Chartrand pour la Palestine a commencé à se développer en 1969. Il fréquente alors Marie-Claire Giguère, une Palestinienne pure race, et son mari Luc Giguère, économiste à la Fédération des caisses Desjardins. Il est invité, en même temps que le chef du Parti québécois, René Lévesque, à donner une conférence à l'Université Laval à Québec. En soirée, les deux conférenciers sont invités chez les Giguère. Un jeune Palestinien, fraîchement arrivé au Québec, Rézeq Faraj, fait partie du groupe. Il réalise rapidement que les deux vedettes ne sont pas faites l'une pour l'autre.

D'ailleurs, en fin de soirée, Lévesque, qui ne partage aucunement les vues de Chartrand sur la souveraineté-association, claque la porte. Chartrand prône l'indépendance politique et économique et Lévesque ne jure que par l'association. Les deux hommes n'auront jamais, entre eux, d'atomes crochus.

Rézeq Faraj découvre en Chartrand un précieux allié. Par la suite, les Palestiniens organisent à Montréal une Semaine de la Palestine. Dans le cadre de cette semaine, Michel Chartrand invite le jeune Palestinien à venir expliquer son point de vue aux délégués du Conseil central de Montréal, réunis en assemblée générale.

Après son allocution, les délégués prennent leur première résolution d'appui aux Palestiniens. Les Québécois n'étaient pas plus éveillés qu'il fallait à la cause palestinienne. Depuis cette soirée, les Palestiniens seront éternellement reconnaissants envers Michel Chartrand pour avoir vraiment mis la question palestinienne à l'ordre du jour au Québec.

Devant cet appui et l'enthousiasme le gagnant, Rézeq Faraj décide de jouer le grand jeu et d'organiser une rencontre entre Yasser Arafat, le chef de l'Organisation de libération de la Palestine, et Michel Chartrand, président du Conseil central de la CSN à Montréal.

Rézeq Faraj nolise un avion pour la Palestine. Du même coup, il décide d'organiser un voyage au Liban, en Égypte, en Syrie, en Irak et en Jordanie. Il est sans le sou. Qu'à cela ne tienne, il se débrouillera. Il négocie avec une agence de voyages. Par la suite, il commence à faire les invitations. Chartrand n'est au courant de rien. Tous acceptent sauf Chartrand… Heureusement, Rézeq réussit à convaincre Michel, quelques jours avant le grand départ.

Le 29 juillet 1972, c'est le grand jour : une délégation du Québec part pour le Proche-Orient. La délégation est formée de Michel Chartrand et son épouse Simonne Monet Chartrand ; Colette Legendre, du Conseil central de Montréal; Gisèle Tremblay, journaliste au *Devoir*; Ghislaine Raymond, enseignante; Claudette Fortier; le président du syndicat des enseignants de Champlain, Guy Bisaillon, et son épouse Francine; le président du syndicat des enseignants de Laval, Réal Gilbert, et sa femme; un photographe, Richard Couture; et enfin Rézeq Faraj, le Palestinien et son épouse. Les participants défraient chacun le coût du transport aérien. Sur place, ils sont reçus par les Palestiniens.

Dès leur première rencontre, Yasser Arafat et Michel Chartrand se sentent des affinités. Selon Faraj, ce fut le coup de foudre; deux grands hommes s'étaient «rencontrés». Il est deux heures du matin et pendant deux longues heures Arafat explique le pourquoi de la résistance palestinienne à Chartrand. Michel se renseigne sur la structure de l'organisation. La sincérité des questions et des réponses débouche sur des relations très fraternelles. Faraj précise que ce n'était plus le président de l'OLP et de la *Fatah* qui parlait à une organisation quelconque; c'était vraiment amical. Les autres délégués interviennent à l'occasion, mais ce sont surtout Chartrand et Arafat qui échangent des commentaires et des opinions.

Les Québécois rencontrent aussi des poètes palestiniens et des membres du Conseil de la révolution palestinienne. Chartrand distribue le drapeau québécois un peu partout. En compagnie de Guy Bisaillon, il adresse la parole à Damas à des enseignants et à des travailleurs palestiniens. Comme le commente Rézeq Faraj, «le contact était excellent... on se parlait entre hommes... entre camarades». Des ministres de plusieurs pays arabes viennent exprimer leur solidarité à la cause palestinienne. Il s'établit d'excellentes relations entre les enseignants arabes et québécois.

Après avoir visité Bagdad en Irak, la délégation retourne au Liban voir Beyrouth la belle, qui n'a pas encore été bombardée.

Arrivé dans le sud du Liban, Michel Chartrand a une vision :

> Eurèka ! j'ai trouvé ! Le problème, c'est qu'on ne parle pas des Palestiniens dans le monde… on ne parle que des Arabes. Nous, on va parler des Palestiniens. On va organiser une conférence internationale sur la solidarité ouvrière, la CISO, une conférence avec en vedette la cause palestinienne.

Elle fut effectivement organisée, trois ans plus tard, au printemps de 1975, à Montréal.

Colette Legendre me raconte certains événements qui se sont produits pendant le voyage. À Beyrouth, au Liban, ils sont hébergés dans un pensionnat pour les enfants des martyrs (en souvenir des Palestiniens morts pour la cause). Comme c'est la période des vacances, les chambres sont libres. Un soir, autour de 23 h, ils entendent une rafale de mitraillette dans la cour d'école. Le lendemain, ils apprennent que quelqu'un était passé en voiture et avait tiré sur les murs de l'école. L'atmosphère est très tendue.

Quelques délégués, dont Michel Chartrand, peuvent visiter les montagnes autour de Beyrouth, accompagnés d'un guide. Colette Legendre précise :

> On voyageait dans un convoi de plusieurs jeeps. À l'arrière, une jeep était équipée d'une mitraillette antiaérienne. Lorsqu'il y avait des alertes aériennes, le convoi s'arrêtait. Au cours d'une de ces alertes, Michel avait essayé la mitraillette kalachnikov. Ça faisait tout drôle de voir Michel la mitraillette au poing, lui qui a toujours refusé de toucher une arme à feu…

À son retour au Québec, Michel Chartrand évalue la situation devant les délégués du Conseil central en assemblée générale :

En 1948, les Nations Unies ont décidé qu'ils donnaient 14 000 kilomètres carrés à des Sionistes qui voulaient aller installer un État religieux raciste. Ils prennent cela à même la Palestine tranquillement, sur le bord de la mer. Là, pour s'installer, ils ont commencé par faire du terrorisme pour faire sortir les Palestiniens de chez eux et ça continue depuis ce temps. Il y a eu à peu près 50 interventions des Nations Unies pour dire qu'ils n'avaient pas le droit de faire ça. Encore au mois de juin (1972), deux villages du Liban, avec une population de 200 à 300 personnes, ont été anéantis et plusieurs autres ont été bombardés. Alors, quand on me parle des cinq sportifs qui ont été tués à Munich, ça ne me fait pas pleurer. Les criminels de guerre, ce sont les gens qui aident Israël et les gens qui participent avec Israël, ce sont des gens qui emploient à peu près les mêmes méthodes que Hitler a employées contre eux, comme les Français en Algérie ont employé les mêmes méthodes que les Allemands avaient employées contre eux. Au mois de décembre 1968, Israël a détruit deux tiers de la flotte commerciale aérienne du Liban en guise de représailles. *Le Nouvel Observateur* a publié, en juillet, un reportage qui disait, entre autres, que les Israéliens avaient arrosé les récoltes de paysans palestiniens pour les faire partir de leurs terres. Ils ont pris des territoires à l'Égypte, au Liban, à la Syrie en 1967. Ils en avaient pris d'autres en 1948, de sorte qu'aujourd'hui (en 1972) ils ont à peu près 102 000 kilomètres carrés, alors que les Nations Unies en avaient accordé, d'une façon immorale, 18 000. Ce qui est triste, c'est parce qu'il était juif que le peuple juif a été massacré partout par les chrétiens et particulièrement pendant la Deuxième Guerre mondiale. Tous les pays occidentaux fermaient leurs portes pour ne pas permettre aux juifs de se réfugier et alors Hitler avait plus de chance de les massacrer dans tous les pays. Mais seulement, ils ont abusé de la sympathie internationale pour aller s'installer au détriment des Palestiniens et aujourd'hui ils disent qu'ils ne sortiront pas de la Palestine. La solidarité internationale et la solidarité des travailleurs n'existent pas beaucoup. Même l'Union soviétique aide les Palestiniens quand ça fait leurs affaires. Tous les pays arabes disent qu'ils sont pour la résistance palestinienne. Officiellement tous les gouvernements sont d'accord avec eux, mais ils n'aident pas les réfugiés. Les peuples arabes cependant sont d'accord avec la révolution palestinienne, c'est pour cela que les gouvernements sont obligés de se dire d'accord et d'en avoir l'air. Un des problèmes des pays arabes, c'est que les Palestiniens sont beaucoup plus progressistes que les autres parce que d'abord ça fait trop longtemps qu'ils luttent et aussi parce qu'ils étaient les plus scolarisés des pays arabes. En Égypte, il y a un très grand nombre d'étudiants universitaires. Mais il reste que ce sont des pays jeunes qui ont conquis tout récemment leur liberté politique. Ils se sont débarrassés du colonialisme politique, de la France et de l'Angleterre, mais ils sont encore dominés économiquement. Ces gens disent qu'un homme a besoin d'être enraciné dans son pays, pareil à un arbre. C'est lorsque nous revenons au Québec que nous nous rendons compte que nous sommes des colonisés sophistiqués. On se pense plus fins, plus intelligents, avec un meilleur standing de vie que tout le monde. Moi je retire de ce voyage qu'on est loin de notre libération et je trouve qu'on tourne en rond depuis longtemps dans le mouvement syndical. Quand on est partis, on avait vécu le printemps des 210 000 en grève. Quand on revient et qu'on regarde la désunion qui existe dans le mouvement syndical... Il nous manque une motivation pour décider d'abord de nous donner un pays. Il faudrait peut-être se poser la question à savoir si on en veut ou pas!

En novembre 1972, chez Michel Chartrand, des militants mettent donc sur pied le premier Comité Québec-Palestine. Ce comité servira de point d'appui pour l'organisation de la Conférence internationale de solidarité ouvrière (CISO). Michel Chartrand ne fait pas partie du comité, ce qui ne l'empêche pas de visiter le Canada d'un océan à l'autre et de donner des conférences pour faire la promotion des justes revendications palestiniennes.

Le Comité de solidarité Québec-Palestine

Rézeq Faraj devient le premier employé permanent (non rémunéré) du Comité de solidarité Québec-Palestine. Le Comité, essentiellement québécois, n'est aucunement lié à la Ligue arabe du Canada. Simonne Monet Chartrand, Ghislaine Raymond et Colette Legendre travaillent régulièrement le soir au Comité, toutes bénévolement.

Rézeq Faraj se souvient :

> Chaque fois qu'il y avait des représentants palestiniens qui venaient visiter l'Amérique du Nord, le Québec était devenu un arrêt obligé pour eux. On leur faisait rencontrer des représentants des centrales syndicales et Michel aussi, évidemment. Le Conseil central a aussi mis à notre disposition des bureaux dans un local qu'il avait loué sur la rue Sainte-Catherine, à l'angle de la rue Amherst. Lorsque nous avions besoin d'imprimer des documents, nous nous adressions au secrétaire général, Fernand Foisy, qui répondait rapidement à nos besoins.

CHAPITRE 11

Santé, sécurité et... solidarité

> Si on ne respecte pas sa peau, ce n'est
> pas vrai que l'on va avoir le respect
> de sa langue et de son pays.
> MICHEL CHARTRAND, *Un homme*
> *de parole, Le film*, réalisation
> d'Alain Chartrand, avril 1991

Solidarité... internationale

Michel Chartrand fut actif partout sur la scène
sociale québécoise, mais cela ne fait pas de lui un
individu ignorant de la scène internationale. Au contraire. À de nombreuses reprises, son militantisme lui a
permis de témoigner de sa solidarité de la cause ouvrière à travers le monde.

La Conférence internationale de solidarité ouvrière
(CISO) est vraiment née à l'été de 1972. Michel
Chartrand et une délégation composée d'une douzaine
de personnes du monde syndical du Québec parcourent
alors le Moyen-Orient et visitent tout particulièrement
les camps de réfugiés palestiniens.

La volonté d'organiser cette conférence d'envergure
est renforcée au retour d'un voyage au Chili à la fin de la

même année. Selon les acteurs du CISO, elle n'aurait pu atteindre sa dimension internationale sans la ténacité de Michel Chartrand. Ce dernier est venu bien près de vivre une rencontre historique au cours d'un voyage qu'il a effectué au Chili. Quelques mois après son retour, en septembre 1973, le président Allende décédera lors du coup d'État militaire fomenté avec l'aide des États-Unis et de ses multinationales. La rencontre entre les deux hommes n'a jamais eu lieu, mais ce voyage, pour Chartrand, demeurera marquant — ne serait-ce que pour avoir vu, en marche, une révolution démocratique d'un nouveau genre et à bien des égards exemplaire !

C'est donc par la télévision que Michel Chartrand sera témoin du bombardement du palais présidentiel chilien. Selon son habitude, il réfléchit à haute voix, tout en commentant :

> Les Américains ont réussi leur coup ! Les bandits ! Ils ont toujours soutenu les dictatures qui servent leurs intérêts. Mais là, renverser un gouvernement élu démocratiquement, c'est un scandale, un scandale ! Ils ont osé attaquer Allende dans le palais présiden-tiel, à la face du monde ! Après, ils vont massacrer les militants socialistes et tous ceux qui vont protester... On va organiser un comité d'accueil au Conseil cen-tral car il va y avoir beaucoup de réfugiés politiques.

Quelques jours plus tard, le 19 septembre, un groupe formé de Suzanne Chartrand, Jean Ménard, Serge Wagner, Louis Favreau et Yves Vaillancourt orga-nise une assemblée d'information à Montréal. C'est alors qu'est fondé le Comité de solidarité Québec-Chili. Norbert Rodrigue sera pendant deux ans le délégué de la CSN à ce comité. Fernand Daoust y représentera la FTQ et Micheline Sicotte, la CEQ.

À cette première réunion, il est décidé d'organiser une manifestation d'appui au peuple chilien. Une campagne d'information se met en branle et on parcourt les routes du Québec à cet effet. C'est dans le cadre de cette campagne que Michel Chartrand prend le risque d'organiser une assemblée populaire au Forum de Montréal et y invite la veuve du président décédé, Mᵐᵉ Hortensia Allende. Les Québécois découvrent tout à coup que les problèmes des travailleurs, ailleurs dans le monde, les concernent tout autant.

Michel Chartrand insiste :

> Les Européens blancs, on les a assez vus. On les connaît, ils n'ont plus rien à nous apprendre. On sait ce qu'ils ont fait dans le monde. On va plutôt aller chercher des gens du tiers-monde, de l'Afrique, des Antilles, de l'Amérique latine et du Moyen-Orient. On va échanger des informations entre nous. Les Québécois en général ne connaissent rien de ce qui se passe dans ces pays.

Voilà l'esprit dans lequel la Conférence internationale de solidarité ouvrière (CISO) est mise sur pied. Le premier comité organisateur de la CISO est composé de Roberto Quevillon, ex-missionnaire au Chili, la véritable cheville ouvrière de CISO ; Michel Chartrand, du Conseil central de la CSN à Montréal ; André Messier, du Conseil du travail de la FTQ à Montréal ; Micheline Sicotte, de la CEQ ; Guy Lafleur, du Secrétariat Québec-Amérique latine (SQAL) ; son épouse, Claudette Rodrigue ; et Rézeq Faraj, du Comité Québec-Palestine.

Des organisations internationales telles que le Service universitaire canadien d'outre-mer (SUCO), le Centre de formation populaire, Oxfam-Québec et le groupe Développement et paix apportent leur précieux concours. D'autres militants se joignent bénévolement à l'organisation de la CISO. Je pense à Colette Legendre, Ghislaine Raymond, Béatrice Chiasson, Jean Saint-Denis, Serge Wagner, Clotide Bertrand, Jacques Boivin,

Yves Laneuville, Georges Lebel, Pierre Coulombe et d'autres que je salue en espérant qu'ils me pardonneront d'avoir omis de mentionner leurs noms.

En septembre 1974, des lettres d'invitation sont expédiées. La Conférence (CISO) se tiendra du 12 au 15 juin 1975 au cegep Maisonneuve à Montréal, sous la présidence de Michel Chartrand. Robert Quevillon, l'homme-clé de l'événement, y agira comme présentateur.

Il s'agit de la première conférence internationale de solidarité ouvrière à laquelle participeront des centaines de délégués du Québec, des pays arabes, de l'Amérique latine, des Caraïbes et de l'Afrique.

Un peu avant la tenue de la CISO, Michel Chartrand se rend au Moyen-Orient pour une deuxième fois. Il fait partie d'une délégation qui visite la Tunisie et la Libye. Ce voyage est organisé par Yvon Charbonneau, le président de la CEQ, avec la collaboration de Rézeq Faraj, du Comité Québec-Palestine. Ils doivent rencontrer différentes organisations syndicales et ils en profitent pour lancer des invitations. Jean Ménard, de son côté, se trouve en Amérique latine pour y effectuer le même type de travail de sensibilisation. La participation à cet événement ne pourra être qu'exceptionnelle.

Six cents délégués de plus de 20 pays, dont 450 du Québec, feront part de leurs expériences de lutte contre l'impérialisme et chercheront des modes d'action commune face aux politiques des multinationales. Tous veulent apporter un appui tangible aux luttes de libération, notamment en Palestine, au Chili, à Cuba et en Afrique australe.

Par la suite, la CISO fondera un centre permanent d'information et de renseignements sur la solidarité ouvrière, dont Roberto Quevillon deviendra le premier secrétaire de direction, assisté de Guy Lafleur, du SQAL. Les bureaux de la CISO sont installés dans les locaux du

Conseil central de Montréal. La CSN et la CEQ fourniront aussi des fonds et des services. Le centre publiera *Solidarité*, un organe d'information qui est encore diffusé aujourd'hui. En 2000, la CISO a fêté son vingt-cinquième anniversaire.

***

En 1973, l'actualité et une nouvelle mobilisation internationale interpelleront une nouvelle fois Michel Chartrand. Dans l'Espagne du généralissime Franco, qui heureusement n'en a plus pour longtemps à vivre, 20 militants syndicaux ont été arrêtés sous le prétexte d'avoir tenu une réunion illégale. Franco s'apprête à leur faire subir un simulacre de procès à l'issue duquel ils pourraient être condamnés à la peine capitale. Les mouvements syndicaux espagnols font appel aux organisations syndicales du monde entier afin que ces dernières manifestent leur appui aux syndiqués espagnols emprisonnés. On appelle ces derniers « les 20 de Carabamchelle ».

Michel Chartrand est invité à faire partie d'une commission internationale de syndicalistes qui assistera au procès. Il ne fera pas mentir sa réputation : là où il passe, ça bouge! Il part le 19 décembre pour l'Espagne. Il se rappelle très bien le froid qu'il a senti dans le dos lorsque, à l'aéroport, il a vu les jeunes membres de groupes fascistes, munis de tous les pouvoirs, passer à travers la foule et les cordons dressés par l'armée.

Le lendemain, 20 décembre, Michel Chartrand célèbre ses 57 ans, mais c'est aussi la journée que des révolutionnaires espagnols ont choisie pour perpétrer un attentat contre un général de l'armée. Une charge explosive envoie valser ce général jusqu'au troisième étage d'un immeuble. Michel interprète la nouvelle à sa façon :

Le général, en revenant de la messe dans son automobile, est monté au ciel et il a décidé de redescendre… C'est là qu'il est mort… il n'aurait pas dû descendre.

Lorsque nous apprenons la nouvelle de cet attentat, nous sommes fort nerveux. Michel Chartrand pourrait être inquiété par les autorités espagnoles, qui connaissent sûrement ses activités militantes et son engagement social. Rejoint à son hôtel en Espagne, Michel nous apprend qu'il n'a pas l'intention de s'éterniser en terre fasciste. Heureusement qu'il a pu, durant la journée, rencontrer les représentants des syndicats espagnols et leur remettre en main propre les résolutions d'appui du monde syndical québécois. Il quittera, m'annonce-t-il, le territoire espagnol pour quelques jours, quitte à y revenir plus tard, et ira se réfugier chez sa fille aînée, Micheline, qui demeure à Paris avec son mari. Ils passeront les fêtes en famille. Nous respirons un peu mieux. Les prisons espagnoles sous Franco n'ont pas bonne réputation.

Gagner sa vie… sans la perdre

Revenons au Québec. Si Michel Chartrand s'en prend allégrement au système capitaliste, ce n'est jamais au nom d'une théorie ou d'une idéologie, mais au nom de la réalité et du bon sens. Il défend le travailleur dans son quotidien, notamment pour l'amélioration des conditions de travail qui touchent directement sa santé et sa sécurité. Cette quête, qui prend les couleurs d'un engagement vrai et authentique, traversera le temps et ponctuera de très nombreuses interventions de Chartrand au cours de toute sa vie syndicale.

On tue des ouvriers comme jadis les bisons dans l'Ouest et le gouvernement Bourassa en est responsable parce qu'il ne force pas les entrepreneurs à respecter les normes de sécurité au travail.

Michel Chartrand s'adresse en ces termes au coroner Jacques Fournier, qui étudie, le 15 octobre 1971, les circonstances entourant la mort du briqueteur Paul-Émile Tremblay, survenue en juin de la même année. Il rappelle, dans son témoignage, un autre incident, qui avait entraîné la mort de quatre personnes à Cowansville alors que, une fois de plus, les normes de sécurité avaient été ignorées par l'employeur.

Au cours de l'enquête, l'inspecteur Jean Trépanier, du service des inspections du ministère du Travail, précise que l'échafaudage sur lequel était le briqueteur avant de s'écraser 26 pieds plus bas se trouvait à 2 pieds du mur à réparer, sans garde-fou ni échelle.

L'entrepreneur Jacques Beauséjour plaide l'ignorance des règlements de sécurité et blâme même le gouvernement de ne pas l'avoir mis au courant de cesdits règlements. C'est le genre de réponse qui a le don de mettre le feu… aux poudres. Michel Chartrand ne tolère pas que l'on rejette ainsi ses responsabilités sur le dos des autres. Ce jour, comme maintes fois auparavant, indigné, il s'écrie : « Vous êtes criminellement responsable de la mort d'un homme ! »

Depuis fort longtemps, Michel Chartrand a à cœur de défendre les accidentés du travail. « Il serait préférable de gagner sa vie sans la perdre ! » dit-il depuis longtemps car chaque année apporte son lot de victimes du profit à tout crin et de la négligence. Chez nous seulement, plus de 200 personnes se tuent chaque année à vouloir gagner leur vie ! En 1972, on en comptait 227 et, en 1973, 234.

Quelques mois plus tard, en janvier 1974, un travailleur de la compagnie Gaz Métropolitain, Alcide Dubord, se tue au travail. Ce soir-là, Pierre Lauzon, président du Syndicat des employés de Gaz Métropolitain, appelle Michel Chartrand pour que celui-ci vienne immédiatement sur les lieux de l'accident constater *de visu* les conditions de travail.

Depuis la mort d'Alcide Dubord, ses confrères manœuvrant les convoyeurs ont arrêté de travailler à cet endroit. Les ouvriers refusent de travailler en partie en signe de deuil et aussi pour protester contre les mesures de sécurité insuffisantes dans leur usine. Devant le coroner enquêteur, Maurice Laniel, Michel Chartrand donne sa version

> C'est une situation pourrie. Les installations auraient dû être changées depuis des années. C'est une affaire épouvantable. Ils [les patrons] font assez d'argent, ils pourraient améliorer les choses.

Pierre Lauzon confirme que leurs exigences de sécurité accrue avaient été déposées par écrit le 17 mai 1973. Il précise que l'usine a été construite en 1925. Le matériel et les installations ont besoin d'être revus dans leur totalité. Le moteur, le rouage et le convoyeur en particulier ont besoin de réparations.

La mort d'Alcide Dubord a été causée par le bris d'une dalle de béton qui tenait lieu de plancher sur une passerelle à 50 pieds de hauteur. Un homme était déjà tombé dans un trou béant de cette même passerelle et heureusement il avait réussi à s'accrocher aux poutres d'acier qui la soutiennent. Il a eu la vie sauve, mais l'expérience n'a pas servi de leçon à l'employeur.

Le 3 avril 1974, l'enquête reprend devant le coroner Maurice Laniel. Michel Chartrand agit comme procureur du syndicat. Les représentants de la compagnie Lasalle Coke maintiennent que leur usine était relativement en bon état au moment du drame, tandis que l'inspecteur du ministère du Travail, Jean Millaire, précise que les dalles du plancher du convoyeur n'offraient plus la sécurité nécessaire.

Michel Chartrand interroge et contre-interroge tous les témoins. Il ressort de ces témoignages que les installations sont vétustes et que la compagnie n'a rien fait pour les rendre sécuritaires. Le 18 avril 1974, cette dernière est reconnue coupable de la mort d'Alcide Dubord par le coroner Maurice Daniel, qui souligne « un ensemble de circonstances de laisser-faire, de tolérance et d'économie » lui permettant de conclure à la responsabilité criminelle de la compagnie Lasalle Coke.

Pour une rare fois, une compagnie est déclarée coupable alors que, dans la majorité des cas, les entreprises s'en sortent très élégamment, sans condamnation. Dans ce cas-ci, le fait que Michel Chartrand ait été le représentant et le procureur du syndicat a pesé lourd dans la décision du juge.

Le 23 janvier 1974, une autre tragédie a lieu. Un incendie éclate dans le métro de Montréal après que le train qui se dirige vers le nord se soit écrasé contre le mur au terminus Henri-Bourassa, entraînant la mort de son conducteur et la destruction complète de la station. Cet incident survient après une série d'accidents moins spectaculaires qui ont eu lieu dans le métro depuis quelques mois.

Le 8 février 1974, s'ouvre l'enquête du coroner sur cet accident. Le CRIM blâme les autorités de la CTCUM pour cet incendie. Il réclame une enquête publique afin que travailleurs comme passagers du métro de Montréal soient mieux protégés et que tous retrouvent confiance dans ce mode de transport essentiel. Le ministère de la Justice du Québec annonce qu'une enquête publique débutera le 8 mars devant le juge Roger Lagarde. Mᵉ Jacques Marchessault est désigné comme l'avocat principal et il sera assisté de Mᵉ Éric M. Smith.

Michel Chartrand représentera les travailleurs. Il est mandaté par le CRIM, par les syndicats des employés de soutien de la CTCUM, par la Fédération des employés de services publics de la CSN et par le Conseil central des syndicats nationaux de Montréal. Avant même que débute l'enquête, le tribunal refuse que Michel Chartrand fasse des représentations devant la commission publique d'enquête, simplement parce qu'il n'est pas avocat. Cette objection ne sera pas retenue et Michel Chartrand sera officiellement autorisé à représenter les travailleurs devant la commission d'enquête publique. Il sera le seul à ne pas être avocat, mais cela ne nuira en rien à la cause défendue car il sera davantage question de sécurité au travail que de droit !

Le juge Lagarde, d'une rare efficacité, convoque la commission un peu plus tôt que prévu. Le 28 février s'ouvre la première séance et, dès le début, Michel Chartrand vole la vedette. Il se présente à l'audience muni d'un magnétophone à cassettes pour enregistrer les débats. Les sténographes officiels protestent aussitôt contre cette façon de faire, mais Chartrand soutient qu'il compte faire des économies de temps et d'argent et que ces enregistrements l'aideront à mieux préparer ses questions pour les prochaines séances. La couronne n'y voit pas d'objection, le juge Lagarde non plus, mais les sténographes ne l'entendent pas du tout ainsi. Au bout du compte, le juge accordera à Michel Chartrand une copie gratuite de toutes les délibérations, et ce, dès le lendemain des auditions.

À la fin de l'enquête, au cours de laquelle Michel Chartrand n'a pas craint de se faire entendre, le juge Roger Lagarde fait plusieurs recommandations, qui seront (heureusement) mises par la suite en application. Cet exercice aura été fort utile, d'abord pour le grand public, pour les employés de la CTCUM — opérateurs, chauffeurs d'autobus et employés d'entretien confondus — et également pour les pompiers du Service des incendies, qui en avaient long à dire sur la sécurité dans le métro.

N'eût été la prestation de Michel Chartrand devant la commission d'enquête, compte tenu des embûches semées par les avocats de la CTCUM, les travailleurs directement impliqués n'auraient certes pas obtenu et pour eux et pour le grand public une sécurité accrue dans le transport en commun en métro.

Encore une fois, le monde syndical aura apporté une contribution importante pour l'ensemble de la population. Ce genre de combat n'aurait jamais été mené par des organisations patronales. Il est bon de se le rappeler et de s'en féliciter. Qui d'autre que le mouvement syndical, à partir de batailles souvent très difficiles et coûteuses, a contribué à l'amélioration de la vie en société?

La FATA : venir en aide aux travailleurs accidentés

Pendant des années, Michel Chartrand et le Conseil central de Montréal ont demandé à la CSN d'intensifier ses efforts pour lutter contre les accidents du travail. En 1978, la CSN décide de mettre sur pied un comité qui s'occupera de la santé et de la sécurité au travail tout en insistant sur la prévention. Michel Chartrand, l'expert au Québec en accidents du travail, devient membre de ce comité. Il fera bonne équipe avec l'ingénieur Claude Mainville, le futur directeur du Service de santé-sécurité de la CSN.

Cependant, Michel Chartrand n'est pas satisfait des engagements de la CSN. Selon lui, les syndicats sont encore et toujours trop exclusivement intéressés à la négociation et à l'application de la convention collective plutôt qu'à sauver la peau de leurs membres. Il se dit « humilié » par le comportement des syndicats vis-à-vis de leurs membres accidentés du travail.

Les accidentés du travail sont ostracisés par les employeurs et par la Commission de la santé et de la sécurité au travail (CSST). Cette dernière, de façon systématique, conteste toutes les réclamations d'un accidenté du travail. La mentalité de l'employeur peut se résumer à ceci :

> Nous payons les primes d'une compagnie d'assurances (la CSST). Parce que nous sommes les seuls à verser des primes à cette compagnie, nous sommes en droit de la contrôler à notre guise et de lui demander de ne verser qu'un strict minimum aux accidentés du travail.

Pour compléter le tableau, les employeurs recommandent fortement à la CSST l'embauche de médecins dont ils se chargent de fournir la liste ! Ces médecins, qui deviennent des employés rémunérés par la CSST, savent de quel côté leur pain est beurré et prennent fait et cause pour la CSST, c'est-à-dire pour les employeurs, contre les accidentés !

Émile Boudreau, vieux compagnon de route de Michel Chartrand, est aussi très soucieux de la santé des travailleurs. Boudreau, un mineur de la Côte-Nord qui est devenu conseiller syndical du puissant Syndicat des métallos de la FTQ, est depuis des années préoccupé par les maladies industrielles dont les travailleurs sont victimes. Lui aussi, comme Michel Chartrand, est conscient que le mouvement syndical ne joue pas le rôle qu'on est en droit de s'attendre de lui. C'est de ce constat qu'est née, en février 1983, la Fondation pour aider les travailleuses et les travailleurs accidenté-e-s (FATA).

Émile Boudreau résume[1] mieux que je pourrais le faire les débuts de la FATA. Je renverrai donc le lecteur à ce livre essentiel dont je tire quelques grandes lignes.

---

1. Roch Banville, *La peau des autres, Non au travail qui estropie, empoisonne et tue !*, préface de Émile Boudreau, 1999, Lanctôt éditeur.

C'est en 1982 que Chartrand et Boudreau se rencontrent pour jeter les bases de leur projet consistant à fournir aux victimes d'accidents du travail l'aide et le soutien technique et médical nécessaires pour faire entendre leurs droits et pour obtenir réparation des préjudices physiques ou psychiques subis. Ensemble, ils iront trouver le Dr Roch Banville, qui accepte de développer le volet médical de l'organisme. Michel invitera par la suite sa fille, Suzanne, à monter le secrétariat de la FATA.

À l'étroit dans les locaux qui lui sont prêtés par le président du Syndicat des employés de la SAQ (Michel Asselin), Michel Chartrand décide d'acheter une des maisons voisines et loge la FATA au 1290, rue Saint-Denis. La FATA déménagera en 1985 dans les locaux qu'elle occupe actuellement, dans une ancienne école de langue italienne, au 6893 de la rue Drolet, au coin de la rue Bélanger, à Montréal.

Michel Chartrand sera le premier directeur général de la FATA. En 1985, Florent Audette, qui occupait le poste de président de la FATA depuis sa fondation, ajoute à sa fonction le poste de directeur général, que Michel Chartrand vient de laisser. Chartrand continuera cependant de siéger au conseil d'administration.

Florent Audette rappelle les débuts et le fonctionnement de la FATA :

> En février 1983, une quarantaine de personnes, à l'instigation de Michel Chartrand, mettent sur pied la FATA, organisme voué à la défense des victimes de maladies et d'accidents du travail. Ces femmes et ces hommes sont issus de milieux divers, des syndicalistes bien sûr, et en majorité, mais aussi des ingénieurs, courtiers d'assurances, gérants de caisse populaire, sans oublier les médecins. La FATA démarre à peine que les accidentés se pressent à ses portes. Décidément, la FATA offre un service qui

faisait grandement défaut. Ce travail se réalise grâce au soutien financier que la FATA reçoit des centrales syndicales et des syndicats, à quoi s'ajoutent des dons de particuliers, d'institutions religieuses, du Mouvement Desjardins, quelques minces subventions gouvernementales liées au programme de création d'emplois et celles qui sont liées au fonctionnement. L'action de la FATA en faveur des victimes de maladies et d'accidents du travail s'étend au-delà de cette forme de défense. Le secrétariat médical, sous l'impulsion du Dr Roch Banville, a acquis une expertise exceptionnelle et a constitué une banque de spécialistes de toutes les disciplines médicales et paramédicales dont la crédibilité et la compétence ne font aucun doute auprès de leurs pairs. Autre contribution importante, la FATA a pourvu à l'encadrement et à la formation de plusieurs dizaines de stagiaires qui poursuivent maintenant le travail de défense des accidentés dans différents milieux, mais plus particulièrement à l'intérieur du mouvement syndical, qui, année après année, se préoccupe de la défense de ses membres accidentés.

Michel Chartrand, comme le souligne Audette, en plus d'avoir mis au monde la FATA, l'a soutenue à plein temps, bénévolement, en plus de faire don de sommes importantes et d'en prêter d'autres encore plus.

Roger Valois, aujourd'hui vice-président à la CSN, est, en 1983, secrétaire de son syndicat des employés de Fer et Titane à Sorel. Il se souvient que:

Pour Michel, la FATA ça voulait dire: «Fais ta part». Je le vois encore avec sa petite table sur laquelle il avait exposé des dépliants sur la FATA, dans le hall du congrès de la CSN en 1983, tentant de convaincre les syndicats d'adhérer à la FATA. «Fais ta part», entonnait-il!

À Sorel, le syndicat de Fer et Titane a répondu à l'appel en versant une cotisation annuelle de plus de 10 000 $ à la FATA.

Les deux compères, Claude Pételle et Roch Banville, que j'ai interviewés en 1992, me rappellent, à leur façon, les débuts de la FATA. Écoutons Claude Pételle, responsable des dossiers des travailleurs accidentés de General Motor à Sainte-Thérèse :

> Quand la FATA a ouvert ses portes en février 1983, j'avais eu une discussion téléphonique avec Michel et à cette période j'avais 50 dossiers par 2 semaines qui passaient devant la Commission des affaires sociales. Chartrand m'a demandé si ça me dérangeait qu'il soit présent avec le Dʳ Banville. Ça me faisait plaisir parce que parmi les dossiers plusieurs avaient une composante médicale. Donc, la présence du Dʳ Banville me facilitait la tâche. Je n'étais pas habitué à avoir un expert à mes côtés. Jusqu'ici les experts de GM disaient n'importe quoi et je ne pouvais les reprendre que par des trucs de questionnement pour essayer de les fourrer dans leurs menteries. On a fait les 50 dossiers ensemble. Cela a permis à Chartrand et à Banville de comprendre toute la dynamique qui entourait les auditions devant la Commission des affaires sociales. Finalement, en 1984, Michel m'a demandé de venir travailler pour la FATA. J'ai donc commencé à travailler avec Chartrand. Il y a bien eu une couple d'arguments sur le fonctionnement des dossiers. J'avais ma façon et nous étions deux anarchistes qui se rencontraient.

Malheureusement, à la suite de problèmes cardiaques, Claude Pételle s'est éteint, à l'âge de 55 ans, le 22 décembre 1994. Comme le souligne le Dʳ Roch Banville dans son ouvrage, « il a laissé à la FATA une profonde et indélébile empreinte ». Et j'ajouterai : Quel beau personnage honnête, généreux et dévoué à l'extrême pour la cause de ses frères et sœurs accidentés.

En plus de la défense des dossiers et des expertises médicales, la FATA a aussi un service juridique qui voit à la défense des accidentés. Louise Picard, une infirmière qui s'est recyclée en avocate, prend, dès le début de l'existence de la FATA en 1984, la relève de Mᵉ Louise Boucher, afin d'assurer une défense adéquate pour les personnes admissibles à l'aide juridique. Même si la défense d'un dossier d'accidenté du travail peut se faire par « une personne de son choix » un mandat en vertu de la loi sur l'aide juridique n'est émis que pour un avocat. Selon Louise Picard, sa relation avec la FATA a par la suite servi de modèle pour les autres avocats de ce secteur.

Je m'en voudrais de clore ce chapitre sur la FATA sans mentionner Colette Legendre. Elle a occupé le poste de directrice générale de la FATA pendant 10 ans. Colette a milité avec Michel et moi au Conseil central de Montréal, où elle occupait le poste de secrétaire générale adjointe. Nous formions le *triumvirat* du Conseil ; je garde de cette époque un souvenir ému et plein de reconnaissance pour sa générosité peu commune. Lorsqu'elle prend sa retraite en tant qu'employée de la Ville de Montréal, à notre invitation, en janvier 1989, après le départ de Marie-Claire Laforce de la FATA, Colette fera le grand saut et prendra la responsabilité de la direction générale de l'organisme pendant 10 ans d'affilée. Son dévouement est entier. Elle est la première, pour donner l'exemple à tous, à accepter une baisse de salaire. Elle convainc certains employés de réduire leurs heures de travail et d'ainsi contribuer à réduire les coûts de gestion. Combien de fois doit-elle aussi faire des démarches auprès des centrales syndicales pour demander des avances de fonds sur leur contribution annuelle, aller quémander auprès du banquier de la Caisse d'économie

des travailleuses et travailleurs (Québec) des augmenta-
tions de la marge de crédit. Chacune des journées de ces
10 années lui a apporté son lot de soucis.

Encore de nos jours, elle effectue bénévolement des
tâches de secrétariat au conseil d'administration. Il n'y a
pas une semaine où elle ne se présente pas à la FATA afin
d'aider le directeur général, Denis Lévesque, ou pour
donner un coup de main afin de résoudre certains problèmes de gestion. Chapeau et merci, Colette!

Depuis ses débuts, la FATA a ouvert plus de 12 500
dossiers de victimes d'accident ou de lésion corporelle.
Plusieurs personnes s'adressent quotidiennement par
téléphone aux bureaux de la FATA. Nous pouvons affirmer sans exagération que la FATA reçoit annuellement
plus de 10 000 appels de personnes en détresse à la suite
de leur accident de travail.

En 1987, Michel Chartrand laissera la présidence du
conseil d'administration de la FATA «à des plus
jeunes»; il vient alors d'avoir 70 ans. Ça n'en fait pas un
homme à la retraite pour autant. Non, cet homme ne
prendra jamais sa retraite. C'est Simonne qui la première
m'en a fait part il y a de cela plusieurs années. Sans emploi et sans fonds de retraite de la CSN ou d'ailleurs, il
travaille à la FATA à défendre les dossiers des accidentés
pour la somme dérisoire de 100 $ par dossier. Et il ne
prend pas son travail à la légère. Combien de fois ne l'a-
t-on pas vu passer de nombreuses heures à étudier des
dossiers hauts «comme des matelas». C'est sa façon de
travailler car il prépare avec soin la défense qu'il
présente (et il gagne souvent) en compagnie de son
vieux complice, le Dr Roch Banville. Sa «moyenne»,
comme disent les sportifs friands de statistiques, est très
enviable!

Gérard Pelletier, ex-compagnon de Michel
Chartrand dans la JEC, futur ministre de Trudeau et
ardent adversaire de l'homme, me confiera que, malgré

tous les défauts qu'il lui trouve, Chartrand demeure irréprochable « sur la question des accidentés du travail ». Parfois, il n'y a pas d'hommage plus sincère que celui que nous rendent nos adversaires.

***

Pour souligner les 15 ans d'existence de la FATA et le quatre-vingtième anniversaire de naissance de Michel Chartrand, Colette Legendre, alors directrice générale de la FATA, avec l'aide bénévole de tous les employés de la FATA, organise une fête, le 22 mai 1997, à laquelle répondent plus de 600 personnes. La participation est tellement grande que les places viennent à manquer et on doit refuser des participants.

Richard Desjardins, Yvon Deschamps, Louise Forestier et Les French B verront à occuper le volet artistique de la soirée, tandis que Jacques Parizeau rend hommage à Michel Chartrand, Alain Chartrand, retenu à l'extérieur par un tournage de l'un de ses films, lui envoie un message enregistré et Jean-Claude Germain lit des extraits de *Michel Chartrand – Les dires d'un homme de parole*.

Tous les employés de la FATA se sont donnés sans compter afin que la soirée soit un succès. Enfin, pendant plus d'une heure et demie, Michel Chartrand entretient les invités, qui, malgré l'heure tardive, demeurent sur place jusqu'à la fin. Deux bénéfices nets : la FATA sort de la soirée-bénéfice plus riche de 10 000 $ et Michel Chartrand en sort, lui, plus jeune que jamais !

Lors du tournage de la télésérie *Chartrand et Simonne*.
Collection Michel Chartrand.

Michel Chartrand s'adresse aux invités, en avril 1991, lors de la
projection du film d'Alain Chartrand, *Un homme de parole*.
Collection Michel Chartrand.

Michel Chartrand, l'érudit, devant une partie de sa bibliothèque à Richelieu.
Collection Michel Chartrand.

Lors de l'inauguration de la salle Michel-Chartrand au Conseil
central de Montréal, présidé alors par Sylvio Gagnon.
Archives CSN.

Sur les chantiers de
construction à Montréal,
en 1969, afin de faire
appliquer les règlements
de la CSST sur la
prévention des accidents
de travail.
Collection Michel Chartrand.

Les deux Chartrand, le 10 octobre 2002,
sur le plateau de tournage de la série *Simonne et Chartrand* :
le comédien Luc Picard et le véritable Michel Chartrand.
Collection Michel Chartrand.

Michel Chartrand et le réputé écrivain Dany Laferrière,
au stand de Lanctôt Éditeur, au mois de novembre 1997,
pendant le Salon du livre de Montréal.
Photo de Fernand Foisy.

Un « homme bien ordinaire » taillant sa pelouse à Richelieu,
dans les années quatre-vingt.
Collection Michel Chartrand.

« Pauvreté zéro », clame Michel Chartrand, le candidat du
Rassemblement pour une alternative politique (RAP), qui se
présente aux élections contre le chef du PQ et premier ministre du
Québec, Lucien Bouchard, dans le comté de Jonquière, en 1998.
Collection Michel Chartrand.

Pendant la campagne électorale dans le comté de Jonquière,
en octobre 1998, Michel Chartrand fait un exposé
sur le revenu de citoyenneté.
Collection Michel Chartrand.

CHAPITRE 12

Les fins et les renouveaux

> On n'apprend pas le syndicalisme à
> l'école. On n'est pas encore assez
> civilisés pour ça, pour montrer aux
> travailleurs comment se défendre et
> comment avoir l'esprit de solidarité.
> On nous apprend plutôt à nous
> battre les uns contre les autres.
> MICHEL CHARTRAND, 1970

La fin d'une belle aventure

Tout au long de sa vie de militant, Michel Chartrand a encouragé les travailleurs à se syndiquer afin de se faire respecter par les patrons. Il a prêché par l'exemple lorsque, propriétaire de l'imprimerie Les Presses sociales, il a signé l'une des meilleures conventions collectives dans le domaine de l'imprimerie, allant même jusqu'à offrir davantage que ses employés demandaient.

Le Conseil central de Montréal ne faisait pas exception. À titre de président, il a signé avec les employés du Conseil une des meilleures conventions collectives du milieu syndical.

En février 1974, une nouvelle entente est conclue avec les employés du Conseil, mais Michel n'a pas encore apposé sa signature au contrat de travail. Cela traîne un peu trop en longueur au goût des employés, qui… déclenchent une grève de 4 jours s'échelonnant du 28 février au 5 mars 1974. Les bureaux du Conseil sont fermés. Ce sera le début de la fin d'une belle aventure.

En bon démocrate, Michel Chartrand, le président, accepte que le problème soit discuté en assemblée générale du Conseil central. Ce jour-là, il y a foule…

À la demande de Michel, je rédige un document expliquant notre point de vue, dont le contenu sera ratifié à l'unanimité par les membres de notre comité exécutif. Cette grève, déguisée en journées d'étude, est prématurée et n'a pas sa raison d'être. La nouvelle convention collective est en vigueur et les employés peuvent, depuis le 11 février 1974, réclamer et obtenir leur pleine rétroactivité et le nouveau barème de leur salaire. Un syndicat n'est pas une entreprise privée dont le seul but est de maximiser les profits. Les employés ont exigé la signature du président sous forme d'ultimatum, alors que celui-ci n'avait pas encore lu la convention. Veut-on la tête d'un homme? La réponse, hélas, viendra quelques jours plus tard, au cours des élections du congrès, à la mi-avril.

Extrait du *Journal de Montréal* du lundi 22 avril 1974:

M. Fernand Foisy, secrétaire général du CCSNM depuis 1969, a été défait à la surprise générale par une faible majorité par Raymond Gagnon, animateur syndical, lors des élections tenues hier après-midi.

M. Foisy attribue sa défaite aux accrochages qui ont eu lieu, ces derniers mois, lors des négociations entre le syndicat des permanents du Conseil central et l'exécutif.

On sait que Michel Chartrand a été réélu président du CCSNM par acclamation dès samedi soir. Ce dernier déplore la défaite de son fidèle collaborateur. Selon M. Chartrand, M. Foisy était la cheville ouvrière du Conseil central et il affirme que sans lui il n'y aurait pas eu un Conseil central aussi dynamique.

Toute mon équipe sera défaite : Colette Legendre, Yvon Saint-Denis, Louise Benoît, Josée Vanasse, René Racicot, Michel Chrétien et Raymond Bourget. Tous les postes à l'exécutif du Conseil central sont contestés, sauf celui à la présidence, et Michel Chartrand sera réélu par acclamation. La coalition n'a pas osé tenter de le déloger, elle a plutôt choisi de l'isoler.

Une curieuse coalition formée de « nationaleux », de péquistes purs et durs (ne pas confondre avec des indé-pendantistes) et de marxistes-léninistes s'était formée pour battre l'équipe de Michel Chartrand. Seuls les syndicalistes purs et durs comme les gars d'entretien de la CTCUM, les gars de Gaz Métropolitain, les gars de la construction, quelques employés d'hôpitaux et de ser-vices publics et beaucoup d'autres (que j'oublie malheureusement) ont voté pour l'équipe Chartrand. Cela marqua pour moi la fin d'une belle aventure.

Du Conseil à la Caisse populaire… au nouvel édifice de la CSN

Je retrouverai bientôt Michel Chartrand dans le cadre de nouvelles fonctions. Quand, en 1978, il célèbre son dixième anniversaire à la présidence du Conseil central des syndicats nationaux de Montréal, il annonce aux délégués réunis en congrès qu'il ne demandera pas le renouvellement de son mandat et que dorénavant il mettra toutes ses énergies dans sa charge de président du conseil d'administration de la Caisse populaire des syndicats nationaux, la Caisse populaire dite de la CSN.

Et par un juste retour des choses, je fais, moi aussi, une rentrée dans l'édifice de la CSN, après une absence d'un peu moins de quatre ans. Devant la montée fulgurante de l'actif de la Caisse, en 1978, le conseil d'administration décide de créer un nouveau service du crédit et de m'en confier la direction (je suis membre de la Commission de crédit depuis 1970 et j'en occupe la présidence depuis 1972). Je reviens donc dans le giron de la CSN. Michel Chartrand et moi redevenons les complices que nous étions au Conseil central.

Louise Pinsonneault occupera le poste d'agente de crédit. Plus tard, Thérèse Desforges, amie personnelle de Michel et ancienne employée du Conseil central, viendra nous rejoindre et s'occupera de relancer les emprunteurs délinquants.

L'augmentation remarquable des fonds de la Caisse est due en partie à la campagne de recrutement de Michel Chartrand et aussi au fait que les finances de la CSN n'ont jamais été aussi bien-portantes. Michel Chartrand n'est pas étranger à la croissance rapide de l'actif. Depuis peu, il met en pratique son nouveau plan de recrutement. Il organise des rencontres avec les trésoriers des syndicats affiliés au Conseil central et les convainc de déposer leurs fonds à la Caisse des syndicats à un taux dérisoire de 1 % mais, en retour, nous ouvrons les vannes pour prêter à leurs membres de même qu'à leurs syndicats, à des taux privilégiés — bien au-dessous des taux en vigueur dans les banques. En fin d'année fiscale, à l'assemblée générale des membres de la Caisse, nous remettons, sous forme de ristourne, une somme correspondant aux surplus encaissés. Bref, tout le monde en profite, à commencer par Pepin lui-même, qui témoignera (en réponse à certaines critiques formulées contre Chartrand et l'administration de la Caisse) de sa joie de voir verser des dividendes dans son compte.

Le plus difficile a été de convaincre les trésoriers des syndicats et des fédérations de confier à leur coopérative d'épargne et de crédit leur argent à des taux de rendement si bas. Le pédagogue Chartrand s'est mis à l'œuvre et l'opération fut plus qu'une réussite. À mon départ en juin 1985, l'actif de la Caisse approche les 36 millions de dollars.

Mais tout n'est pas toujours au beau fixe. Depuis quelques mois, la Caisse et le Syndicat des employés sont en pleine période de négociation en vue du renouvellement de la convention collective de travail. Les employés prétendent que les négociations n'avancent pas assez vite et un événement viendra bouleverser le processus des négociations.

Une caissière a, selon le conseil d'administration, commis une faute en acceptant d'échanger un chèque à un non-membre et ce chèque s'est avéré sans provision. Dans ces circonstances, les administrateurs demandent à la caissière de rembourser la somme : moins de 100 $. Règle générale, les caissières ont un montant à leur disposition lorsque leur caisse ne balance pas, mais cette fois les gestionnaires prétendent que l'employée concernée n'a pas respecté les directives. Les employés n'acceptent pas la décision et profitent de ce verdict pour déclencher, le 28 mars 1980, une grève illimitée.

Pendant 15 jours, les employés de la Caisse font du piquetage dans le hall d'entrée de l'édifice de la CSN, au 1001 de la rue Saint-Denis. Tout naturellement, ils reçoivent l'appui des employés de la CSN qui travaillent dans le même édifice et de beaucoup d'autres syndicats affiliés à la Fédération du commerce.

Pendant ce temps-là, nous, les employés cadres, Monique Beaulieu, Marcel Éthier et moi-même, avec le président de la Caisse, Michel Chartrand, nous devons nous occuper quotidiennement des opérations de base afin de ne pas pénaliser, en premier lieu, les travailleurs membres de la Caisse.

La situation est quand même très délicate autant pour la CSN que pour les employés et les dirigeants de la Caisse. Le Syndicat est affilié à la CSN et comme tels les membres ont droit à des prestations de grève prises à même le Fonds de défense professionnelle de la CSN (le fonds de grève). Les employés, en plus de reconnaître l'importance de la lutte syndicale, savent pertinemment que l'argent du fonds de défense est dans les coffres de la Caisse et que de mettre la Caisse en péril peut conduire la CSN à ne plus pouvoir appuyer l'ensemble des syndicats affiliés. Le Syndicat des employés de la Caisse admet la situation et permet que la CSN puisse effectuer certaines opérations essentielles, réduites à leur strict minimum. Pour cette raison, les cadres, qui font le *clearing*, ne pourront être traités de *scabs*.

Enfin, après plusieurs séances de négociations et la médiation spéciale de Léopold Beaulieu, trésorier de la CSN, et de Gerry Taylor, conseiller syndical à la CSN, les employés acceptent de retourner au travail le jeudi 16 avril, mais… les serrures ont été bloquées avec de la colle. Malgré tout, le lendemain 17 avril, les employés sont de retour à leurs postes respectifs et jamais il n'y eut de rancœur d'une part ou de l'autre.

***

La CSN se sent maintenant trop à l'étroit dans l'édifice du 1001, rue Saint-Denis à Montréal. Plusieurs fédérations et syndicats doivent louer des locaux à l'extérieur et cela a pour effet de ralentir les activités et de nuire aux communications entre la CSN et ses affiliés. Les dirigeants décident de chercher un terrain afin d'y construire le nouvel édifice syndical. L'endroit est rapidement trouvé sur l'avenue De Lorimier, au nord du boulevard De Maisonneuve, dans le quartier ouvrier autrefois connu plus familièrement sous le nom de Faubourg à m'lasse. L'édifice de quatre étages sera construit au 1601, avenue De Lorimier, à Montréal.

Le projet nécessite de l'argent et... c'est Michel Chartrand qui ira le défendre et obtenir le financement — ou presque. Dans les faits, la CSN a un urgent besoin d'un prêt supplémentaire de deux millions qu'elle est allée demander à la Caisse populaire des syndicats nationaux. Mais la Fédération des caisses populaires du Mouvement Desjardins tente d'empêcher la « caisse de Chartrand » de donner suite à cette demande. Pour sa défense, la Fédération invoque le fait que la Caisse n'a pas la capacité de sortir cette somme de ses fonds parce que son pouvoir de prêter est trop faible. Elle met aussi en question la capacité de rembourser de la CSN. Ces deux arguments sont facilement réfutés par Michel Chartrand. Premièrement, la Caisse fera comme beaucoup d'autres caisses populaires qui ne disposent pas d'assez de liquidités et elle empruntera la différence nécessaire auprès de la Fédération des caisses. C'est la théorie des vases communicants, un argument de taille que la Fédération ne peut rejeter. Quant à la capacité de rembourser de la CSN, Michel Chartrand soutient que l'on devrait comparer la CSN à une communauté religieuse lorsque l'on parle d'argent. Tous les membres d'une même communauté religieuse ne quitteront jamais en même temps, le même jour, la communauté et il restera toujours assez de membres pour garantir les engagements de l'organisme. Chartrand obtient la précieuse autorisation que la Fédération, dans un geste mesquin, voulait refuser à la Caisse. De plus, avec l'accord de son conseil d'administration et sa commission de crédit, il négocie la transaction à un taux préférentiel très avantageux pour la CSN.

Cette transaction démontre assez bien comment Michel Chartrand est craint et respecté, pour l'instant, par les gens de la haute finance. Une anecdote cocasse le prouve. Le notaire de la Caisse durant cette période, Pierre Filion, me l'a racontée en ces termes :

> Je dois me présenter à l'étude du notaire de la compagnie Plexon [le constructeur du nouvel édifice] avec un chèque visé de deux millions de dollars tiré de la Caisse de la CSN. Je demande donc au président de la Caisse, Michel Chartrand, de m'accompagner, avec le chèque visé bien entendu. Nous arrivons à l'heure prévue à l'étude du notaire de Plexon. Il demande que je lui remette le chèque. Je me tourne vers Michel Chartrand, qui est accompagné du gérant, Marcel Éthier. Michel Chartrand sort le carnet de chèques de la Caisse et avec Marcel Éthier il signe sur place le chèque pour la somme demandée. Grand silence dans l'étude du notaire. Personne n'ose passer de commentaire, surtout pas le notaire de Plexon, sur le fait que le chèque n'est pas visé, mais... le notaire prend le chèque et conclut la transaction à la satisfaction de tous. Il est indéniable, à ce moment-là, que tous craignent Michel Chartrand. En voilà une preuve.

Michel Chartrand, en plus de son tempérament frondeur, détient une arme secrète : il a un conseiller de grande importance, Luc Giguère, de Sainte-Foy. Giguère est conseiller financier à la Fédération des Caisses populaires de la région de Québec. Cet expert des caisses populaires donne à Michel Chartrand et aux membres du conseil d'administration de la Caisse tous les conseils qui leur serviront dans leurs tractations avec la Fédération des Caisses de la région de Montréal. Savoir bien s'entourer, voilà la force de Michel Chartrand.

Léopold Beaulieu, ex-trésorier de la CSN et maintenant PDG du Fondaction de la CSN, nous explique en termes polis comment « opérait » Michel Chartrand :

Durant la période qui va de 1969 à 1981, où Michel Chartrand est président de la Caisse populaire à Montréal, il est très critique à l'endroit du Mouvement Desjardins en général. Michel critiquait l'évolution du Mouvement Desjardins par rapport au caractère associationniste de la coopérative. Il voyait un monstre en train de se construire, qui ne rendait pas ce pour quoi il s'était développé. Ce qu'il critiquait particulièrement, c'était la facilité plus grande de faire affaire avec l'entreprise traditionnelle que de faire affaire, comme mouvement coopératif, avec d'autres coopératives et le mouvement syndical. Je me souviens très bien d'une altercation à l'époque où la Fédération des magasins Coop avait initié le développement des Cooprix. Je me souviens que contrairement aux indications et aux prescriptions de la Fédération de Montréal la Caisse de la CSN avait décidé de financer le Cooprix de Montréal. Michel avait fait montre de l'authenticité de son engagement coopératif en bravant la politique en vigueur chez Desjardins.

***

Michel Chartrand aime les belles choses. Son séjour à la Trappe d'Oka n'est pas étranger à son goût pour les verrières. L'aménagement de la Caisse, dans les locaux du nouvel édifice du 1601 avenue De Lorimier, est pour lui une occasion propice à la démonstration de son goût pour les choses qui sortent de l'ordinaire. Encore une fois, il s'entoure de gens compétents et reconnus par le milieu artistique, un milieu qu'il connaît bien et où il se sent très à l'aise. Un soir, autour d'une bouteille de rhum, il discute avec son vieil ami, le peintre et sculpteur Jean-Paul Mousseau (qui déteste son prénom et préfère se faire appeler «Mousse»). Chartrand et Mousse étudient différentes possibilités d'aménagement du nouveau local de la Caisse populaire. Mousse suggère que l'on construise, sur le mur donnant sur le hall d'entrée de l'édifice, une verrière formée de trois grands panneaux. Le plan de Mousse est aussitôt accepté par Michel Chartrand, qui s'engage à le faire adopter par son conseil d'administration.

Mousse trace le canevas des nouveaux bureaux et les dessins de l'ameublement. Puis il se met à l'œuvre pour la verrière. Il dessine tout d'abord une esquisse aux couleurs de l'arc-en-ciel. Mousse à cette époque travaille avec un jeune verrier d'origine belge arrivé au Québec en 1953, Pierre Osterrath.

Tous les deux se connaissent bien car ils travaillent aussi à Hull sur un projet à la Place du Portage. Mousse présente un plan définitif à Marcel Éthier, le gérant, et à Michel Chartrand. Le projet est accepté et Osterrath construit une maquette réduite de la future verrière. La réalisation de l'ensemble de l'ouvrage s'étalera sur trois mois et sera exécutée dans l'atelier d'Osterrath, avec l'aide de Lise Charland-Favretti. Cette dernière exposera 11 de ses œuvres à la Caisse pendant plusieurs semaines. Il n'y aura qu'un seul acheteur, Michel Chartrand, qui les a, par la suite, données à ses enfants et à ses proches.

Plus tard, Pierre Osterrath réalisera, à la demande de Michel, une verrière spécialement conçue pour Simonne. La verrière de Simonne est installée chez elle dans la fenêtre donnant sur la table où elle rédigeait ses mémoires. Elle témoigne encore des sentiments de Michel et de son goût pour l'art.

Départ difficile

À cause de la nouvelle réglementation des caisses Desjardins concernant le partage des tâches entre les administrateurs élus et les employés de la Caisse, Michel

Chartrand doit abandonner la présidence de la Caisse populaire en 1981. Il est à l'emploi de la Caisse depuis la fin de 1978, avec comme principales fonctions le développement de la Caisse et le recrutement. Gilles Beaulieu, ex-trésorier du Conseil central de Montréal, en devient le nouveau président et Pierre Marin, lui aussi ex-trésorier du Conseil central, remplace Marcel Éthier à la direction en mai 1982.

Selon Pierre Marin, l'embauche de Chartrand comme salarié à la Caisse était un genre de compromis parce qu'il travaillait autant pour la CSN et le Conseil central que pour la Caisse :

> Il était tout de même très utile de le garder et, rétrospectivement, il me semble que si Michel n'avait pas été là, la Caisse aurait probablement survécu difficilement car notre Caisse était tout juste « tolérée » dans le Mouvement Desjardins. La Fédération de Montréal, en particulier. Ce fut un rapport de force implicite dont Michel Chartrand était en grande partie responsable. La Fédération de Montréal vivait dans la sainte terreur des réactions de Michel. À la Fédération, ils ne nous ont jamais respectés, mais ils trouvaient que c'était mieux de nous laisser aller que de provoquer une guerre ouverte. Michel a mis au moins 10 ans de bonnes discussions avec la Fédération pour assurer le pouvoir d'emprunt de la CSN. Les raisons d'existence d'une caisse populaire, ce n'est pas juste de prêter de l'argent et d'administrer des épargnes, c'est de regrouper l'épargne d'un milieu donné pour qu'elle serve à ce milieu. Là-dessus, je dirais que Michel a été une espèce de conscience permanente. Michel est un homme de vision. Toutes ses actions s'inscrivent dans la ligne large de la défense des droits des travailleurs. Il a un projet de société. Michel a beaucoup d'instinct, mais il a aussi une perception claire de l'organisation sociale. On

peut dire que l'élimination du profit dans nos
relations économiques dans la société est une
question d'instinct, mais ça relève de la vision
aussi».)

Quelques années plus tard, en 1987, la Caisse
réévalue sa capacité d'embauche de personnel. Ses
dirigeants en arrivent à la conclusion qu'ils ne peuvent
plus se payer les services de Michel Chartrand et que
l'on devra négocier les clauses de son départ. Il ne s'est
jamais attardé à prévoir sa retraite. Il n'a ainsi jamais
contribué à un fonds de retraite privé, que ce soit à la
CSN ou ailleurs. Il déteste discuter de ses conditions
salariales et la négociation des conditions monétaires
de son départ s'avère très pénible pour tous. Cela a
vraiment mal tourné car il est toujours très difficile
d'avoir ce genre de discussion avec Chartrand. Dans
son for intérieur, son orgueil est touché. Il prend très
mal le fait qu'on lui demande de partir. En fait, la
Caisse a toujours besoin de ses précieux services, mais
elle ne peut plus se les payer. Son budget est surchargé.
Finalement, les administrateurs offrent à Michel une
somme substantielle comme indemnité de départ, dont
une grande partie sera versée sous forme de REER. Il
n'accepte pas cette proposition et préfère plutôt recevoir son salaire pendant trois autres années. On ne peut
pas dire que le climat est détendu ; ce serait plutôt
l'inverse.

Difficile de savoir vraiment ce qui agitait Michel
Chartrand durant cette période. Or Michel (qui est
toujours très actif à la FATA), dans un geste d'une générosité incommensurable, dépose à la Caisse une demande d'emprunt de 140 000 $ pour la FATA. Il offre en
garantie l'argent que la Caisse s'est engagée à lui verser
comme indemnité de départ. Le directeur Pierre Marin
est d'accord avec cette demande et ses garanties colla-

térales lui semblent acceptables. Cependant, il doute fortement que la Fédération des caisses donne son accord. Michel Chartrand prend donc l'initiative d'aller visiter les représentants de la Fédération. Il leur explique dans son langage imagé et coloré le bien-fondé de sa demande d'emprunt et des garanties qui l'accompagnent. Ces derniers, renvoyant la balle à la Caisse, lui répondent : « En autant que la Caisse accepte votre demande... nous ratifierons sa décision. »

La Caisse bonifie l'emprunt et le présente à la Fédération, qui le... refuse. Ils ont dit oui par la porte d'en avant et refusent par la porte de derrière. « Quelle lâcheté ! » de dire Pierre Marin, qui, écœuré par un geste si mesquin, va de ce pas dire leurs quatre vérités aux dirigeants de la Fédération du groupe Desjardins. Finalement, devant tant de détermination, la Fédération accepte de donner son aval à la transaction entre la Caisse, Michel Chartrand et la FATA.

Lorsque Michel Chartrand quitte la Caisse au début de 1988 pour aller œuvrer à la FATA, la Caisse des syndicats nationaux de Montréal détient un actif dépassant les 37 millions de dollars. La Caisse populaire des syndicats nationaux de Montréal a prêté des millions aux grévistes avec la caution du syndicat en grève, de la Fédération impliquée et de la CSN. Sous la présidence de Chartrand, la Caisse n'a jamais perdu des prêts consentis aux syndicats en grève.

Si amertume il y avait au moment de son départ, on ne peut que le comprendre.

CHAPITRE 12

Simonne

> Si la propriété privée est sacrée,
> l'habitacle de mon cœur et de mon
> âme l'est davantage.
> MICHEL CHARTRAND, mai 1982

Simonne Monet Chartrand, écrivaine

Le 13 mai 1981, Simonne Monet Chartrand lance son premier livre autobiographique, *Ma vie comme rivière, 1919-1942*, aux éditions du Remue-ménage. Elle a mis beaucoup d'efforts, autant physiques que moraux, dans la rédaction de ses mémoires. L'ouvrage est bien accueilli par le grand public et devient rapidement un succès de librairie.

Selon Monique Roy, du magazine *Perspectives*, il s'agit d'une autobiographie qui témoigne d'une grande sensibilité et d'une nette franchise. «Ce récit-collage, récit-tiroirs, récit-racines, elle l'a écrit en toute simplicité, avec honnêteté et rigueur, et l'offre comme un legs», écrit-elle.

Pourtant, son syndicaliste de mari, Michel Chartrand, n'accueille pas son ouvrage avec beaucoup de sympathie. Au contraire, il n'est pas du tout content car, dans son livre, Simonne dévoile, pour la première fois, l'échange de la correspondance entre elle et Michel lorsque ce dernier la courtisait. Michel est très contrarié. Il prétend que ces lettres d'amour sont des documents privés qui ne devraient pas intéresser le grand public et qu'elle n'avait pas à les divulguer. Il considère que cette façon de faire viole le caractère privé de leur union.

Simonne, de son côté, prétend que c'est justement parce que ces lettres d'amour lui appartiennent depuis le moment où elle les a reçues qu'elle est en droit de les divulguer. Elles sont représentatives de la période de leurs amours, dit-elle, et le public est en droit de con- naître un Michel Chartrand qu'il connaît uniquement selon le portrait que les médias en dressent. Son but premier, c'est que les gens connaissent mieux son Michel Chartrand : l'amoureux, le père de famille et le citoyen convaincu de ses idées et prêt à les défendre. Bref, elle dévoile le visage caché de son Michel. Et c'est en effet ce que les lecteurs découvriront, de façon privilégiée.

Simonne ne chôme pas et, le 15 novembre 1982, elle lance le deuxième tome de son autobiographie. Jocelyne Lepage écrit très justement dans *La Presse* :

> L'histoire personnelle de Madame Chartrand est autant, sinon plus, marquée par les événements sociaux et politiques du Québec que par des évé- nements familiaux et intimes, d'où l'intérêt de son autobiographie. C'est donc un volet de la grande histoire de notre petit pays qui nous est livré comme il a été vécu et perçu par une femme cons- ciente et toujours prête à la lutte.

Mais c'est à Simonne que l'on doit les mots les plus justes et les plus bouleversants lorsque vient le temps de témoigner de ce projet autobiographique. Elle a écrit :

> Je tiens à continuer d'écrire pour transcender la souffrance et laisser aux miens l'héritage de mes

pensées, de mes expériences et de mes rêves réalisés ou non [...] Pour moi, écrire mon autobiographie, c'est faire le tour du champ de ma vie. Son horizon, sa fécondité, ses flaques d'eau, ses flocons de neige, ses pousses, sa vitalité, sa nourriture offerte après de durs labours, d'éternels labeurs. Dans le temps et l'espace pour la vie. Je ne verrai pas l'an 2000. Je n'y tiens pas, mais je tiens à signer *Ma vie comme rivière*, tome 3.

***

Le 17 février 1992, le couple Monet-Chartrand célèbre son cinquantième anniversaire de mariage et pour l'occasion, Michel, qui n'écrit presque jamais, trouve le temps d'adresser quelques mots à sa femme :

Ma très chère Simonne,

En reconnaissance d'une cinquantaine d'années de bonheur, d'affection et d'amour ; en reconnaissance des inestimables et merveilleux dons de sept enfants et de dix petits-enfants ; je te voue ma profonde amitié.

Le long chemin parcouru ensemble en regardant dans la même direction nous est un gage pour un long chemin à venir.

Amoureusement,

Michel

***

Octobre 1992. Michel Chartrand revient d'un voyage d'un mois en Europe. Il y a été invité par Michèle Latraverse afin de faire la promotion du film de son fils Alain, *Un homme de parole*. L'invitation est d'abord envoyée à Alain, qui ne peut se libérer. Les organisateurs demandent donc à Michel de se présenter en France afin de parcourir le circuit de la promotion du film.

Une mauvaise surprise l'attend à son retour. Il retrouve une Simonne souffrante et affaiblie. Courageuse, elle a tout de même réussi à terminer la rédaction du dernier tome de son autobiographie, le quatrième, grâce au dévouement de sa fidèle collaboratrice et secrétaire, Carole Fisette. Le 4 novembre 1992, c'est le soixante-treizième anniversaire de naissance de Simonne, qu'elle a décidé de célébrer en invitant ses amis au lancement de son livre. Son éditrice résume quelques lignes de son itinéraire :

> Participante au congrès de la Fédération internationale démocratique des femmes à Moscou en 1963, militante acharnée pour la paix, cofondatrice et membre de plusieurs groupes de pression et d'action sociale, cette femme sera confrontée aux injustices de la crise d'Octobre et devra vivre une des plus grandes douleurs qui puissent exister, la mort d'un enfant. Malgré ces épreuves, Simonne Monet-Chartrand continue de se battre pour les droits des femmes, la justice et la paix.

Madame Hélène Pelletier-Baillargeon signe la préface, dans laquelle elle présente Simonne comme un des grands noms « du féminisme, de la politique, de la littérature, des arts, du syndicalisme et du catholicisme québécois depuis 50 ans ». Mme Pelletier-Baillargeon souligne :

> Simonne a été et demeure une femme d'action et une démocrate qui n'a renié aucun de ses engagements. Ses souvenirs, c'est exclusivement autour d'eux qu'ils s'articulent [...] Mais l'âge n'a réussi à émousser chez elle ni l'amour, ni la ferveur, ni la capacité d'indignation.

Au lancement, Simonne, qui signe dédicace sur dédicace, a beaucoup de difficulté à tenir jusqu'à la fin tellement elle est épuisée. Elle trouvera quand même l'énergie, quelques jours plus tard, accompagnée de Michel, de se présenter au Salon du livre de Montréal dans la semaine du 12 novembre pour saluer ses lecteurs. Ce sera sa dernière sortie en public.

La maladie s'est accrochée à Simonne. Elle souffre beaucoup, beaucoup trop. Le 17 novembre, son médecin lui annonce la tragique nouvelle : cancer du foie et du pancréas. Ébranlés par cette nouvelle si peu attendue, Simonne et Michel retournent à leur maison sur les bords de la rivière Richelieu.

Simonne, après avoir longuement réfléchi, calmement, annonce à son mari qu'elle ne veut pas de traitements curatifs, qu'il faut accepter un jour que l'aventure se termine. Elle recevra, pour atténuer la douleur, des comprimés de morphine. Michel, de son côté, annule tous ses rendez-vous et ses engagements afin de demeurer aux côtés de sa compagne de vie et de l'accompagner vers le dernier voyage. Tous les enfants (tous sans exception), éparpillés un peu partout dans le vaste monde, reviennent à Richelieu afin d'être au chevet de leur mère agonisante.

***

Le 14 janvier 1993, deux mois après avoir appris la triste nouvelle, Mme Hélène Pelletier-Baillargeon, grande amie et confidente de Simonne, est de nouveau à son chevet. Elles s'embrassent, se tiennent longuement les mains et, comme le racontera l'amie dans son homélie le 21 janvier :

> Nos deux têtes presque côte à côte sur l'oreiller, nous avons parlé ensemble à voix basse d'un très vieux mystère. Celui que nos pères et mères,

certains s'en souviennent peut-être, appelaient la communion des saints. Ce vieux mystère cherchait à nous dire qu'entre vivants et morts persiste, à cause de l'amour qui les unit, une étroite solidarité, invisible pour les yeux mais perceptible avec le cœur. Simonne y croyait beaucoup. Elle l'avait écrit. Elle me l'a répété ce soir-là.

***

Le 18 janvier 1993, à Richelieu, à l'âge de 73 ans, entourée des siens, Simonne s'envole vers d'autres cieux. Les enfants et Michel Chartrand acceptent dans la sérénité la plus complète le décès de leur mère, de sa femme. Simonne, jusqu'à la dernière minute, a tenu à laisser une image sereine. Alain, qui est le dernier à la voir, avant que les gens des pompes funèbres l'amènent définitivement, l'embrasse doucement. Il ressent une émotion qui ne se laisse pas qualifier.

Réaliste et décidée, Simonne, Mère Courage comme l'a surnommée Hélène Pelletier-Baillargeon, avait écrit :

> Pour dédramatiser la froideur de la mort, j'ai écrit sur une feuille annexée à mon testament : « Je souffre de rhumatisme depuis l'âge de cinq ans. Dans ma tombe, habillez-moi d'une robe de laine, s'il vous plaît. Je suis frileuse. Puis faites-moi inci- nérer. Pour la première fois de ma vie, j'aurai enfin chaud aux os... » D'ici là, je porte des châles de laine offerts par Michel et nos grands enfants. Ainsi, je me sens plus vivante, plus chaleureuse.

Les journaux publieront son avis de décès :

> Après une vie de militantisme à la défense des droits de la personne et de la paix, Simonne a quitté sereinement ce monde, à Richelieu, près de la rivière qu'elle chérissait, après une brève maladie. Elle laisse 6 enfants et 10 petits-enfants. Cette vie

d'amour et de dévouement aura marqué tous ceux et celles qui l'ont côtoyée ainsi que les lecteurs et lectrices de ses livres…

Les hommages

Pendant deux jours, c'est un feu roulant au salon funéraire où la dépouille de Simonne est exposée. Les enfants et Michel reçoivent les condoléances des parents, des proches et des amis de la famille. Ils sont nombreux à se déplacer pour présenter leurs vœux.

Jean Laurendeau, fils du célèbre André Laurendeau, un proche du clan Chartrand, se rend au salon funéraire la veille des funérailles. Malgré un horaire très chargé, il a décidé de se déplacer pour rendre hommage à Simonne et saluer Michel et ses enfants, qu'il a côtoyés pendant sa jeunesse. Michel l'aperçoit le premier et tout de go il lui demande de jouer de son instrument, les ondes Martenot, aux funérailles. Jean est tellement honoré qu'il accepte. Il a le sentiment de devoir quelque chose à Simonne.

Afin de respecter la tradition, la famille, Michel Chartrand en tête entouré de ses enfants, de ses petits-enfants et de nombreux autres parents et amis, quitte le salon funéraire et marche derrière le cortège. C'est Alain, le fils aîné, et le petit-fils Philippe, aidés des neveux Bruno et Maurice Chartrand, qui portent le cercueil jusque dans la nef de l'église.

Même si la famille Chartrand demeure dans la municipalité de Richelieu sur la rive sud de Montréal, les funérailles de Simonne ont lieu, le jeudi 21 janvier 1993, à l'église Saint-Antoine-de-Longueuil et les restes de Simonne seront inhumés aux côtés de sa fille Marie-Andrée dans le cimetière de Longueuil.

Le célébrant, Mgr Robert Lebel, évêque du diocèse de Valleyfield, est délégué par la Conférence des évêques du Canada. Il est accompagné d'une douzaine de célébrants, dont un cousin de Simonne et le célèbre père Ambroise Lafortune.

Plus de 2 300 personnes s'entassent à l'intérieur de l'église. Afin de représenter ses 10 petits-enfants, 10 roses sont posées sur le cercueil de Simonne. En plus de la famille, des proches et des amis, des personnalités du monde politique, syndical et artistique, des représentants d'organismes voués à la défense de la paix, de l'environnement, des femmes et des communautés culturelles se sont regroupés dans une grande famille qui pleure la disparition de Mère Courage.

***

Une lettre de Michel à Simonne :

Ce sont probablement tes qualités poussées à l'héroïsme à certains moments — tu n'as jamais faibli — qui font que ça doit ressembler à de la sainteté ou, mieux, être la vraie sainteté. C'est ce courage continu dans la vie quotidienne, avec sourire, tendresse, amour et chaleur, la vraie sainteté.

***

Les hommages viendront, nombreux, sous forme d'articles ou de témoignages, mais également sous la forme, combien symbolique, de création de prix, de maisons ou par la nomenclature de lieux destinés à souligner sa mémoire.

Ainsi, le Centre des femmes de Montréal a créé le prix Simonne Monet-Chartrand en 1992 pour honorer « une mère de famille qui, par ses réalisations, valorise le rôle des femmes tout en perpétuant les valeurs et idéaux de Simonne Monet-Chartrand ». Dix jours après le décès de Simonne, la Fédération des femmes du Québec lui rend un dernier hommage tandis qu'à la fin du mois de novembre 1993 les éditions Écosociété publient *Les Québécoises et le Mouvement pacifiste* (1939-1967), que Simonne a tout juste eu le temps de terminer avant sa mort. Simonne recevra aussi, à titre posthume, le prix Droits et Libertés 1993 de la Commission des droits de la personne du Québec. Un pavillon du cégep François-Xavier-Garneau, à Québec, une école à Côte-des-Neiges à Montréal, une rue à Saint-Nicolas, une bibliothèque à Richelieu, un parc sur la rue Sherbrooke près de la rue Saint-Hubert à Montréal et une maison pour les femmes et enfants victimes de violence conjugale à Chambly ont été nommés à sa mémoire. Parmi les plus beaux hommages, on se souviendra de celui que prononça, à la demande de la famille, Hélène Pelletier-Baillargeon. J'en cite quelques extraits :

> Simonne, notre Mère Courage, nous a quittés, mais elle ne nous pas laissés orphelins. La vie de Simonne n'aura été qu'une longue marche à l'amour. On ne pouvait la côtoyer longtemps sans comprendre que cette femme-là appartenait à la race des grandes amoureuses. Comme on se jette à la mer, comme on lance tous ses dés à la fois sur la table, elle avait joué toute sa vie en misant sur l'amour. Et nous savons maintenant qu'elle a gagné son pari. « La foi et l'espérance passeront, mais l'amour ne passera jamais. » L'amour est éternel. Et les poètes ne meurent pas. Et Simonne avait fait de sa vie un long poème d'amour envers les siens dont elle ne finissait plus d'aligner les strophes [...] La priorité accordée à la personne a toujours été présente dans les actions entreprises par Simonne et dont les médias ne cessent, ces jours-ci, de nous rappeler la liste impressionnante. La foi de Simonne la croyante est indissociable de sa foi inébranlable en la personne. Foi en ses dons, en ses ressources

cachées. Devant un mandement d'Église, un projet de loi, une convention collective, Simonne se demandait toujours si les structures proposées avaient été pensées en fonction des personnes ou en fonction de principes abstraits. Si la personne était première servie, Simonne donnait aussitôt son accord ; si elle avait été oubliée ou méprisée, elle dénonçait. Et avec quelle véhémence ! Les murs de notre vénérable Église, j'en puis témoigner, en ont été plus d'une fois ébranlés ! Telle est Simonne, paradoxale, simple et vraie. Et traversant pour cela en toute impunité les contradictions de nos luttes et de nos idéologies. La voix du cœur était celle qu'elle entendait le mieux, la seule peut-être envers laquelle elle se montrait inconditionnellement réceptive. C'est cette voix-là qui lui a permis de concilier, dans sa vie, ce que tant d'hommes et de femmes d'action estiment irréconciliable : la radicalité et la tolérance […] Pour ses convictions et pour celles de Michel qu'elle partageait, elle avait payé de sa personne un prix que seuls ses proches peuvent aujourd'hui évaluer […] Comme leur cher Péguy révérait sa mère rempailleuse de chaises, Michel et Simonne respectaient profondément le travail manuel. Tout comme Michel était fier de son métier de typographe qu'il avait longtemps exercé. Simonne aimait répéter que c'est en travaillant silencieusement de ses mains pendant tant d'années qu'elle avait trouvé cette unité intérieure qui avait été la source de toutes ses convictions et de tous ses engagements. C'est parce qu'elle a toujours su honorer, dans ses paroles et dans ses actes, l'obscur travail des femmes que Simonne aura peut-être été, parmi les grandes figures du féminisme québécois, la porte-parole la plus crédible. Elle seule, peut-être, pouvait réussir à faire travailler ensemble dans une même organisation les théoriciennes du féminisme radical avec les militantes de l'AFEAS ou des Cercles des fermières. Quand elle parlait de condition féminine, Simonne savait de qui il était question. Cela se sentait ! [...] La beauté du monde, la beauté des corps qu'elle avait enfantés, nourris et aimés, la beauté surgissant des mains de l'artiste faisaient de la prière de Simonne un interminable *Magnificat* rempli d'étonnement et de jubilation. Devenir grand-mère n'avait rien entamé de sa capacité d'émerveillement. Ses 10 petits-enfants étaient toute sa fierté et elle nous les nommait tous : Philippe Emanuel, Katerine, Anne-Marie, Marie, Maïa, Olivier, Maude, Léo, Florence, Marion. C'est au milieu des siens, devant cette beauté étincelante, tranchante comme une déchirure de notre hiver québécois, qu'elle a fermé les yeux comme elle l'avait souhaité. Dans cette grande maison voulue et ornée avec Michel et qui préfigure la maison du Père, où nous croyons qu'elle est parvenue avant nous. Dans ce que Michel a appelé ce « si difficile passage de vie à trépas » qu'elle avait à traverser toute seule, elle se sentait mystérieusement entourée par ceux et celles qu'elle avait tant aimés et qui l'avaient précédée dans la mort. Elle savait ses père et mère, ses frères Roger et Amédée à ses côtés. Elle sentait Marie-Andrée, sa « petite fille Espérance », auprès d'elle. Et, avec eux, l'immense cohorte invisible de tous nos ancêtres dans la foi. [...] Je crois que Simonne saura bien traverser, pour nous rejoindre, ces dernières frontières que la mort cherche à introduire entre ceux qui s'aiment et que la promesse de Dieu est venue abolir.

***

J'ai trop de respect envers Michel pour tenter de risquer de décrire le chagrin qui l'a envahi à la mort de sa femme. Respect pour sa vie privée comme pour sa pudeur, pour sa réserve comme pour sa douleur. Je me bornerai à rappeler que l'émotion de ces jours-là ne l'a pas quitté depuis. Beaucoup de ses intimes peuvent en témoigner.

Je retiens simplement deux petites phrases qui disent plus et mieux que bien des développements le chagrin et la tristesse qui l'accablent. Je l'ai entendu dire, à propos de la mort : « Je ne pensais pas que c'était si difficile à voir venir, à accepter et à voir apparaître. » Et puis cette autre phrase, qui dans son laconisme dit beaucoup aussi : « On connaît toujours la solitude dans la vie même lorsque l'on vit en couple, mais le type de solitude que l'on vit après une mort, c'est autre chose. »

Alain, enfant et témoin du couple

Simonne et Michel peuplent aujourd'hui notre quotidien grâce à la série télévisée qu'Alain a réalisée sur ses parents. Avant d'aborder cette tranche de mon livre, il me faut souligner la contribution exemplaire qu'Alain a su apporter à la mémoire collective du Québec par ses autres réalisations, cinématographiques ou livresques, sur ses parents. Commençons par le début…

On projette à la télévision de Radio-Canada le film *Un homme de parole*, qu'a réalisé, avec la complicité de sa femme Diane Cailhier, Alain Chartrand, sur son père, Michel Chartrand. Il y travaillait depuis plus de deux ans et c'est au mois d'avril 1991 qu'il présente ce film pour la première fois en public devant plus de 1 500 personnes. Il a fallu deux représentations pour accueillir tous les invités au Théâtre Denise-Pelletier. Du jamais vu à Montréal pour la présentation d'un film sur un activiste militant syndical et engagé politiquement.

Le plus grand défi d'Alain a été de convaincre son père d'accepter la production de ce film car Michel Chartrand ne porte pas dans son cœur les ouvrages ou émissions sur sa petite personne. Le *human interest*, ça ne l'intéresse pas.

Alain a quand même réussi à convaincre son père en lui laissant entendre qu'il se devait de laisser un document qui refléterait ses 50 années de militantisme. Michel Chartrand avouera : « C'est ma petite-fille Marie [fille de Diane et Alain] qui a servi d'argument pour me convaincre de faire le film. Elle aurait dit à Alain qu'elle ne me connaissait pas. »

Les producteurs présentent ce film dans les termes suivants :

> Homme de gueule mais avant tout homme de cœur, aussi fin poète que fin gourmet, voici un homme de parole : Michel Chartrand. Passionné de justice sociale, tribun charismatique, il a consacré sa vie entière à défendre les droits des travailleurs, y perdant même parfois sa liberté ! Son long combat résume 50 ans de vie politique et d'action syndicale au Québec.

Un homme de parole est aussi un film de famille. En plus d'Alain Chartrand et de sa femme Diane Cailhier, Suzanne G. Chartrand a fait la recherche et Dominique Chartrand était responsable du son. Le film est diffusé en 1991 par la Société Radio-Canada à la télévision, qui l'a repris à multiples reprises depuis.

Alain ne comptait pas en rester là. Sa mère, elle aussi, aura droit à son attention. Il avait toujours été proche d'elle et il m'a confié qu'il garde encore précieusement un souvenir précis. Au cours d'une de ses nombreuses et régulières visites pendant sa maladie, elle lui a dit, tout doucement, tout simplement : « Je t'aime. » Ces mots résonnent encore dans sa mémoire. Simonne lui a confié le soin de terminer un livre qu'elle avait entamé mais pas achevé, *Les femmes et la paix*, ce qu'il s'est empressé de faire en collaboration avec sa femme

Diane Cailhier. Dans un autre ouvrage posthume de leur mère qu'ils auront réalisé, les « auteurs » témoigneront en préface :

> En réunissant toute la documentation qu'elle avait accumulée et annotée durant tant d'années, nous avons retrouvé son enthousiasme devant ces nouvelles générations de pionnières qui concrétisent les vœux des premières militantes pour les droits des femmes.

Si sa mère était peu présente dans le premier film réalisé sur son père, c'est peut-être qu'Alain comptait se reprendre. Le 8 mars 1996, Journée internationale de la femme, il lancera son dernier film, *Une vie comme rivière*, en hommage à sa mère. Son épouse Diane Cailhier est la coscénariste de cette production.

***

Simonne a légué à son fils Alain sa plus grande richesse, son journal intime. Alain et sa femme Diane lisent le précieux texte. Le journal contient les réflexions et les commentaires de Simonne depuis son adolescence jusqu'à sa mort. C'est à partir de cet inestimable document qu'ils pourront retracer les informations qui serviront à la production des séries télévisées *Chartrand et Simonne* et *Simonne et Chartrand*.

Ces séries télévisées nous réserveront des moments d'émotion rares. Les spectateurs y trouveront avec plaisir la flamme, l'humour et les valeurs profondes d'amour, de justice et de solidarité qui ont été les moteurs de leur action commune à tous deux.

Le succès rencontré lors de la diffusion par Radio-Canada de la première tranche (*Chartrand et Simonne*) de cette série télévisée mérite qu'on s'y attarde quelque peu.

Le lancement officiel de la série est prévu pour le
19 janvier 2000, à la Cinémathèque de l'Office national du
film. Les rôles principaux y sont tenus par Luc Picard
(Michel Chartrand) et Geneviève Rioux (Simonne). La série
débute vers 1934, alors que le moine Chartrand quitte la
Trappe d'Oka, et se termine en 1959 avec la mort du premier ministre du Québec de l'époque, Maurice Duplessis.

Le jour du lancement, une ligne de piquetage des
techniciens de la Société Radio-Canada en grève depuis
le mois de décembre se dresse devant Michel Chartrand
venu assister au lancement en compagnie de Colette
Legendre. Que faire ? Jamais au grand jamais Michel
Chartrand ne traversera une ligne de piquetage, légale
ou non. C'est sacré pour lui. Il fait froid, très froid, moins
20 degrés Celsius. Que faire ?

Michel Chartrand, loin de vouloir forcer la ligne de
piquetage, entreprend de converser avec les grévistes
tout en leur expliquant qu'il est solidaire de leur cause.
Puis il offre un petit remontant, histoire de lutter contre
le froid : il sort de son sac des petites bouteilles de rhum
et en fait la distribution aux grévistes, qui les acceptent
avec empressement.

Tout en buvant avec eux, il leur dit :

> Plutôt que de vous les geler, pourquoi n'entrez-
> vous pas voir la présentation de la nouvelle série ?
> Ça devrait vous plaire ! Il est question d'une grève
> importante qui a eu lieu en 1949 à Asbestos au
> Québec. Ce serait vraiment de circonstance !

Il n'en fallait pas plus pour que les grévistes acceptent. C'est ainsi que, bras dessus, bras dessous, pendant
que Michel Chartrand leur tient la porte ouverte, les grévistes entrent visionner, en primeur, la nouvelle télésérie.
Pendant le visionnement, les grévistes, qui semblent bien
apprécier ce qu'ils voient, manifestent bruyamment leur
approbation par des cris et des applaudissements.

Les représentants des médias s'empressent de capter et de diffuser largement ce moment mémorable la journée suivante, dans tous les journaux. Inutile de dire que Michel Chartrand est fier de son coup.

Malgré le succès de cette première tranche, pour des raisons que seuls le patronat et les intérêts fédéralistes doivent connaître, Radio-Canada annoncera par la suite qu'elle ne diffusera pas la suite de cette série, celle qui porte précisément sur la matière du présent livre.

Le Devoir a titré : « Radio-Canada a peur de Chartrand… » Oui et, ajouterai-je, il n'y a pas que Radio-Canada.

CHAPITRE 14

Et la vie continue…

> On ne vit pas caché, on doit vivre en
> société. L'homme est un animal
> social. On est né pour le bonheur et
> on ne peut pas le trouver autrement
> qu'avec l'ensemble de la société. Et
> on ne peut pas être heureux si l'on
> sait que certaines de nos sœurs et
> certains de nos frères sont malheu-
> reux.
> MICHEL CHARTRAND, août 1991

Pour la cause

Le 16 février 1995, au *Medley*, rue Saint-Denis, le Tout-Montréal militant et syndical se presse pour assister au *Bien cuit de Michel Chartrand*. Celui-ci est entouré d'amis tels Pierre Bourgault et Colette Legendre. L'écrivain et dramaturge Jean-Claude Germain occupe le poste de maître des cérémonies. On trouve, parmi les spectateurs, le maire de Montréal Jean Doré et le chef de la police Jacques Duchesneau. Ce curieux mélange témoigne de l'envergure du personnage.

Si Michel a bien voulu se prêter au jeu du *Bien cuit*, c'est pour une seule et unique raison : pour venir en aide au mensuel *l'aut'journal*, un journal de gauche et de combat né le 1ᵉʳ mai 1984 et fondé par un groupe de militants qui voulaient remettre à l'ordre du jour les grands débats sociaux.

> Avec les années, écrit Michel Marsolais du *Journal de Montréal*, le syndicaliste Michel Chartrand a presque pris une dimension mythique au Québec. Peu de personnages ont réussi à garder un tel pouvoir de fascination pour entrer dans le folklore de la conscience sociale d'un peuple. L'homme au langage coloré a été de tous les combats et hier ils étaient plus de 1 000 convives à lui rendre hommage.

Gérald Larose, président de la CSN, ne veut pas être en reste et récite, pour la circonstance, un poème composé en alexandrins. Il se lit comme suit :

> Au prophète un peu fol,
> Autocrate, paradoxal,
> Tant attachant pourtant,
> En un mot : salut Chartrand

> Vous me pardonnerez ces piètres alexandrins.
> Ce n'est pas que je veuille ainsi faire le gandin
> Mais ils sont adressés à quelqu'un qui a dit
> Et je le partage : Il ne faut pas pardi !
> Négliger dans le peuple la force d'une rime.
> Des bourgeois, c'est de n'y rien comprendre
> Et de n'ouvrir les yeux qu'au moment de les pendre.

> De Gaulle aimait la France ; un peu moins les Français.
> Ça ne l'empêcha pas de faire ce qu'il a fait.
> Michel agit de même pour la démocratie.
> Comme il l'a défendue ! Et comme il a flétri
> Ceux qui, comme Trudeau avec les gars d'Lapalme,
> Lui faisaient perdre ses manières avec son calme.

On l'a vu, dans les corridors du Parlement,
Offrir à PET de lui étamper fermement
Ses cinq p'tits frères dans la prunelle.
Et l'autre de répondre :
« Viens-t'en dans la ruelle... »
Ils fréquentaient tous deux les hauteurs d'Outre-
mont
Et savaient ce qu'il faut faire dans les salons...

Il a passé trois mois à l'ombre à Parthenais.

C'est alors que l'on entend venir de la salle les hauts
cris :
— C'est pas trois, c'est quatre, crisse ! Pas trois,
quatre, ostie !
C'est Chartrand qui conteste...
Un peu surpris, mais faisant rapidement la correc-
tion, Gérald Larose poursuit :

Il a passé quatre mois à l'ombre à Parthenais.
La reine l'y a mis. Non pas qu'il y tenait
Mais il avait planté comme par hasard un croc
Dans le mollet dodu d'un régime d'escrocs.
C'en était trop. Accompagnée de banderoles
C'est en prison qu'on y mit ce jour la parole.
Quand il en est sorti, barbe longue, guilleret,
La parole acérée ainsi qu'un couperet
S'est-il lancé dret là sur le plan politique ?
A-t-il accumulé les bouquets liturgiques
Qui d'ordinaire émaillent ses colériques
Et ont fait que les juges attrapent des coliques ?
Non ! Il s'engagea, sourcil froncé rue Fullum
Pour dire à tous ceci, qui est d'un honnête homme :
« Ils m'ont volé quatre mois ! Quatre mois sans faire
l'amour.
On peut pas, à mon âge, ostie, perdre un seul jour. »
Puis Michel est passé derrière les caméras
Et sa phrase à la postérité passa.

Un jour, il balança des coups de pied au cul
D'un inspecteur des caisses qui cherchait des écus

Sous les tables, sous les bancs et dans tous les tiroirs.
Il se passa du temps avant qu'il revienne voir…
Les livres balançaient plus ou moins, mais avec lui
La Caisse populaire l'était plus qu'aujourd'hui.

J'ai souvenance aussi d'un président distrait
Qui commençait bien tard les assemblées. Il avait
Dû mettre une dernière touche à un prudent
discours…
Subir une autre fois les assauts de sa cour…

J'ai déjà dit un jour qu'il était prophète.
Je le redis encore et je veux qu'on le fête.
Mais j'ajoutais aussi, et c'était un bémol,
Qu'un peuple si petit, à la couenne un peu molle,
N'avait pas les moyens d'en avoir un deuxième
Comme lui. Un seul suffit, vraiment ! Mais j'aime
Penser à Michel, comme à un chêne bâti,
Assumera ce rôle jusque hors des temps prescrits,
Même après l'avoir électoralement rôti,
Normal son organisateur s'appelait Foisy.

Je suis certain qu'en certains lieux on aimerait tester
Si un Chartrand Bien-Cuit et un Larose toasté
Font toujours grand honneur à ce Conseil central
Que tous deux présidèrent, Saint-Denis, Montréal.
Je veux les décevoir. Ce n'est pas ma voix
Qu'il y aura ici, comme il y eut autrefois,
Cette vaine querelle entre Anciens et Modernes.
Car si Michel est vieux, il n'a rien mis en berne.
C'est le plus jeune ici. C'est ce que je décrète
Et ne tolère point que sur ce, on rouspète.

Autant de verve, d'humour, de ténacité
Et de conviction mais au service du monde
ordinaire
N'ont d'égal que la simplicité et la générosité
De celui qui les a partagés.

Michel merci !

* * *

Ces combats, il les mène avec courage et détermination, sans jamais faiblir, sans égard au nombre de ses années. Car il faut convenir que, du courage et de la détermination, il en faut pour se lancer à 82 ans dans une élection provinciale contre le premier ministre en poste, Lucien Bouchard, au cœur même de son fief, Jonquière. J'ai déjà abondamment parlé de cet épisode[1] et c'est pourquoi je me bornerai ici à en résumer les grandes lignes.

Le 2 novembre 1998, après avoir été fortement sollicité par des membres du Rassemblement pour une alternative politique (RAP) et plusieurs travailleurs et militants syndiqués de Jonquière, Michel Chartrand annonce qu'il sera candidat aux prochaines élections générales au Québec dans le comté de Jonquière, contre Lucien Bouchard.

Le lundi 30 novembre 1998, c'est le moment de vérité. Les routes et les rues sont glissantes, les automobiles et les piétons se déplacent à grands efforts. Certains bureaux de votation ouvriront avec des retards considérables. Il s'agit du pire scénario que l'on aurait pu imaginer pour cette journée d'élections, mais l'équipe Chartrand est gonflée à bloc malgré le faible nombre de ses membres — une dizaine de bénévoles alors qu'il y a 192 bureaux de votation! Bouchard sera élu, haut la main, comme tous s'y attendaient. Le geste de Chartrand a été perçu comme un défi qui ne laissera pas le premier ministre indifférent. Donquichottesque, son geste aura réussi à ébranler le consensus d'une masse d'électeurs indifférents.

C'est au cours de cette soirée d'élection que Chartrand fera sa célèbre sortie sur le *human interest* à un Bernard Derome qui n'en croyait sûrement pas ses

---

1. Fernand Foisy, *Michel Chartrand — Les voies d'un homme de parole*, p. 253 et suivantes, Lanctôt éditeur, 1999.

oreilles. C'est également au cours de cette campagne que Chartrand a pu défendre son projet de « revenu de citoyenneté »,

> [qui] consiste à redistribuer la richesse et à éradiquer la pauvreté dans notre société. Ce revenu minimal remplacerait tous les programmes existants : aide sociale, pension de vieillesse, assurance-chômage, les allocations familiales et les allocations sociales, mais il ne serait conditionnel ni à la participation à des programmes d'employabilité, ni à la composition du ménage (seul ou avec un conjoint).

Pour expliquer en long et en large cette nouvelle politique du revenu de citoyenneté, Michel Chartrand parcourt le Québec dans son entier. Paul Cliche, vieux compagnon de route de Michel, a rédigé un reportage sur cette tournée dans *l'aut'journal*, en décembre 2000 :

> En connaissez-vous des politiciens assez populaires au Québec pour être invités spontanément par une centaine de groupes en moins de 5 mois et pour attirer, grâce à leur magnétisme, 20 000 personnes venues entendre parler d'un sujet aussi sérieux que le revenu de citoyenneté ?

> Cet exploit [...] Michel Chartrand vient de le réaliser à 83 ans, seul et à ses propres frais, dans une quasi-obscurité médiatique. Réclamé par des gens ordinaires, il a rencontré, de la fin janvier au début de juin 2000, plus de citoyens que tous les membres du Conseil des ministres québécois pendant la même période.

> [...] Depuis bientôt deux ans, il a donc déclenché une véritable croisade qui s'est intensifiée avec la publication, l'automne dernier, du livre qu'il a rédigé sur le sujet en collaboration avec le professeur Michel Bernard. À tel point que la grande virée du vert

octogénaire a pris l'allure d'un véritable marathon depuis le début de l'an 2000 en plein hiver québécois.

[Il a rencontré] en bonne partie des étudiants dans les universités, les cégeps et même dans les écoles secondaires, des travailleurs syndiqués, des assistés sociaux, des féministes, des membres d'associations communautaires, des nationalistes, des enseignants, des fonctionnaires, des personnes âgées, des écologistes mais surtout du monde ordinaire. Un véritable microcosme de notre société. [...] Sa tactique préférée : « Je m'adresse aux femmes car elles ont plus de sens politique que les hommes. »

Oui, pour Michel, la vie continue. Il continue sa marche et rien ne semble vouloir l'arrêter. Rien sinon...

Quand la maladie frappe

Le matin du 13 novembre 2001, Michel Chartrand se lève pour prendre le petit-déjeuner avec sa compagne Colette Legendre. Quand elle lui demande s'il a passé une bonne nuit, il lui répond que oui, bien qu'il ait la vue un peu embrouillée.

La veille, Michel a ressenti un violent choc et a aperçu un grand éclair lui traverser les yeux. C'est à compter de cet instant que sa vue s'est brouillée. Sur ce, Michel et Colette s'en vont immédiatement consulter l'ophtalmologiste.

Le médecin, après un examen sommaire, prend les arrangements afin que Michel soit reçu aux urgences de l'hôpital Notre-Dame. L'urgentologue décide de le garder sous observation. On apprendra le lendemain que Michel a été victime d'un grave accident cérébro-vasculaire.

Un autre des patients de ce médecin qui a subi un ACV de même intensité est resté complètement paralysé.

Michel est très chanceux de s'en tirer avec ces quelques séquelles : problème de vision et légère confusion due au choc. On choisit quand même de le garder à l'hôpital.

Cet incident survient alors que le Salon du livre de Montréal vient à peine d'ouvrir ses portes. Il n'est évidemment pas question que Michel mette les pieds au Salon. J'y suis donc, amputé de mon camarade. Tous les auteurs au stand de Lanctôt éditeur et plusieurs autres s'informent de l'absence de Michel. On leur apprend la triste nouvelle, puis les auteurs et les amis sont invités à transmettre leurs messages à Michel sur une immense carte de souhaits que j'ai achetée. En voici quelques-uns :

> Que fais-tu, mon cher ami, ta place est vide (heureusement Fernand est là) mais surtout les jeunes filles se demandent où est passé le beau Michel.
> Dany Laferrière

> Cher Michel,
> Ton rire tonitruant nous manque terriblement, les lecteurs et lectrices (surtout) te réclament, mais on est patients (trop ?) au Québec, alors tu crois qu'on va attendre longtemps ?
> Jacques Lanctôt

> À l'ami de tous, de toutes,
> Son nom est Michel, l'ami de ceux et celles qui se battent sans cesse. Contre la folie humaine, rares sont ceux et celles qui ont mené comme toi un combat sans relâche. Je suis un de ceux qui voient en toi, Michel, ce que la vie a fait de merveilleux. Ne reste pas trop longtemps à l'hôpital, on veut te voir fort, libre, revendicateur, rassembleur, comme toujours.
> Armand Vaillancourt

> Hey le jeune,
> On se fie sur toi pour savoir jusqu'à quel âge ça dure la colère, le *fun* et la passion pour la justice.
> Des gros becs.
> Raymond Cloutier

Cher vert doyen,
Fais ben attention, si je te revois pas au Salon ou ailleurs, il ne me restera plus qu'à maudire sur mon futur (71 ans) car tu es le sel de cette terre et parfois le miel et souvent l'arc-en-ciel. Il y a longtemps que je t'aime, jamais je ne dois t'oublier.

Claude Jasmin

Cher patriarche,
On ne peut pas être patriarche si on n'écœure pas le monde jusqu'à 90 ans. Alors, garde le bon pied à la hauteur du trou du cul des écœurants. Je vous aime, mon camarade, mon frère. À betôt. J'en ai de besoin.

Victor-Lévy Beaulieu

Cher Michel,
Fais attention aux discours que te tient ton cerveau.

Jean-Claude Germain

Mon schmouk d'amour,
Même si à l'occasion tu me fermes la ligne au nez et que tu cries après moi, je t'aime gros comme le ciel, la Terre et l'Univers. Je t'embrasse.

Léo-Paul Lauzon

Cher Michel,

L'amitié aura toujours le dernier mot.

Fernand Foisy

Le lundi suivant, le Conseil central de Montréal tient son congrès au Palais des congrès de Montréal. Les organisateurs ont invité Michel à leur adresser la parole à une réunion intime qui regroupe une cinquantaine de personnes. Il est hospitalisé, mais réussit à convaincre ses médecins de lui accorder un congé pour la soirée.

Avant de prendre la parole, Michel a demandé à son ami Roger Valois, vice-président de la CSN, de se tenir près et il lui a recommandé : « Si tu t'aperçois que je dis des folies, tu m'crisses un bon coup de pied et je comprendrai ». Il prend la parole et tout se passe comme… s'il ne s'était jamais rien passé. Il parle comme il l'a toujours fait, sans détour et directement, avec ironie et humour :

> Je sors de l'hôpital et les docteurs m'ont dit que j'avais quelque chose d'un côté du cerveau. Mais ce qu'ils ne savent pas et ne pourront jamais savoir, c'est ce qui me reste dans l'autre partie ; ça, je garde ça pour moi, c'est mon secret !

Il termine sous les rires et les applaudissements de l'auditoire. Encore une fois, il trouve la force et le courage de s'attabler et de signer pendant près d'une heure des autographes et des dédicaces. Après la réunion, il retourne sagement, accompagné de Colette, à l'hôpital pour y subir d'autres examens.

Patriote de l'année 2001

Dans le dictionnaire, il est dit au mot *patriote* : « Personne qui aime sa patrie et la sert avec dévouement ». Heureusement, il y a encore de ces gens qui consacrent leur vie à leur collectivité, pour la préservation des acquis, pour le progrès collectif et pour soutenir leurs concitoyens.

Lors de son banquet des Patriotes, la Société nationale des Québécois (SNQ) Richelieu/Saint-Laurent, en collaboration avec la Société des Patriotes du Québec, remet son prix La Rose de Larochelle à Michel Chartrand, Patriote de l'année 2001. Voici en quels termes Michel est présenté :

> Socialiste, syndicaliste, humaniste et nationaliste, il poursuit depuis toujours sa lutte pour la défense de la dignité et des droits des travailleurs. Homme de parole avant tout, il donne au peuple québécois un

exemple inestimable, celui de la constance dans l'engagement à militer pour une cause. La justice sociale est son cheval de bataille afin que les petits, les sans-voix puissent accéder à la dignité, à la fierté et au bonheur. Ce fidèle défenseur de la justice sociale est sans aucun doute l'un des acteurs sociopolitiques les plus convaincus de ce siècle...

Michel Chartrand sait depuis quelques semaines qu'il sera nommé Patriote de l'année 2001. Depuis son accident cérébrovasculaire, certains se demandent s'il sera en mesure de recevoir ce prix, si, en d'autres mots, Chartrand sera toujours le Chartrand que nous avons connu. Les réponses ne tarderont pas. Je laisse à Louise Bédard le soin de répondre à cette question dans l'édition du 28 novembre 2001du *Canada français* :

> Michel Chartrand ne rate pas une tribune pour faire valoir ses idées. Samedi soir, il n'a pas fait mentir sa réputation. Il est tombé à bras raccourcis sur le gouvernement péquiste, plus particulièrement sur le premier ministre.
>
> Il a reproché au PQ d'être un petit parti de capitalistes qui n'a pas saisi l'occasion du pouvoir pour mettre en place un véritable système économique permettant de répondre aux besoins de la population...

L'article continue sur ce ton :

> Il trouve inadmissible que... Il a dénoncé le... Il reproche au gouvernement québécois de... bref, on aura eu droit à du Chartrand toujours aussi en forme, coloré, vivant, indigné. Un jeune homme en colère. La colère du juste.

Dans la soirée, Alain Chartrand lira un texte rédigé par le comédien Luc Picard, qui a superbement (et intelligemment) incarné l'homme Chartrand au petit écran :

Je ne connais pas beaucoup Michel Chartrand. Je l'admire, c'est entendu. Je l'aime, cela va de soi. Mais je ne le connais pas beaucoup [...] J'avais 15 ans, je me définissais comme un marxiste chrétien avec le plus grand sérieux du monde... La colère montrait le bout de son nez et derrière ce nez-là Chartrand n'est jamais loin. Plus tard, Chartrand, c'est devenu un livre, un film, quelques discours attrapés ici et là. Cette fois-ci, j'attrape un bout du vrai Michel, son courage, son engagement politique, son charme, son indéniable talent de viveur. Je me sens complètement impressionné par sa force, sa persévérance, son irrésistible sens de la dignité humaine. Ici-bas, c'est pas souvent qu'on voit la liberté se promener sur deux pattes québécoises. Et pourtant, la voilà la liberté, toute fière d'elle, bien plantée dans ses yeux, nichée sous ses sourcils généreux. Libre, Michel l'est ; après tout, il faut être libre pour se permettre un rire aussi improbable que le sien. Un rire qui ressemble diablement à un cri du cœur. Et je me dis, en le regardant, que quelqu'un l'a beaucoup aimé parce qu'il faut beaucoup d'amour pour libérer un rire comme celui-là [...].

Plus tard, à l'hiver 1997, Alain m'appelle :

— Je fais une série sur mon père, est-ce que ça t'intéresse ?

— Quel rôle ?

— Ben, Michel...

Je suis sous le choc. Je ne peux pas dire oui, mais c'est sûr que je ne peux pas dire non. Je sais que c'est un rôle terriblement dangereux.

— J'ai besoin d'une semaine.

— Parfait, salut, mon frère.

Ce « mon frère » va raisonner dans ma tête toute la semaine. Je sais très bien en le quittant que je vais dire oui mais j'ai besoin de quelques jours pour m'habituer à l'idée. Pendant ces quelques jours, je me fais l'impression d'un homme qui fait trois fois le tour de sa chambre d'hôtel pour s'assurer qu'il n'a rien oublié avant d'entreprendre son prochain grand voyage. Un voyage à l'intérieur de Chartrand, croyez-moi, c'est pas r'posant. Dès lors, je me mets à lire tout ce qu'il y a à lire, à regarder tout ce qu'il y a à regarder sur Michel. J'y vais doucement, tranquillement. Je ne veux pas trop le chercher. Je veux aussi lui donner la chance de venir à moi. Apprivoiser un personnage, c'est comme apprivoiser une bête ; il y a des moments où il faut se taire, observer et attendre que la bête se pointe. La bête s'est pointée un soir d'été dans un restaurant de la rue Saint-Denis. Cette fois, c'est le vrai Michel en chair et en os, tout habillé de fleurs, de poésie et de latin (les fleurs, c'était pour ma blonde, bien sûr). Sa voix chaude et tonitruante monte et danse sur la terrasse du *Symposium* et soudainement, brusquement, tout se met à vivre un peu plus fort autour. Il me serre la pince comme à un vieux frère et du coup ma timidité disparaît en même temps que ma main dans la sienne. Il fait quelques blagues à mes dépens, raconte des histoires, m'offre un cigare. Moi, j'écoute, je ne l'observe pas, je l'absorbe, sans vraiment le vouloir. Il me fait ce soir-là l'impression d'un grand fraternel, d'un amoureux de la vie et de l'humanité. Rien de ce que je pensais de lui n'est démenti. Évidemment, quelques petites choses s'ajoutent... parfois une toute petite touche de mauvaise foi, une exagération ou deux, quelques jugements expéditifs... mais bon, je passe là-dessus, c'est un hommage c'est tout. Mais je retiens surtout la tendresse. Et ce beau vieux mot qu'on utilisait jadis pour liberté : la franchise. Michel Chartrand est un homme franc. Et je l'en remercie pour mon pays et pour moi. Je l'aime, cela va de soi. Je l'admire, c'est entendu. Salut, mon frère.

***

Plusieurs enfin se souviennent de l'entrevue télévisée accordée par Michel Chartrand à Paul Arcand, au réseau TVA. Cette entrevue avait été filmée quelques jours auparavant au domicile de Michel à Richelieu. Nous sommes nombreux à avoir enregistré sa dernière réplique, en forme de *punch* bien senti : « À 87 ans, il m'arrive à l'occasion d'avoir quelques moments de lucidité... et c'est là que je constate qu'on continue de se faire fourrer autant qu'avant... »

Les aventures de Mimi et Léo*

Mise en garde au lecteur

Comme les gens qui vont se procurer le livre de Fernand Foisy intitulé *La colère du juste* sont, du moins je le postule, des sympathisants de Michel Chartrand, je tiens à les prévenir que la postface que l'on m'a aimablement demandé de rédiger contiendra des scènes de violence verbale et physique terribles. Celles et ceux qui tiennent à tout prix à conserver leur image angélique de Michel Chartrand, à nier les faits factuels et à occulter la vraie vérité auraient intérêt à ne pas lire mon texte. Pour ce qui est des courageux qui sont continuellement en quête de la vérité absolue avec un grand *V* et qui liront cette postface malgré mes avertissements, je demanderais à leurs enfants de les accompagner dans cette dure épreuve et dans cette quête de la victoire du bien sur le mal. Comme je m'attends à des réactions pathologiques de toutes sortes, j'implore le lecteur de consulter et de demander de l'aide car il ne pourra pas

---

* Texte de Léo-Paul Lauzon, professeur au Département des sciences comptables et titulaire de la Chaire d'études socioéconomiques de l'Université du Québec à Montréal.

s'en sortir seul. Croyez-moi, je suis aussi passé par là et mes diverses thérapies se poursuivent encore aujourd'hui. Mais, rassurez-vous, ça va beaucoup mieux, non seulement pour moi, mais aussi pour ma mère Alice, ma fille Martine et ma soeur Francine, qui ont été, les pauvres, entraînées malgré elles et indirectement dans ma dérive existentielle à cause du dit personnage qui fait l'objet de ma préface. Pour celles et ceux qui auront de graves problèmes de comportement après avoir lu mon histoire, sachez que j'ai une police d'assurance qui me dégage de toute responsabilité. Par contre, mes thérapeutes Pancho et Igor me disent de vous dire qu'ils sont disposés à vous faire un bon *bargain* et à vous octroyer des points Air Miles si vous faites appel à leurs précieux services.

Une histoire vraie

L'histoire que je vais vous raconter n'est pas le fruit de mon imagination. Je jure sur ma tête de dire toute la vérité, rien que la vérité et seulement que la vérité. Ce que je vais vous dire n'a jamais été rapporté dans les nombreux reportages médiatiques consacrés à Michel Chartrand et surtout pas dans la série télévisuelle qui a été réalisée sur la vie de Simonne et Michel par leur fils Alain. On sait bien, demander à un fils de concevoir une télésérie sur la vie de son père est aussi objectif que de demander à ma bonne vieille mère d'en réaliser une sur moi. Mais moi, je ne suis pas leur fils, Dieu merci, et je vais faire enfin éclater la vérité au grand jour.

Comme dans tout bon roman savon, il y aura dans mon œuvre deux personnages, un incarnant le bien et l'autre, le mal, malgré ses allures de bon diable. Mais, contrairement aux téléromans, ici rien n'est fictif et tout implique de vrais personnages. En toute humilité, je crois que le lecteur verra la similitude béante entre mon histoire et les individus impliqués et celle d'Aurore l'enfant martyre et de sa marâtre. Un livre ou un film sur cette triste partie bien précise de ma vie serait de mise et dépasserait largement en horreur les histoires déprimantes et scabreuses d'Aurore et de sa mécréante ou de Donalda avec son Séraphin. On pourrait l'intituler : *Léo, un homme et sa souffrance*, sous-entendu, bien évidemment, Michel Chartrand pour sa « souffrance ».

Il était une fois

Le tout a commencé par une *blind date* il y a de ça une quinzaine d'années, dans un restaurant de la rue Saint-Denis dont le nom m'échappe car ma mémoire veut effacer toute trace de ce qui m'a fait tant de mal dans la vie lorsque Ronald Asselin, alors président du Syndicat des employés de magasins et de bureaux de la Société des alcools du Québec (SAQ), m'a présenté, de bonne foi, Michel Chartrand. Soit dit en passant, il y a longtemps que j'ai tout pardonné à Ronald Asselin même si je lui en ai longtemps voulu.

Ce fut pour moi le commencement de ma descente aux enfers. Ce fut un repas formidable, Michel était très attentionné à mon endroit et n'avait de cesse de m'affubler de nombreuses qualités (que je possède vraiment, soit dit en passant) et que seule ma mère m'avait dites dans le passé. Sachant très bien que je n'avais jamais sacré de ma vie et que j'avais horreur des jurons, il n'en a échappé aucun durant le repas. Aussi jamais n'a-t-il pompé, c'est-à-dire élevé la voix et surtout, il n'a pas raconté d'histoires cochonnes, ce que je n'aurais en aucun temps toléré.

Puis, à la fin du repas, il a demandé poliment à me revoir et n'a pas insisté pour me raccompagner chez moi. Par après, il m'a présenté des gens vraiment intéressants comme les poètes et chansonniers Raymond Lévesque et Gilles Vigneault, le comédien Luc Picard, l'écrivaine Hélène Pelletier-Baillargeon, l'ex-président du défunt Parti de la démocratie socialiste, Paul Rose, le Dr Roch Banville, le fondateur de *l'aut'journal*, Pierre Dubuc, et de nombreux syndicalistes. Il m'a offert en cadeau une belle sculpture de Bétournay, on a voyagé ensemble en France et à Cuba, où il me parlait abondamment de poésie, de peinture, d'histoire, de syndicalisme, de politique et de combien d'autres sujets intéressants. Il m'a fait découvrir de bons vins et m'a initié à des mets comme de la cervelle, des tripes, du boudin et d'excellents fromages. On a aussi souvent donné ensemble des conférences un peu partout au Québec et je m'effaçais alors pour ne pas lui porter ombrage. J'étais en quelque sorte son *straight man*.

Je filais alors le parfait bonheur et il était en tout temps prévenant à mon endroit. Au restaurant il tirait ma chaise, au cinéma il m'ouvrait la porte, c'était toujours à moi qu'il demandait de goûter le vin, il était d'une politesse inouïe avec ma mère, ma fille et ma sœur, il me demandait souvent mon opinion sur tout et il me prêtait ses vieilles coupures d'articles de journaux. Avec lui, j'étais enfin quelqu'un, je me sentais un vrai « homme ». On formait un vrai beau petit couple.

Il était l'autre fois

Mon bonheur total avec Michel Chartrand dura environ six mois. Puis, sans crier gare et de façon malicieuse, je dirais même pernicieuse, sa vraie personnalité est alors apparue. Alors que jamais auparavant il n'avait fait allusion à mes origines modestes de pauvre bougre du Faubourg à m'lasse, il y est parvenu de manière détournée en me parlant abondamment d'Outremont, d'où il venait comme par hasard. Pour étaler au grand jour sa culture, il se mit alors à me parler souvent en latin. Il avait alors beau jeu, puisque je suis totalement ignorant de cette langue. Il en beurrait alors épais et jouait au gros même si son latin sonnait souvent joual. Un latin très approximatif, que je vous dis.

Puis, il se mit à me crier des noms comme « crisse de comptable », « ostie d'universitaire », « maudit pouilleux » (même si je n'ai plus un crisse de cheveu), de faiseux et de crosseur. Lorsque je ne comprenais rien à ce qu'il me disait, pour la bonne raison qu'il n'y avait simplement rien à comprendre, il me disait alors : « Crisse, je vais te faire un deux colonnes pour que tu comprennes. » Comme vous avez pu le remarquer, il s'est mis à sacrer de plus en plus, non seulement devant moi mais aussi devant ma fille et ma sœur. Il s'est même mis à appeler constamment ma fille « ineffable garce » et il lui a dit, un jour : « Ah Martine ! si seulement j'avais 20 ans de moins… » Ce à quoi ma fille lui a poliment répondu : « Non, Mimi, 40 ans de moins… » Faut dire qu'à ce moment il avait 85 ans et ma fille Bébélou 25. C'est à partir de ce moment que j'ai dû expliquer à ma petite fille certaines choses de la vie !

Puis, comme si ce n'était pas assez, il se mit à me raconter des histoires vraiment cochonnes ; mes oreilles en frisaient. D'autres, comme Mme Pelletier-Baillargeon, avaient alors droit à ses histoires de curé et de *boy scout*. Mais moi, je devais me farcir les histoires intégralement cochonnes, voire vulgaires, du début à la fin. Ah ! j'allais oublier, quand je n'étais pas d'accord avec lui ou que je n'exécutais pas sur-le-champ ses ordres, il me fermait la ligne au nez. Voyez-vous, ce qui n'était au début de notre relation que gentilles suggestions et aimables propositions s'est vite transformé en commandements à exécuter sans droit de réplique. Souvent, je pleurais seul dans mon coin et je pensais aux bons moments que nous avions passés ensemble. J'avais littéralement perdu confiance en moi. Crier et sacrer après moi, me traiter de comptable et de MBA (pour maudit baveux classe A), me fermer cavalièrement la ligne au nez, me menacer dans des termes à peine voilés avec des expressions comme «Léo, chus encore capable de lever mon pied à la hauteur d'un cul», étaient devenus la norme à mon endroit. Sans compter les fois qu'il m'a minimisé et ostracisé en public. Comme si ce n'était pas assez, même sa conjointe Colette Legendre s'en est souvent prise à moi et même son ami très téteux, pas seulement sur les bords, Alain Proulx, président de la Fédération des syndicats de la sidérurgie et de l'aluminium (FSSA).

Celles et ceux qui me connaissent savent très bien que je ne mérite pas ce traitement injuste et méchant. Et si celles et ceux qui n'ont jamais eu l'immense plaisir de me connaître me rencontraient, ils se diraient alors : «Comment est-ce possible de seulement penser à élever la voix contre une personne si adorable, si gentille, si aimable et possédant beaucoup d'autres belles qualités humaines?»

Dire qu'à plusieurs reprises j'ai annulé de nombreux rendez-vous avec de vraies belles filles intéressantes juste pour le voir. Combien de fois aussi lui ai-je présenté les tantes et les mères de mes copines? Et combien de fois également ma sœur et moi l'avons laissé gagner aux cartes, entre autres au jeu du 500? C'est sans compter les fois que je l'ai aidé patiemment à faire un jeu de patience. Tout ça pour rien. Pas l'avoir connu, je serais peut-être aujourd'hui PDG d'une grande entreprise ou à tout le moins PD et je me serais probablement remarié et aujourd'hui je serais heureux en ménage dans mon beau p'tit *split-level* d'amour à Duvernay. J'avais pourtant devant moi un bel avenir, qui est désormais derrière moi. Une histoire triste à mourir, je vous avais prévenus. Tous ces sacrifices et ces renoncements que j'ai faits juste pour lui!... J'ai vraiment essayé fort de le changer pour le mieux, mais en vain. Y a rien à faire avec lui, je vous le dis. Si seulement il m'avait écouté plus souvent, il aurait pu avoir une très belle carrière professionnelle en relations publiques, en consultation ou même en comptabilité. Mais non, avec sa maudite tête de cochon, il a tout gâché. Dire que j'étais même prêt à l'encadrer et à le prendre en main.

La fin

Moi qui n'avais jamais sacré et raconté d'histoires cochonnes de ma vie et qui avais un caractère en or (*golden caracter*) avant de le connaître, je me suis mis à sacrer, à conter des jokes cochonnes, à crier des noms au monde, à fermer la ligne au nez des gens, à être grincheux, grognon et bougon, etc. Il en est de même pour ma mère, ma fille et ma sœur, car, comme c'est contagieux, il a contaminé toute ma belle petite famille. Souvent, mes amis de longue date me répètent: « Léo, je t'en prie, redeviens le petit garçon charmant et sympathique que tu étais avant. »

Depuis, je ne suis plus le même homme. Me voilà dévasté, ravagé, en thérapie depuis 6 ans, 8 mois et 52 jours. Mes thérapeutes Pancho et Igor n'ont de cesse de me répéter de surveiller mes fréquentations et de mettre fin à ma relation avec Michel Chartrand. Mais, que voulez-vous que je vous dise, je l'aime malgré tout le mal qu'il m'a fait. Il en est aussi de même pour ma mère, ma fille et ma sœur. Comme le disait si bien Léo Ferré je ne sais plus trop dans quelle chanson: « C'est une sorte de mal qui nous fait du bien. » On l'aime beaucoup, allez donc savoir pourquoi!

Puis-je vous demander une petite faveur avant de vous quitter? Auriez-vous la grandeur d'âme de faire

griller un lampion une fois de temps en temps, préfé-
rablement de format *king size* et de couleur, pour moi et
ma famille ? Et celles et ceux qui en ont les moyens, faites
donc brûler le *rack* au complet, on en a vraiment besoin.
Sur ce, je vous quitte, je m'en vais essuyer mes larmes et
me confier à ma mère, dont je suis toujours demeuré le
fils unique préféré. Oh, oh, un instant, les amis, j'entends
sacrer et crier après moi à la porte. Mais quelle belle
surprise ! C'est ma vieille crotte d'amour à Mimi qui
vient me rendre une petite visite inopinée. Sortons au
plus crisse la bouteille de rhum Havana Club et les
cigares cubains. Il me semble dangereusement en forme.
Comme le chantaient si bien dans le temps les Baronets :
« Ça recommence, coin, coin, coin, coin, ça
recommence ! »

Libre et fou !

Tout comme un enfant en pénitence
Dans chaque prison il y a toujours un homme
En train de chanter sa résistance
Libre et fou comme un homme…

Toi oh ! toi Simonne
Tu sais qu'on grisonne
D'être un peu fou
Toi dans mon silence
Mis dans ton absence
J't'aime comme un fou
J'aime jusqu'au bout
J't'aime libre et fou…

Mais tous ceux qu'on met en pénitence
Ne sont pas toujours dans les prisons bonhomme
Dans le cachot de leur existence
Libres et fous y a des hommes…

Vous les patriotes
Vous les dons Quichotte
D'un monde à bout
Vous mes camarades

Paroles et musique de Claude Gauthier, 1972.

Vous les mange d'la marde
J'suis avec vous

Debout debout
Jusqu'au bout
Debout debout
Libre et fou...

Sigles utilisés

AFEAS :   Association féminine d'éducation et d'action
          sociale
CALIS :   Comité d'action de la LIS
CCF :   Commonwealth Cooperative Federation
CCM :   Coopérative des consommateurs de Montréal
CCSNM :   Conseil central des syndicats nationaux de
          Montréal (CSN)
CECM :   Commission des écoles catholiques de Montréal
CÉGEP :   Collège d'enseignement général et professionnel
CEQ :   Centrale de l'enseignement du Québec,
          maintenant la CSQ, la Centrale des syndicats du
          Québec
CISO :   Conférence internationale de solidarité ouvrière
CQDL :   Comité québécois pour la défense des libertés
CRIM :   Conseil régional intersyndical de Montréal
CSD :   Centrale des syndicats démocratiques
CSN :   Confédération des syndicats nationaux
CSQ :   Centrale des syndicats du Québec
CSST :   Commission de santé et de sécurité au travail
CTC :   Congrès des travailleurs du Canada (en anglais
          CLC — Canadian Labour Congress)
CTCC :   Confédération des travailleurs catholiques du
          Canada, ancêtre de la CSN
CTM :   Conseil du travail de Montréal (FTQ)
CTCUM :   Commission de transport de la Communauté
          urbaine de Montréal
CUM :   Communauté urbaine de Montréal

FATA :   Fondation pour aider les travailleuses et les travailleurs accidenté-e-s
FFQ :   Fédération des femmes du Québec
FLQ :   Front de libération du Québec
FNSBB :   Fédération nationale des syndicats du bâtiments et du bois (CSN)
FQF :   Front du Québec Français
FRAP :   Front d'action politique
FTQ :   Fédération des travailleurs et des travailleuses du Québec
GRC :   Gendarmerie royale du Canada
JEC :   Jeunesse étudiante catholique
LIS :   Ligue pour l'intégration scolaire
MDPPQ :   Mouvement pour la défense des prisonniers politiques du Québec
MSA :   Mouvement Souveraineté-Association
NPD :   Nouveau parti démocratique (anciennement le CCF)
PET :   Pierre Elliott Trudeau
PLC :   Parti libéral du Canada
PLQ :   Parti libéral du Québec
PQ :   Parti québécois
PSD :   Parti social-démocratique
PSQ :   Parti socialiste du Québec
RAQ :   Régie des alcools du Québec
RCMP :   Royal Canadian Mounting Police (la GRC, la Gendarmerie royale du Canada)
RCM :   Rassemblement des citoyens de Montréal
REER :   Régime enregistré d'épargne et de retraite
RIN :   Rassemblement pour l'Indépendance nationale
SAQ :   Société des alcools du Québec
SCFP :   Syndicat canadien de la fonction publique (FTQ)
SCM :   Syndicat de la construction à Montréal (CSN)
SFPQ :   Syndicat des fonctionnaires provinciaux du Québec
SSJB :   Société Saint-Jean-Baptiste
UGEQ :   Union générale des étudiants du Québec
UN :   Union nationale
UQAM :   Université du Québec à Montréal

Bibliographie

BANVILLE, Dr Roch, *La peau des autres*, Lanctôt éditeur, 1999, 172 p.

Béliveau, François, *Pogné*, Éditions québécoises, 1972, 159 p.

BERNARD, Michel et Michel CHARTRAND, *Manifeste pour un revenu de citoyenneté*, Éditions du renouveau québécois, 1999, 144 p.

BLACK, Conrad, *Duplessis: L'ascension*, tome 1; *Duplessis: Le pouvoir*, tome 2, Éditions de l'Homme, 1977, 487 et 623 p.

BOUDREAU, Émile, *Histoire de la FTQ, 1957 à 1964*, édité par la FTQ, 1988, 400 p.

BURDEAU, Georges, *La démocratie*, Le Seuil, 1966 (nouvelle édition), 189 p.

CARDIN, Jean-François, *La crise d'Octobre 1970 et le mouvement syndical québécois*, collection du Regroupement des chercheurs-chercheures en histoire des travailleurs et des travailleuses du Québec — CEQ, FTQ, CSN (1970), colloques régionaux (document de travail sur les problèmes économiques, politiques et sociaux des salariés syndiqués du Québec), 1985, 254 p.

CHARTRAND , Alain, *Michel Chartrand: un homme de parole*, production Office national du film (ONF), 1991, 55 minutes.

CHARTRAND, Michel, *Discours d'ouverture de congrès annuel du Conseil central des syndicats nationaux de Montréal*, de 1969 à 1978 inclusivement, document de 111 p.

CHARTRAND, Michel, *candidat au poste de vice-président de la CSN*, document rédigé par Michel Chartrand pour le LIe Congrès de la CSN (1982), 24 p.

COLLECTIF, *Almanach des Québécois 1972-1973*, Éditons vert blanc rouge, Éditions québécoises, 286 p.

COLLECTIF MDPPQ, *Le procès des Cinq, du 1ᵉʳ février au 12 février 1971*, Les Éditions Libération, 1971, 140 p.

COLLECTIF, *Écrits sur le socialisme*, collection dirigée par Jacques Ahrweiler, Éditions Seghers, 1963, Paris, 192 p.

COMPAIN, Jean-Pierre, *L'engrenage*, Éditions l'Étincelle, 1972, 69 p.

Conférence internationale de solidarité ouvrière (CISO), compte rendu, Montréal, 1975, 106 p.

CONSEIL CENTRAL DES SYNDICATS NATIONAUX DE MONTRÉAL, *Le mouvement ouvrier et la question nationale sur l'indépendance du Québec*, document de réflexion, XXᵉ Congrès du CCSNM, 1978, 53 p.

CONSEIL CENTRAL DES SYNDICATS NATIONAUX DE MONTRÉAL, *Unité ouvrière*, édition spéciale, 1978, recherche effectuée par un groupe d'étudiants en histoire de l'UQAM, 32 p.

CONSEIL CENTRAL DES SYNDICATS NATIONAUX DE MONTRÉAL, CSN, Calendrier 1992, *Pour une action régionale qui nous rassemble*, 16 p.

CONSEIL CENTRAL DU MONTRÉAL MÉTROPOLITAIN, CSN, *Ce bateau sur lequel les matelots ont droit de vote*, 75ᵉ anniversaire, Congrès du 20 au 25 novembre 1995, 68 p.

CSN — SERVICE DE L'ACTION POLITIQUE DE LA CSN, *Mesures de paix pour le peuple québécois, congrès confédéral de la CSN*, Montréal, 6 décembre 1970, 41 p.

CSN — SERVICE DE L'INFORMATION DE LA CSN, *C'est-y normal, document pour l'information du monde ordinaire*, 1973, 47 p.

CSN, *Des hommes debout*, Secrétariat du Comité central d'Action politique de la CSN, 1970, 78 p.

CSN-CEQ, *Histoire du mouvement ouvrier du Québec*, Montréal, 1984, 326 p.

DAIGNEAULT, Richard et Michel RIOUX, *La grande tricherie*, produit par le Service de l'information de la CSN et publié par la CSN, 1973, 272 p.

DESROSIERS, Richard et Denis HÉROUX, *Le travailleur québécois et le syndicalisme*, Les Presses de l'Université du Québec, 1973, 156 p.

DUCHESNE, Pierre, *Jacques Parizeau*, tome 1, *Le croisé*, Québec Amérique, 2001, 624 p.

DUCHESNE, Pierre, *Jacques Parizeau*, tome 2, *Le baron*, Québec Amérique, 2002, 535 p.

DUPONT, Pierre et Gisèle TREMBLAY, *Les syndicats en crise*, Les éditions Quinze, 1976, 152 p.

EN COLLABORATION : Les journalistes de Québec-Presse, *Vingt-trois dossiers de Québec-Presse*, Réédition-Québec, 1971, 252 p.

EN COLLABORATION, *Le lundi de la matraque, 24 juin 1968*, Éditions Parti Pris, 1968, 172 p.

EN COLLABORATION : Jean-Marc Piotte, Michel Pichette, Hélène David, Louis Maheu, Roch Denis, Jean-Paul Brodeur, Emilo de Ipola et B. R. journaliste, *Québec occupé*, Éditions Parti Pris, 1971, 249 p.

FAVREAU, Louis, avec la collaboration de Victor Lapalme, Bernard Normand et Pierre Lagrenade et la contribution de Jean-Marc Carle, André Gravel et Hélène David, *Les travailleurs face au pouvoir*, coéditeurs : Le Centre de formation populaire et Québec-Presse, 1972, 169 p.

FOURNIER, Louis, *Louis Laberge — Le syndicalisme, c'est ma vie*, Québec Amérique, 1992, 302 p.

FOURNIER, Louis, *Histoire de la FTQ*, Québec Amérique, 1994, 292 p.

FOURNIER, Louis, *FLQ, Histoire d'un mouvement clandestin*, Québec Amérique, 1982, 509 p.

FRONT D'ACTION POLITIQUE (FRAP), *Les salariés au pouvoir !*, Les Presses libres, 1970, 138 p.

GODIN, Pierre, *La révolte des traîneux de pieds/Histoire du Syndicat des employé-e-s de magasins et de bureaux de la SAQ (SEMB-SAQ)*, Boréal, 1991, 557 p.

GODIN, Pierre, *René Lévesque, héros malgré lui*, Boréal, 1997, 736 p.

GODIN, Pierre, *René Lévesque, l'espoir et le chagrin*, Boréal, 2001, 631 p.

JAUVIN, Pierre, *Histoire du peuple québécois (histoire économique et politique — luttes ouvrières)*, Les Presses du Cirque, 1972, 46 p.

KEABLE, Jacques, *Le monde selon Marcel Pepin*, Lanctôt éditeur, 1998, 340 p.

LACAS, Noël, *Histoire du Conseil central des syndicats nationaux de Lanaudière*, Les Éditions du renouveau québécois, 1987, 510 p.

LAFOND, Jean-Daniel, *La liberté en colère — le livre du film*, Éditions de l'Hexagone et Jean-Daniel Lafond, 1994, 174 p.

L'HEUREUX, André, Paul CLICHE, Kémal WASSEF, Michèle JUNEAU, Géraldine DUMAS; illustrations de Michel Cartier et Robert Lavaill, *Plus fort qu'un Québécois... Un million de Québécois*, publié par le Comité de coordination des négociations dans le secteur public (CSN), réalisation du Secrétariat d'action politique de la CSN, 1971, 96 p.

LABERGE, Louis, *En prison pour nous, historique du Front commun*, publié par la FTQ, 1973, 44 p.

LEMELIN, Roger et Victor-Lévy BEAULIEU, *Pour faire une longue histoire courte*, Les éditions internationales Alain Stanké, 1991, 200 p.

LESTER, Normand, *Le livre noir du Canada anglais*, Les Intouchables, 2001, 303 p.

LÉVESQUE, Raymond, *C'est à ton tour, René... mon cher. Extrait d'un journal imaginaire (1977-1983)*, 127 p.

LEVITT, Kari, *La capitulation tranquille*, Réédition-Québec, 1972, 220 p.

Maintenant, «Simonne et Michel Chartrand: trente ans du Québec», nᵒ 109, octobre 1971, 35 p.

MONET-CHARTRAND, Simonne, *L'heure juste*, vidéocassette d'une émission de télévision animée par Jean-Luc Mongrain et produite par TVA, 1992, 23 minutes.

MONET-CHARTRAND, Simonne, *Ma vie comme rivière*, tomes 1, 2, 3 et 4, Les éditions du Remue-ménage, 1981, 1982, 1988 et 1992.

MONGEAU, Serge, *Kidnappé par la police*, Éditions du Jour, 1970, 128 p.

PAQUETTE, Pierre et RADIO-CANADA, *Au bout de mon âge, confidences de... Michel Chartrand*, Société Radio-Canada et Les éditions Hurtubise HMH, 1972, 233 p.

PELLETIER, Gérard, *La crise d'Octobre*, Éditions du Jour, 1971, 265 p.

PELLETIER-BAILLARGEON, Hélène, Claudette BOIVIN, Hélène CHÉNIER et Gisèle TURCOT, *Simonne Monet-Chartrand*,

L'héritage et les projets, Fides et Les éditions du Remue-ménage, 1993, 388 p.

PEPIN, Marcel, *Le nécessaire Combat syndical*, Édition canadienne-française pour l'avancement des sciences (ACFAS), 1987, 381 p.

PEPIN, Marcel, *Lettre aux militants*, publiée par la Confédération des syndicats nationaux, 1970, 95 p.

PEPIN, Marcel, *Pour vaincre*, rapport moral du président général de la CSN présenté au XLVe congrès de la CSN à Québec, du 11 au 17 juin 1972, 137 p.

PEPIN, Marcel, *Le Deuxième Front, pour une société bâtie pour l'homme*, rapport moral du président général de la CSN présenté au congrès de la CSN, octobre 1968, 208 p.

Point de mire, numéro spécial « Québec Octobre 1970 », vol. 2, no 1, novembre 1970, 67 p.

Point de mire, « La guérilla judiciaire, première victoire », vol. 2, no 5, 19 février 1971, 52 p.

PROVENCHER, Jean et Jean HAMELIN, *Brève histoire du Québec*, Boréal Express, 1987, 134 p.

PROVENCHER, Jean, *Chronologie du Québec*, Boréal, 1991, 363 p.

RIOUX, Michel et Marcel PEPIN, *La CSN au cœur du Québec*, publié par la CSN, 1991, 87 p.

ROUILLARD, Jacques, *Histoire de la CSN*, Boréal Express/CSN, 1981, 335 p.

SÉGUIN, Robert-Lionel, *La victoire de Saint-Denis*, Les éditions Parti Pris, 1964, 45 p.

SZABO, Denis, *Terrorisme et justice, entre la liberté et l'ordre: le crime politique*, Éditions du Jour, 1970, 175 p.

TRAIT, Jean-Claude, *FLQ 70: offensive d'automne*, Éditions de l'Homme, 1970, 231 p.

UNTERBERG, Paul, *Le Québec aux Québécois*, Ferron éditeur, 1971, 154 p.

UQAM: Recherche dans *Québec-Presse*. Tous les numéros publiés.

VADEBONCOEUR, Pierre, *Indépendance*, Les éditions de l'Hexagone/Parti Pris, 1972, 179 p.

VADEBONCOEUR, Pierre et le SECRÉTARIAT D'ACTION POLITIQUE DE LA CSN, *366 jours et tant qu'il en faudra (vive les gars de Lapalme)*, publication de la CSN, 1971, 94 p.

VALLIÈRES, Pierre, *Nègres blancs d'Amérique*, Les éditions Parti Pris, 1969, 402 p.

VALLIÈRES, Pierre, *Les héritiers de Papineau, Itinéraire politique d'un « nègre blanc » (1960-1985)*, Québec Amérique, 1986, 281 p.

VANASSE, Gilbert, *Histoire de la Fédération des travailleurs du papier et de la forêt (CSN)*, Éditions coopératives Albert Saint-Martin, 1986, 300 p.

van SCHENDEL, Michel, « Québec 70 — la réaction tranquille, impérialisme et classe ouvrière au Québec » (dédicacé à Michel Chartrand, militant de la première heure), *Socialisme québécois*, nos 21 et 22, 1971, 209 p.

VASTEL, Michel, *Trudeau, le Québécois*, Les éditions de l'Homme, 1989, 322 p.

Vie ouvrière, no 128, « Michel Chartrand et le respect de la vie des travailleurs », 1978, p. 471-484.

Table

CET OUVRAGE
COMPOSÉ EN PALATINO CORPS DOUZE SUR QUATORZE
A ÉTÉ ACHEVÉ D'IMPRIMER
LE QUINZE SEPTEMBRE
DE L'AN DEUX MILLE TROIS
SUR LES PRESSES DE AGMV/MARQUIS
À CAP-SAINT-IGNACE
POUR LE COMPTE DE
LANCTÔT ÉDITEUR.

IMPRIMÉ AU QUÉBEC (CANADA)